이승만과
기업가 시대

이승만과 기업가 시대

'성공한 나라' 대한민국의 기초가 닦인
피와 땀의 15년

| 김용삼 지음 |

북앤피플 · 연세대학교 이승만연구원

간행사

산업화의 초석을 다진
건국 대통령 이승만

　여러 가지 논란에도 불구하고 국민들은 박근혜 후보를 대한민국의 18대 대통령으로 선출하였습니다. 아시다시피 박근혜 대통령은 고 박정희 대통령의 딸입니다. 그리고 박정희 대통령은 우리 국민들에게 대한민국의 경제를 일으킨 부국(富國) 대통령으로 기억되고 있습니다. 아마도 박정희 대통령에 대한 국민들의 평가가 박근혜 대통령의 당선에 적지 않은 영향을 미쳤을 것입니다.
　박정희 대통령의 우리나라 경제발전에 대한 기여와 리더십을 우리는 절대 부정할 수 없습니다. 그러나 그렇다고 하여 모든 경제발전의 공을 그에게만 돌릴 수도 없습니다. 대통령의 지도력에 호응하여 적극적으로 참여한 우리 국민들 모두 그 몫을 나누어 가져야 합니다. 당시 허리띠를 졸라매고 공장에서 일하던 젊은이들을 우리는 잊을 수 없습니다. 그렇다면, 한 걸음 더 나아가서 그와 같은 박정희 대통령의 기여를 불러 온 그 앞의 시대는 어떤 역할을 하였을까요?

　이 책은 바로 이 질문에 답하는 책입니다. 우리는 이승만 대통령을 대부분 건국(建國)과 호국(護國)에 관한 역할로 평가하고 있습니다. 그러나 경제적 발전이 그의 시대에 구현되지 않았다고 하여 이승만 대통령이 경제에 무능한 분이었다고 우리는 자신 있게 말할 수 있을까요? 이 책은 전혀 그렇지 않다고 답하고 있습니다. 1948년 8월 15일 건국 대통령으로 취임하여 1960년 4월 하야할 때까지 12년의 세월 동안 이승만 대통령은 대한민국의 경제발전, 다시 말해 산업화의 초석을 다진 분이라는 사실을 이 책은 잘 보여주고 있습니다.

　안타깝게도 지금까지 우리 학계는 이 문제에 대해 적극적인 관심을 기울이지 않아 왔습니다. 그러나 이 책의 저자 김용삼 기자는 오랫동안 언론계에서 일하면서 이승만 시대의 경제, 산업, 과학 정책을 주도한 인사들과의 인터뷰 등을 통하여 이승만 시대의 초석이 없었다면 박정희 시대의 기적도 있을 수 없었다고 감히 지적하고 있습니다.

  이 책을 통해 이승만 대통령의 경제에 관한 업적이 학계의 전문가들 사이에 가감 없이 알려지고 또 정당하게 평가받기를 기대합니다. 오랜 시간 원고를 준비하느라 고생한 김용삼 기자의 노고에 경의를 표하며 감사의 말씀을 드립니다. 또한, 원고를 검토하며 출판이 마무리될 수 있도록 도와 준 오영섭 박사께도 감사의 말씀을 드립니다.

2013. 5. 1
연세대학교 이승만연구원 원장 류석춘

차례

간행사
산업화의 초석을 다진 건국 대통령 이승만

서문을 대신하여
대한민국의 힘은 어디서 나오는가?

제1장
기적은 없다　　　　　　　　　　　27
피와 땀과 눈물로 일군 근대화·산업화

제2장
남농북공(南農北工)의 현실　　　　　55
혼란, 5·14 단전(斷電)의 수모를 딛고…

제3장
캔 두 스피릿(Can do spirit)의 출현　　97
"만난을 배제하고 농지개혁 단행하라"

제4장
기업가들, 세상을 향해 나아가다　　119
"나라가 잘 되어야 사업도 잘 된다"

제5장

위기는 기회다   179
상업자본의 산업자본화에 앞장선 기업가들

제6장

4년 만에 전후복구 마무리   241
원조는 결코 공짜가 아니었다

제7장

내일을 향한 도약 준비   317
이승만의 경제개발계획, 박정희가 꽃피워

주)

참고문헌

서문을 대신하여

대한민국의 힘은 어디서 나오는가?

자수성가한 사람들

2013년 2월 25일 박근혜 대통령의 취임과 더불어 '박근혜 정부'가 탄생했다. 산업화, 근대화의 상징이자 유신 독재의 원흉으로 엇갈린 평가를 받고 있는 박정희 대통령의 딸이 아버지에 이어 대한민국의 최고 지도자 자리에 오른 것이다.

이제 우리도 생존해 있는 전직 대통령이 다섯 명[1]이나 존재하는 국가가 됐다. 정치학자들은 피를 흘리지 않고 정권 교체를 할 수 있느냐의 여부가 민주와 반민주를 가르는 기준이라고 말하는데, 이 의견에 동의한다면 대한민국은 이제 절차적 민주주의는 완성되었다는 사실에 의심을 품는 사람은 없을 것이다.

역대 대통령의 출신 성분을 보면 이승만, 윤보선, 최규하는 해외 유학파로 분류된다. 이승만은 미국의 명문 조지워싱턴대학과

하버드대학을 거쳐 프린스턴대학에서 국제정치학박사 학위를 취득했다. 윤보선은 영국 에든버러대학에서 고고학을, 최규하는 도쿄고등사범학교를 거쳐 만주 국립대동학원을 졸업했고 해방 후 잠시 서울대 사범대학 교수로 활동한 바 있다.

세 유학파 대통령을 제외하면 서울대 출신은 김영삼이 유일하다. 나머지는 상고(商高) 출신이 세 분(김대중, 노무현, 이명박), 사관학교 출신이 3명(박정희, 전두환, 노태우)이다. 과거에 상고와 사관학교는 학업성적은 우수하나 집안 형편이 어려운 사람들이 주로 택했던 교육기관이었다.

역대 대통령들의 이력을 살펴보면 빈농(貧農), 혹은 빈한한 집안에서 태어나 자수성가한 분들이 대부분이다. 박정희가 그랬고, 퇴임한 이명박은 리어카를 끌며 고학을 했다. 고학 시절 고물상에서 헌 책을 얻어다 공부하여 대학에 진학한 사실이 언론을 통해 알려졌다.

노무현의 이력도 이명박과 별반 다를 것이 없다. 경남 김해 봉하마을에서 빈농의 아들로 태어나 뼈저린 가난을 체험했고, 지방 명문 부산상고 졸업 후 어망 제조업체에서 저임금 노동자 생활, 막노동판을 전전하기도 했다.

이런 개인사는 대통령뿐만 아니라 사회 각 분야에서 성공한 사람들 대부분에게 통용되는 보편적인 프로토콜이다. 과연 지구상에 한국처럼 자신의 노력만으로 당대에 신분의 수직 상승이 가능한 나라가 얼마나 될까.

지난 2007년 암살당한 파키스탄의 여성 총리 베나지르 부토는 대대손손 부를 일궈온 토착 지주 집안 출신이다. 미국의 케네디는 금융·부동산 가문, 부시는 석유재벌 가문 출신이다. 일본의 역대 총리들은 대부분 유명 정치 가문들이 세습 식으로 자리를 물려받았다.

한국의 2012년 대선 사흘 전 일본 총리에 취임한 아베 신조(安倍晋三)의 외할아버지는 기시 노부스케(岸信介) 전 수상, 아버지는 아베 신타로(安倍晋太郎) 전 외상이다. 지난 20년 동안 일본을 이끌어 온 아소 다로(麻生太郎), 후쿠다 야스오(福田康夫) 등 여덟 명의 총리가 자민당 출신 정치인의 아들 혹은 손자로 밝혀졌다. 뿐만 아니라 일본 국회의원 중 4분의 1이 전직 의원의 후손이다. 오죽했으면 일본 민주당은 2012년 6월에 치러진 총선에서 '의원직 세습 금지'를 당의 공약으로 내걸었을까.

저자는 그 동안 중남미를 비롯하여 동남아, 서남아 등지를 다니면서 대한민국만이 가진 '신바람 문화'와 역동성의 동력은 '신분상승의 기회가 무한정으로 열려 있다'는 사실임을 실감할 수 있었다.

빈농의 아들은 농사나 지어라?

대다수의 중남미, 동남아 등 개발도상에 있는 나라들은 소수의 지배계층이 국부(國富)의 절대다수와 권력을 장악하고 이를 세습하는 구조로 되어 있다. 중남미의 경우는 지배계급과 피지배계급

간의 계급 갈등에 더하여 백인과 토착민(혹은 혼혈족)이라는 인종 갈등이 사회 저변에 내재되어 있다.

중남미의 경우 소수의 백인 지배계층이 부와 권력을 세습하기 위해 우민화(愚民化) 정책을 추진한다. 공교육을 엉망으로 방치하여 다수의 토착 혼혈인들은 저급한 교육을 받는다. 반면 소수의 선택된 지배계층 자녀들은 훌륭한 시설을 갖춘 값비싼 사립학교를 통해 고급 교육의 기회를 독점한다. 자녀들이 성장하면 해외 유학을 보내 새로운 문물을 익히고, 경영기법을 터득하며, 외국의 유력자들과 휴먼 네트워킹을 구성한 후 본국으로 돌아와 자신의 가문이 운영하는 기업을 물려받는다. 기득권 보호를 위해 군부, 종교, 외국의 유력 기업과 결탁하여 우군화(友軍化)함으로써 지배 시스템을 공고화한다.

이들 나라들의 공통점은 사회 구조가 극소수 상류계급과 절대다수의 최하 빈곤층으로 구성되어 있고, 중산층 비율이 15~20% 정도에 불과하다는 점이다. 중산층이 탄탄하게 형성되지 못하니 구매력이 저하되고, 그것은 제조업 빈곤으로 나타난다. 소수의 지배계층들은 대규모 투자와 오랜 기간 뼈를 깎는 노력이 필요한 제조업을 외면함으로써 국가 기간산업의 대부분을 수입에 의존하도록 만든다. 이 와중에 권력과 결탁하여 수입권을 독점함으로써 지속적으로 부를 축적한다. 한편에선 수입권 독점을 통해 축적한 자본으로 손쉽게 돈을 벌 수 있는 분야, 즉 먹고 마시고 놀고 즐기는 소비 향락산업에 집중 투자하여 국가 백년대계와는 관련 없는 수입 의존적 산업구조가 정착된다.

저자가 페루, 과테말라, 칠레, 아르헨티나, 브라질 등지를 취재하면서 관찰한 중남미형 게릴라는 대부분 부와 권력의 세습 구조에 억압당한 '깨어 있는 소수'들의 봉기에서 비롯되었음을 알 수 있었다. 빈농의 아들로 태어난 인재가 "너는 농사꾼의 자식이니 쓸데없는 생각 말고 농사나 지어라" 하고 신분 상승의 기회를 박탈하면 그들의 절망감을 무슨 수로 달랠 것인가.

'깨어 있는 소수'들은 어쩔 수 없는 현실에 절망 낙담하는 대신 무기를 들고 밀림으로 들어가 민족해방, 계급해방의 기치를 내걸고 '투팍 아마루'나 '센데로 루미노소' 같은 게릴라 단체를 결성하여 무장 투쟁을 벌였다. 이들은 오랜 투쟁 끝에 내전 종식에 합의, 무기를 버리고 도시로 나와 정당으로 탈바꿈하여 현실 정치에 참여하고 있다. 하지만 아직도 부의 세습과 빈곤의 대물림 현상은 눈에 보이지 않게 이어지고 있고, 고급 교육은 소수의 특권층에게만 선택적으로 주어지고 있다.

오늘날 친디아(Chindia)라 하여 중국과 함께 '떠오르는 나라'로 주목받는 인도도 독특한 계급구조가 사회 발전의 발목을 잡고 있다. 저자가 인도에 가기 전까지 카스트 제도에 대해 잘못된 상식을 가지고 있었다. 즉 카스트 제도에 의해 브라만(사제), 크샤트리아(무사와 왕족), 바이샤[2], 수드라[3]의 네 계급만 존재하는 것으로 알고 있었다.

그런데 인도에 가서 보니 카스트의 네 계급에만 속해도 행복한 존재라는 사실을 알게 됐다. 수드라보다 더 하층민으로 불가촉민(不可觸民: the untouchables)이라는 의미의 '하리잔' 계급이 존재하고 있었던 것이다. 인도는 사실상 2억~2억 5000만 명으로 추산되는 브라만, 크샤트리아, 바이샤와 같은 양반계급과 5억~7억 명 정도로 추산되는 수드라와 하리잔이란 하층민으로 구성되어 있다. 소수의 양반들은 다수 하층민들의 희생 봉사 충성 덕분에 안락한 삶을 영위하는 구조다.

'캔 두 스피릿'이 가능했던 이유

이러한 구조적 모순에도 불구하고 인도에서는 중남미형 게릴라들처럼 민족해방, 계급해방 투쟁이 일어나지 않는다. 그 이유는 종교 때문으로 보인다. 인도의 힌두교는 "하층민들이여, 너희들은 전생에 큰 업보를 지은 죄로 현세에 좋지 않은 계급으로 태어났다. 너희들은 현세에서 양반들에게 열심히 희생 봉사 충성하면 내세에는 우리처럼 양반으로 태어날 수 있다"고 암묵적으로 가르친다. 이러한 상징조작을 위해 윤회설, 내세설, 현세 부정의 사고방식이 조직적으로 유포되고 있으며 민족해방이나 계급해방의 기세를 명상과 해탈, 고행이라는 종교적 장치를 통해 억누르고 있다.

그래도 도저히 분을 삭이지 못하는 사람들에게는 섹스로 현실의 고통을 잊으라고 권한다. 힌두교 성전의 벽면을 장식하고 있는 낯 뜨거운 섹스 체위들, 링가와 요니로 상징되는 남근(男根)과 여근(女根)의 결합 장면 등은 현세의 고통을 섹스의 쾌락으로 잊으라는 은근한 최면인 셈이다.

우리나라도 50~60년 전까지는 반상(班常)의 구분이 엄격한 나라 중의 하나로서 지주와 소작인의 계급구조가 수천 년 질기게 이어왔다. 이러한 계급갈등 구조는 조선 말 나라를 일본에 잃으면서 한 축이 무너지기 시작했고, 광복으로 인해 조국을 등졌던 해외 거주민들의 유입과 6·25 전쟁으로 인한 인구의 대이동으로 전 국토의 주민들이 뒤섞이면서 반상의 구분 자체가 의미 없는 시대가 전개됐다.

건국 대통령 이승만은 한국 사회의 전근대성을 해소하기 위해서는 반상의 구분, 그리고 지주와 소작인으로 질기게 이어져 온 지배-피지배구조를 무너뜨리는 것이 급선무라는 점을 깊이 인식했다. 그 결과 '농토는 농민에게 돌려줘야 한다'는 절실한 구상을 실천에 옮겼으니, 이것이 6·25 직전에 단행한 농지개혁이다.

학자들은 세계의 여러 나라 중 경제가 고속 성장하면서도 소득분배가 한국처럼 공평하게 이루어진 나라는 유례를 찾기 힘들다고 한다. 그 공로는 이승만의 농지개혁에서 찾아야 한다고 말한다. 농지개혁에 성공했기에 한국은 근대화 출범 초기부터 지주-소작인 간의 계급갈등이 존재하지 않는 균질한 사회로 출발했다. 그 결과 자유민주주의와 시장경제 사회로의 이행 과정에서 첨예한 계급 갈등의 소지를 해소할 수 있었다. 나아가 베트남이나 필리핀에서처럼 농민 세력이 공산주의에 동조하는 현상을 미연에 방지하여 사회 안정에 기여했다. 이것이 이승만의 농지개혁이 우리에게 준 가장 큰 선물이다.

동아시아에서 농지개혁 성공사례로 꼽히는 일본, 한국, 타이완은 중산층이 두텁게 자리 잡아 경제 성장의 초석이 됐고 사회 균형자 역할을 수행했다. 반면, 중남미와 필리핀 등 여러 나라들은 농지개혁이 제대로 시행되지 않아 극단적인 빈부 격차에 신음하는 사회가 된 것을 비교하면 그 뚜렷한 성과를 이해할 수 있을 것이다.

일제 식민지를 거치면서 우리나라는 조선조 500년 동안 뿌리 깊게 이어졌던 반상(班常)의 계급 구분이 느슨해졌고, 건국 후 농지개혁으로 인해 부자와 빈자(貧者)의 세습구조가 무너졌다. 전 국민이 계급 없고, 빈부 격차가 사라진 '차별 없는 시대'가 열림으로써 결과적으로 기회의 균등이 실현된 것이다.

이러한 사회 풍토가 '하면 된다(Can do spirit)'는 의욕과 참여 동기를 제공하게 됐고, 출신과 관계없이 누구나 노력하면 대통령에도 당선되고, 장관이나 고위관료, 판·검사에도 오를 수 있으며, 기업을 창업하여 세계적인 거대 기업을 일구어 당대에 신분상승이 가능한 토양이 갖춰졌다.

대단한 나라 대한민국

연일 경기침체, 실업대란(大亂), 기업들의 순익 감소, 출렁이는 환율 등 우울한 소식이 쏟아진다. 자고 일어나면 유명 인사나 연예인의 자살 소식, 시위대의 경찰관 폭행, 북한의 미사일 핵 공갈이 이어지고, 구조조정의 여파로 직장인들의 사기가 얼어붙었다.

눈을 씻고 찾아봐도 희망의 싹을 찾아보기 힘든 흉흉한 이 땅에도 어김없이 봄은 찾아온다. 누군가 말한다. 절망의 끝에 희망이 있다고. 우리 한민족이 달려온 질풍노도의 근·현대사에 있어 이 정도 위기는 위기도 아니라고….

저자가 1990년대 후반에 파키스탄으로 취재를 갔을 때의 일이다. 파키스탄의 고위 관리들이 저자에게 이런 말을 하는 것을 여러 차례 들었다.

"1960년대에는 한국 공무원들이 파키스탄의 경제개발 사례, 철도와 농업용수, 관개시설 등을 배우기 위해 유학을 왔다. 그 당시 우리의 국민소득이 260달러, 한국은 100달러에 불과했다. 지금 한국의 국민소득이 1만 5000달러가 넘는데 우리는 겨우 460달러다. 한국이 짧은 기간에 급속 발전한 이유가 무엇인가."

지난 2009년 세계적인 컨설팅 회사인 미국의 보스턴컨설팅그룹(BCG)이 발표한 '글로벌 혁신지수[4]'에서 한국은 세계 110개국 가운데 싱가포르에 이어 세계 2위에 올랐다. 글로벌 혁신지수 랭킹을 보면 3위 스위스, 4위 아이슬란드, 그리고 아일랜드, 홍콩, 핀란드, 미국, 일본, 스웨덴이 그 뒤를 잇고 있다. 우리가 부러워하면서 한 수 배우고자 했던 나라들이 우리보다 뒷자리에 위치하고 있었다.

'글로벌 혁신지수'는 전미(全美)제조업협회 회원사 고위 경영진 1000명 이상을 대상으로 설문조사를 하고 110개 국가 및 미국 50개 주의 '혁신 친화(Innovation friendliness)' 수준을 비교한 것이다. 보스턴컨설팅그룹은 한국 기업들이 활발한 혁신활동을 통해 신기술 개발과 생산성 향상에서 성과를 올린 점을 높게 평가했다. 지속적인 수출 증가, 생산성 증대 부문에도 후한 점수를 주었고, 연구개발(R&D)에 대한 세제(稅制)혜택, 무역정책, 교육정책을 통한 정부의 혁신활동 지원에 대해서도 긍정적인 평가를 내렸다.

보스턴컨설팅그룹의 제임스 앤드루 시니어 파트너는 "현재와 같이 세계화 된 경제 환경에서 혁신은 사활이 걸린 문제"라며 "고품질의 값싼 제품이 세계 각지에서 범람하는 상황에서 비용 경쟁에만 치중하는 것은 대다수 제조업체에 가망 없는 싸움"이라고 말했다. 한국은 이제 비용 경쟁이 아닌, 혁신적인 아이디어와 노하우로 세계와 경쟁하는 대열에 들어서고 있음을 권위 있는 단체가 인정한 것이다.

같은 해 3월 2일엔 미국 동부의 명문 아이비리그 대학 중 하나인 다트머스대학 재단이사회가 김용 하버드의대 국제보건 사회의학과장을 다트머스대학 제17대 총장으로 선출했다. 한국인으로서는 물론 아시아인 최초로 아이비리그 총장에 오른 것이다. 이어 2012년 '백인들의 전유물'이었던 세계은행(World Bank) 총재에 올랐다.

대학 시절부터 빈민국 봉사활동을 펼친 김용 총장은 2004년부터 2년간 세계보건기구(WHO)의 에이즈국장을 맡아 적극적인 에 이즈환자 치료활동을 펼쳐 큰 성과를 거두었다. 그 공로로 2005년 '미국의 주요 지도자 25인'에, 2006년에는 타임지의 '세계를 변화시킨 100인'에 선정된 바 있다.

20-50 클럽 가입

세계 학계에서 주목할 만한 성과를 내고 있는 학자들 명단에 한국 출신 인재들이 즐비하게 올라 있다. 한국인으로서 노벨상에 근접한 것으로 평가받는 물리학자 김필립 컬럼비아대학 교수, 30대에 하버드대학 종신교수가 된 박홍근 교수, 세계 각국의 기업이 주목하는 '블루오션' 이론을 주창한 프랑스 인시아드 경영대학원의 김위찬 교수 등 세계적으로 주목받는 한국인 학자들은 헤아리기 힘들 정도다.

한국의 위상을 알리는 놀라운 자료가 있다. 《리얼 아틀라스 리얼 월드》[5]란 책이다. '지도, 통계와 만나다'란 부제가 달린 이 책은 지금까지 우리가 보아온 국토면적의 크기를 나타내는 세계지도와는 차원이 다른 지도를 우리에게 보여준다. 예를 들어 GDP나 컴퓨터 수출량, 원유 매장량, 군사력, 문맹자 수, 이산화탄소 배출량 등을 기준으로 해서 세계지도를 새로 그린 것이다.

책의 저자인 다니엘 톨링, 마크 뉴만, 안나 바포드는 월드뱅크의 세계발전지표, 유엔환경계획(UNEP)의 지구환경 전망, 유엔개발계획(UNDP)의 인간개발보고서, 미 중앙정보국(CIA)의 세계 팩

트북(World fact book) 등 권위 있는 각종 통계 데이터를 기반으로 자원, 무역, 경제, 사회, 위험, 환경 등 인류의 삶 및 지구환경과 관련된 366개 항목에 관해 전혀 새로운 지도를 그려냈다.

이런 종류의 지도를 '통계지도'라고 하는데, 놀라운 것은 이 책에 실린 통계지도 속의 대한민국은 더 이상 극동의 작은 나라가 아니라 지구에서 큰 비중을 차지하는 대국(大國)으로 그려져 있다는 사실이다.

컴퓨터, 수송수단, 자동차, 첨단기술제품 수출이나 특허출원, 과학연구 증가 등의 분야에서 대한민국은 당당한 '세계 대국'이다. 이들 분야에서 대한민국은 중남미나 아프리카 대륙, 혹은 그 이상의 몇 개 대륙을 합친 것보다 훨씬 더 크게 그려져 있다. 반면에 말라리아 사망자, 문맹률 등 부정적인 부문에서는 아예 존재를 찾아볼 수 없을 정도다.

2012년 6월 대한민국은 '20-50클럽'에 가입했다. 1인당 국민소득 2만 달러 이상이면서 동시에 인구 5000만 명이 넘는 국가에게만 가입 자격이 주어지는 영예로운 클럽에 족보를 올린 것이다. 이는 1987년 일본이 처음 가입한 이래 미국(1988년), 프랑스와 이탈리아(1990년), 독일(1991년), 영국(1996년)에 이어 세계 7번째의 영광이다.

두 달 후인 8월에는 세계적인 신용평가사 중 하나인 무디스가 한국의 신용등급을 트리플A로 상향 조정했다. 글로벌 경제위기로 인해 전 세계 경기가 얼어붙고 기존 트리플A 국가들의 신용등급이 강등되고 있는 와중에 한국은 여러 악조건을 무릅쓰고 승승장구하여 세계적인 경제 강국으로 우뚝 서게 된 것이다.

혹자는 전 지구적 차원에서 동시다발로 진행되어 온 글로벌 경제위기는 우리가 겪어낸 두 차례의 석유위기, 외환위기보다 더 심각하고 골이 깊다고 말한다. 우리가 추구해 온 수출주도형 산업구조가 한계에 직면했다는 지적도 나오고, 신자유주의의 종언이니 시장경제의 종말이니 하는 섬뜩한 경고도 나오고 있다.

우리나라도 신자유주의의 여파로 인해 중산층이 점점 사라져가고 신분상승의 사다리가 위태롭다는 보도들이 줄을 잇고 있다. 이제 과거처럼 '개천에서 용 나오는' 시대는 지나갔다는 뜻이다. 한편에선 자본주의가 가진 자와 가지지 못한 자의 간극을 벌려놓고 있으니 이제는 시장의 단점을 극복해 자본주의의 긍정적 역할이 제대로 발현될 수 있도록 하자는 '자본주의 4.0'을 주장하는 목소리도 들려온다. 과거보다 여건이 좋지 않은 것은 분명하지만, 그럼에도 불구하고 우리 사회의 건전성과 역동성은 아직도 건재하다.

위대한 성취의 일등공신은?

이승만이 밑그림을 그린 한미동맹과 자유민주주의, 시장경제의 틀은 대한민국을 글로벌 시대의 주류세력인 해양 동맹에 편입시켰고, 이후 정권들은 이를 더욱 공고하게 다져 한민족의 위대한 분출구를 만들어냈다. 이 나라를 선진국의 대열에 올려놓은 인물들 중에서 일등공신은 온갖 악조건에도 굴하지 않고 무(無)에서 유

(有)를 창조해 온 기업가들과 국가의 진로를 자유민주주의와 시장경제로 이끈 이승만을 지목해야 할 것이다.

물론 이승만이 정치가로서, 그리고 국가 지도자로서 모든 분야에서 완벽한 리더십을 발휘했다고 보기는 어렵다. 그는 숱한 정치적 사회적 난관을 정치폭력과 개헌, 개각과 독단적 리더십으로 타파해 나가다 4·19 시민혁명으로 하야했다. 여러 가지 문제점에도 불구하고 격렬하게 밀려오는 공산주의의 파도 속에서 한반도 남쪽에나마 자유민주주의와 시장경제의 틀을 갖춘 대한민국을 출범시키고, 수 백 만의 인명피해와 재산손실을 무릅써가며 나라를 지켜낸 것은 이승만의 공이다.

6·25 당시 미8군 사령관을 지낸 제임스 밴 플리트 장군[6]은 이승만에 대해 "당대의 가장 위대한 사상가, 학자, 정치가, 애국자의 한 사람이며 유엔의 목적을 위해 그는 가히 다이아몬드의 무게만큼이나 가치 있는 인물"이라고 평했다. 역시 주한 유엔군사령관을 역임했던 마크 클라크 장군[7]은 그의 자서전 《다뉴브 강에서 압록강까지》에서 "강직하고 노쇠한 이 대통령은 자신이 추구하는 목표에 방해가 되는 사람이면 그가 적이든 동지든 간에 대결할 태세가 되어 있었다. 나는 그를 우러러보지 않을 수 없었고 존경해 마지 않았다"고 기술하고 있다. 그는 이승만이 반대했던 휴전회담을 추진하느라 이승만으로부터 가장 많은 시달림을 당하면서 '반공포로 석방'이라는 날벼락을 맞았던 사람이다.

미8군 사령관을 역임하고 후에 주베트남 미국 대사를 지낸 맥스

웰 테일러 장군8)은 "한국의 이승만 대통령 같은 지도자가 베트남에도 있었다면 베트남은 공산군에게 패망하지 않았을 것"이라는 말을 남겼다. 영부인 프란체스카 여사는 "한국의 노(老) 대통령에게 그토록 혼이 나고 시달림을 당했던 미국의 장군들이 남편의 역할을 당당하게 증언해준 데 대해 마음속으로 고마웠고, 그들의 훌륭한 인품에 깊은 감명을 받았다"고 회고했다.

이승만의 정치고문이었던 미국의 역사학자 로버트 올리버9)는 "이승만 박사는 루스벨트나 처칠 못지않은 인물이고 세계 정치인 중에서 그처럼 동양과 서양의 학문을 동시에 익힌 인물은 없었다"고 평했다.

이런 해외 인사들의 극찬과는 달리 우리는 건국 대통령 이승만을 '분단의 원흉' '반민주적 독재자' 등으로 폄하하며 그가 탄생시킨 대한민국을 태어나지 말았어야 할 나라처럼 비하하고 저주해 왔다. 한 시절 '제2의 건국'이니 '역사 바로 세우기' 운운하면서 특정 정부의 정통성을 강조하기 위해 이승만 정부에서부터 군사정권까지의 정통성을 부정하는 일들도 벌어졌다. 그런 일을 벌인 사람들은 역사가 신채호가 "역사를 비하하는 사람은 역사를 말할 자격조차 없다"고 말한 사실을 기억이나 하고 있을까.

산업 대통령 이승만의 진면목

지금까지 이승만에 대한 다양한 연구들이 진행되어 선각자로서의 삶, 해외에서의 외교를 통한 독립운동, 좌익 폭동 속에서 자유 선거를 통한 건국 과정 등이 상당 부분 밝혀졌다. 그러나 그가 1948년 8월 15일 초대 대통령으로 취임한 이래 1960년 4월 하야 하기까지 12년 간 재임하면서 대한민국의 근대화와 산업화의 초석을 다진 부분에 대해서는 아직까지 조명을 받지 못하고 있는 것이 현실이다.

이승만 정부에서 부흥부장관을 역임하며 전후복구사업을 이끌었던 송인상(효성그룹 고문)은 4·19 직후 3·15 부정선거에 관여했다는 죄목으로 함께 근무했던 국무위원들과 체포, 투옥되어 2년여 수감생활을 하다 1963년 5월에 석방됐다. 사회에 나와서 보니 안타깝게도 이승만 정부의 기안서류나 공문서마저 다 파기 소실되어 지금까지 한국재정사를 못 쓰고 있는 실정이라고 하소연한다.

저자는 조선일보, 월간조선 기자로 활동하던 시절 이승만 정부에서 경제·산업·과학정책을 이끌어온 김일환 상공부장관, 송인상·신현확 부흥부장관 등을 인터뷰했다. 또 최형섭 전 과기처장관, 박태준 전 국무총리, 이동욱 전 동아일보 회장, 김각중 전경련 회장(경방 회장), 김입삼 전경련 상임고문, 이승만 정부 시절 공보처장을 지낸 오재경, 김재관[10] 인천대 명예교수 등을 취재하면서 이승만의 산업 지도자로서의 높은 식견을 발견하게 되었다.

또 전경련을 출입할 때 전경련 산하에 마련된 기업가 전기편찬위원회 간사로 활동하며 우리나라의 주요 기업을 창업한 창업가들의 자료를 모으고 연구 분석하는 활동을 했다. 또《전경련 40년사》 편찬위원을 맡아 우리나라 기업가들의 역할에 대해 많은 사실을 공부하게 됐다.

저자의 졸고는 이승만 시대의 기업가들과 이승만 대통령이 어떻게 대한민국을 지구상에서 가장 성공한 국가로 도약시켰는지, 근대화·산업화의 준비를 해 온 고통스러웠던 과거사의 진면목을 세상에 알리기 위한 것이다. 그러나 집필 과정이 만만치 않았다. 변변한 기록이나 자료들이 거의 남아 있지 않을 뿐만 아니라, 그 시대의 핵심 가치를 증언해 줄 분들이 하나 둘 세상을 떠났기 때문이다. 제1공화국에서 이승만과 함께 일했던 마지막 내각의 장관 12명 가운데 현재까지 생존해 있는 사람은 송인상 단 한 명이다.

따라서 저자가 진행했던 생존자들의 인터뷰 녹취록이나 취재노트, 그 분들이 남긴 저작이나 언론사의 기사, 기고, 증언, 자서전 등을 토대로 원고를 작성했다. 집필 과정에서 많은 자료를 제공해 주시고 용기를 불어넣어주신 류석춘 연세대 이승만연구원장님께도 감사드린다.

한 시대를 이끌었던 그분들의 위업을, 그 시대를 경험하지 못한 많은 분들에게 전하는 것을 영광으로 생각하며 이 글을 쓴다.

2013년 5월
저자 김용삼 쓰다

1

기적은 없다

피와 땀과 눈물로 일군 대한민국의 근대화 · 산업화

고난의 시대에 영웅이 태어난다

역사학자 아놀드 토인비는 '고난의 시대에 영웅이 태어난다'고 말했다.

시대는 영웅을 필요로 하고, 영웅은 시대의 날개를 달고 천하를 웅비한다. 과거 정복의 시대에는 승리의 리더십을 보여주는 명장(名將)이 영웅이었다. 오늘과 같은 경제전쟁의 시대에는 기업가가 영웅이다. 그렇다면 기업의 흥망성쇠를 담보하는 기업가는 어떤 사람들인가.

로널드 레이건 미국 대통령은 취임사에서 "기업가는 새로운 일자리와 부(富), 그리고 기회를 창조하는 영웅들"이라고 말했다. 영국의 작가 사무엘 스마일즈는 자신의 저서 《자조론》에서 '완전무결한 사업가는 위대한 시인만큼이나 희귀한 것, 참된 성인과 순교

자들보다 더 귀한 존재'라고 정의했다. 1987년 세상을 떠난 삼성의 창업자 이병철 회장은 기업가에 대해 이렇게 표현하고 있다.

'기업가는 기업을 구상하여 그것을 실현시키고 합리적으로 운영하면서, 국가가 무엇을 필요로 하는가를 발전적으로 파악하여 하나하나 새로운 기업을 단계적으로 일으켜 갈 때 더없는 창조의 기쁨을 가지는 것 같다. 그 과정에서의 흥분과 긴장과 보람, 그리고 가끔 겪는 좌절감은 기업을 해본 사람이 아니고서는 절실하게 그것을 알 수는 없을 것이다.

황무지에 공장이 들어서고 수많은 종업원이 활기에 넘쳐 일에 몰두한다. 쏟아져 나오는 제품의 산더미가 화차와 트럭에 만재되어 실려 나간다. 기업가에게는 이러한 창조와 혁신감에 생동하는 광경을 바라볼 때야말로 살고 있다는 것을 다시금 확인할 수 있게 하는 더없이 소중한 순간인 것이다. 기업가의 이러한 끊임없는 도전과 의욕이, 국가경제 발전에 하나하나 초석이 되고 원동력이 되는 것 아닐까.'[11]

한국 현대사의 흐름을 보면 1940~50년대에 김연수, 박흥식, 이병철, 김용완, 구인회, 설경동, 전택보, 최태섭, 이정림, 정주영, 정재호, 김성곤, 이양구, 김지태 등 한국을 대표하는 기업의 선구자들이 대거 등장한다. 그들은 해방과 분단, 전쟁과 전후복구라는 혼란의 소용돌이였던 1940~50년대의 한국경제를 이끌어 간 주인공들이었고, 일자리와 부, 그리고 번영의 기회를 창조한 리더들이었다.

이들이 역사의 무대에 등장한 1950년대, 우리들의 초상은 어떤 모습이었을까. 외국인의 눈에 비쳐진 두 가지 시각을 통해 60년 전 한국의 모습을 들여다보자. 브루스 커밍스[12]는 1950년대의 한국을 이렇게 묘사하고 있다.

'1953년, 한반도는 잿더미가 되어 있었다. 남쪽의 부산에서 북쪽의 신의주에 이르기까지, 한국인들은 죽은 자들을 묻고 잃은 것들을 슬퍼하면서, 그들 생애의 남은 것들을 주워 모으느라 여념이 없었다. 수도 서울에서는 콘크리트와 파편이 뒤범벅이 된 길가에, 텅 빈 건물들이 마치 해골처럼 서 있었다. 수도 주변의 미군 병사(兵舍)에는 수많은 거지들이 외국 군인들이 내버리는 찌꺼기를 줍고자 모여들었다…. 마을들은 텅 비었으며 거대한 댐들은 더 이상 물을 저장할 수 없게 되었다. 동굴과 터널 속의 두더지 같은 생활에서 기어 나온 사람들은 밝은 햇살 속에서 악몽에 부닥치게 된 것이다.'[13]

교육에 배고픈 한국

1950년대 후반 한미경제협의회의 미국 측 경제조정관으로 근무한 사람이 윌리엄 원이다. 그는 타일러 우드의 후임으로 1956년 한국에 부임했는데, AP통신 기자로 활동하다 뉴딜 정책 하에서 내무성 수자원담당 부차관보를 역임했다. 한국에 오기 전 이란과 브라질 원조 사절단장을 역임한 거물이었다. 그는 유엔 경제사회

이사회에 참석, '교육에 배고픈 한국'이라는 제목으로 다음과 같이 연설했다.

"아침 7시를 전후해서 중앙청이 보이는 광화문 네거리에 서 보라. 7~8세의 어린이로부터 성년이 된 대학생에 이르기까지 각양각색의 제복을 입고 손가방을 들고 혹은 메고 가는 학생들을 볼 수 있을 것이다. 모두 씩씩하고 명랑하고 혈색이 좋다. 그들에게는 신생 공화국의 앞날을 책임질 막중한 의무가 주어져 있다. 한국의 교육은 이러한 사명을 충분히 완수할 수 있다고 본다."[14]

오늘날 한국의 교육열은 지구촌을 달구고 있다. 교육열은 대한민국을 상징하는 키워드다. 미국 내 재학 중인 한국인 유학생이 전체 외국 유학생의 14.9%를 차지하는 11만여 명으로 중국, 일본, 타이완을 제치고 세계 1위를 차지했다. 오바마 미국 대통령은 기회가 날 때마다 한국의 교육제도와 교육열에 대해 칭찬하기 바쁘다. 우리는 6·25 전쟁으로 인해 학교들이 문을 닫고 부산으로 피난민이 몰려들던 시절에도 군용 텐트로 임시 교실을 만들어서 강의를 할 정도로 교육열이 뜨거운 나라였다.

1950년대는 어떻게 하면 굶어죽지 않을까 하는 것이 삶의 목적이었던 시절이었다. 공부도 취직도 오로지 밥을 먹기 위해서였다. 죽은 자들을 땅에 묻고 잃은 것들을 슬퍼하면서도 희망을 잃지 않고 새로운 세대를 교육시켰던 시대. 콘크리트와 파편이 뒤범벅이 된 길가에, 텅 빈 건물들이 마치 해골처럼 서 있는 그 황량한 풍경을 딛고 허리띠 졸라맨 채 신생 공화국의 앞날을 책임질 아이들을 학교로 보냈던 시대. 그것이 우리들의 1950년대였다.

미국 원조물자인 깡통 분유와 옥수수죽, 밀가루 포대가 나돌았다. 성조기와 태극기가 그려진 두 손이 악수를 하고 있는 밀가루 포대는 그 시절의 낯익은 풍경이다. 기관총 탄약통은 상점의 금고로 활용됐고, 군용 전화선을 꼬아 빨랫줄로 쓰거나 부인들이 시장 갈 때 들고 다니는 바구니를 만들었다.

전쟁이 가져온 파괴와 죽음, 이산(離散)의 여파로 이 땅엔 폐허와 아픔, 수많은 전상자와 피난민이 남았다. 집과 공장은 부서졌고 고향을 떠나 낯선 곳으로 떠밀려 온 피난민들은 먹고 살 궁리를 위해 전전긍긍했다. 전란 통에 부모를 잃은 아이들의 울음소리가 그치질 않았다.

모두가 가난했지만 희망을 잃지 않은 시절이었다. 우리 국민은 복구의 삽을 들어 끊어진 한강다리를 이었고, 설탕공장과 비료공장을 세웠다. 형편이 조금 나아지면서 병원을 짓고 야구경기와 텔레비전 방송[15]을 시작할 여유가 생겼다. 이 무렵 전국의 텔레비전 수상기는 300대가 채 되지 않았다고 한다. 이 땅에서 처음으로 미스코리아 선발대회가 열린 것이 1957년 5월의 일이다.

북한으로부터 흘러온 수백만의 피난민으로 인해 주택과 식량난이 절박해 춘궁기엔 초근목피로 연명해야 했다. 정부는 식량문제 해결과 전후 경제복구에 활로를 뚫기 위해 미국과 농산물 무상원조 협정(PL 480)[16]을 맺었다.

미국과 잉여농산물 협정이 체결되어 1956년부터 쌀, 보리, 밀,

옥수수, 콩, 소맥, 원면 우지(牛脂) 등이 공급되기 시작했다. 저자가 초등학교 재학 시절 급식으로 받아먹었던 분유와 옥수수 빵도 PL 480에 의해 도입된 농산물로 만든 것이다. 미국의 잉여농산물은 1956년 첫해에 23만 8000톤이 도입돼 국민의 주린 배를 채워준 이래 1964년까지 총 416만 8000톤이 도입됐다. 산업기반이 복구되는 시점에서 잉여농산물이 도입됨에 따라 이를 가공하는 면방, 제분, 제당공업 등 3백산업이 한국의 주력사업으로 떠올랐다.

잉여농산물 도입은 만성적인 식량부족을 해소하는 데 큰 도움을 주었다. 만약 미국의 잉여농산물 도입이 없었다면 우리는 매년 곡물 수입을 위해 연간 3000만 달러 정도의 막대한 외화를 지불하거나, 강력한 식량통제로 허리띠를 졸라매야 했을 것이다. 잉여농산물 도입은 양곡 도입에 따르는 외화를 절약할 수 있었고, 절약된 외화를 경제재건과 부흥 사업에 투자할 여력을 만들어 주었다.

화장실 고치는 기술자도 없는 나라

먹고 살기 바쁘다보니 보건이나 위생을 챙길 여유가 없어 대다수 국민들은 기생충을 달고 살았다. 《한국의학 100년사》에 의하면 1950~60년대에는 전 국민의 80%가 회충을 보유하고 있었으며, 각종 기생충의 누적 감염률이 200% 이상이었다. 이는 국민 한 사람이 두 가지 이상의 기생충에 감염됐었다는 뜻이다.

기생충보다 더 무서운 질병은 결핵이었다. 1954년 서울의대 조중삼 교수는 전 국민의 6.5%인 130만 명 정도가 결핵 환자라고 보고했다. 정부는 1950년부터 국립방역연구소에서 제조한 BCG 접종을 시작했으며, 1953년에 결핵협회를 설립하여 대대적인 결핵 퇴치사업을 벌였다.

그 시절 BCG는 주사바늘을 알코올램프에 달궈 소독한 다음 접종했는데, 덕분에 1950~60년대 생들은 지금도 왼쪽 어깨에 BCG 접종의 흉한 상처가 남아 있다. BCG 접종의 상흔은 1950~60년대 생들의 통과의례와 같은 인감도장이었다.

먹지는 못해도 자식 공부는 시켜야 한다는 교육열 덕에 학생 수가 폭증했다. 늘어나는 학생을 감당할 교육시설이 턱없이 부족해 초등학교의 경우 2~3부제 수업이 진행됐다. 문맹퇴치를 위한 정부의 노력에 힘입어 문맹률은 1958년 4.1%로 낮아졌다.

생활수준 향상과 더불어 기호품이나 음식, 소비재의 국산화도 추진됐다. 일일이 집에서 메주를 쑤어 간장을 담그던 불편을 해소해준 샘표간장이 등장한 것이 1954년, 국산 라디오 1호인 금성라디오가 시판을 개시한 것이 1959년이다.

당시 산업기반이 부족하여 뭐하나 제대로 만들 수 없는 형편이었다는 사실은 이승만 대통령의 발언에서 그 편린을 엿볼 수 있다. 1958년 1월 14일자 국무회의록에 의하면 이날 이 대통령이 "풀브라이트 법에 의한 장학을 연구하여 우선 일상생활에 필요한 것을 만드는 기술을 우리 국민에게 가르쳐야 한다. 문 장식, 자물쇠 같은 간단한 것부터 시작해야 한다. 변소도 외국인 같이 돈을 많이 들일 수는 없지만 냄새는 안 나게 하고 살아야 할 것이다. 이런 기술자가 없다. 관저(경무대) 2층에 변소를 고칠 기술자를 추천하여 주면 좋겠다"라고 발언하는 장면이 나온다. 그 시절은 화장실 고치는 기술자마저 부족했던 '결핍의 시대'였다.

우리는 너무 쉽게 과거를 잊는다. 그 여파로 현대사, 그 중에서도 1950년대는 우리 역사에서 공백기로 비어 있다. 때문에 대한민국이 탄생한 1948년 8월 15일부터 이승만과 자유당 정부가 1960년 4월 시민혁명으로 무너질 때까지 사회와 경제의 흐름에 대해 누구도 자신 있게 "이것이 정설이다"라는 시각을 제시하지 못하고 있는 것이 현실이다.

그 공백기를 좌파 논리가 침투하여 "정통성 없는 대한민국은 태어나지 말았어야 할 나라"라는 논리를 확대재생산해왔다. 군사독재의 중독에서 헤어나지 못한 일부 학자와 언론인들은 현실을 외면한 공리공론으로 1950년대를 한국 사회의 제반 모순이 극대화된 총체적 타락의 시대로 격하시켰다. 사공일과 리로이 존스는 "과거 이승만 대통령은 경제보다 정치문제에 더욱 관심을 집중한 반면, 1960년대 초 박정희 대통령은 경제를 정치의 가치체계의 상위에 두고 중시했다"고 지적한다.[17] 이것이 올바른 지적일까?

이승만 시대의 산업적·경제적 성과를 부정적으로 바라보는 시각은 국내에만 존재하는 것이 아니다. 데이비드 콜과 프린스턴 라이만은 《한국개발》이라는 저서에서 1950년대 후반기를 이렇게 기술하고 있다.

'당시의 정치는 사회적 변화를 오히려 저지하는 방향으로 움직였다. 이승만 대통령이나 그의 보좌관들은 전쟁이 빚어낸 여러 가지 변화를 잊고 있지는 않았다. 많은 사람들보다 앞서서 이승만 대통령은 동란 후의 기간에 남한이 그 고난을 벗어나기 위해 필요한 경제력 및 군사력의 새로운 태세를 간파하고 있었던 것은 확실하다. 그러나 그는 이러한 점들을 거의 대부분의 목표들과 마찬가지로 개괄적으로만 파악하고 있었다. 그는 거기에 필요한 기술적이고 행정적인 복합성을 직시하여 대응책을 강구하지 못했다….

이승만 대통령이 이끄는 정부 하에서는 새로운 국민적 일체감이 조성될 수 있을 부흥과 개발이라는 과업은 거기에 필요한 우선 순위와 배려를 결코 얻지 못하였다.'

기적은 없다

그러나 이승만 시대에 국정에 참여했던 고위 관료나 그 시대에 기업을 운영했던 기업가들은 한결같이 "역사에서 기적은 없다"고 말한다. 박정희 시대에 국가 근대화와 한강의 기적이 이루어진 것은 누구도 부인할 수 없는 사실이다. 그러나 그 결실이 쿠데타로 권력을 장악한 군인들이 현실 정치에 뛰어 들어 죽기 살기로 밀어붙인 총체적 결과라고 단정하는 것은 역사적 사실의 일부 국면만 알고 있는 사람들의 일방적인 주장이다.

이승만 시절에도 군 출신들이 여러 명 내각에 진출했고, 탄광을 비롯한 산업현장에 군이 투입돼 국가건설에 앞장섰다. 6·25 전쟁으로 산업 기반이 송두리째 파괴된 상황에서 이승만 정부는 미국이 제공하는 원조자금이 국가예산의 54%를 차지하는 어려운 여건 하에서도 전기, 석탄, 비료, 유리, 시멘트, 방적, 철도노선 신설 등 각종 산업의 기틀을 마련했다. 심지어 원자력 분야에 도전하기 위해 해외에 국비 유학생을 파견하고, 막대한 예산을 들여 시험용 원자로를 도입했다.

이 과정에서 우리 민족 특유의 높은 교육열과 넘치는 의지를 바탕으로 경영관리 및 기술습득 수준이 생각했던 것보다 훨씬 높은 수준에 올라와 있었다. 기업을 이끌었던 기업가와 전문경영인, 엔지니어, 노동자들도 사력을 다해 이 나라를 부강하게 만들어 다시는 일제 식민지나 공산 침략을 당하지 않겠다고 의욕에 넘쳐 일했다.

1965년 애들만과 모리스라는 경제학자는 한국의 제반 상황을 면밀히 분석한 후 한국의 국민소득 수준은 94개 개도국 중 60등인 데 비해 사회문화개발 발전 복합지수는 14등이라고 발표했다.[18] 이승만 정부에서 부흥부장관을 역임한 신현확[19]은 "아무 것도 없는 농가에서 서마지기 땅을 마련하기까지가 가장 어렵듯이 1950년대에 고생과 노력을 통해 경제발전의 기초를 마련하는 것이 가장 힘들었다"고 회고한 바 있다.[20]

이대근(성균관대 명예교수)은 1960년대 이후의 개발연대에 고도성장을 가능케 한 기반이 이미 1950년대에 높은 수준으로 구축되어 있었다고 말한다.[21] 그러니까 박정희 시절에 근대화·산업화가 가능했던 이유는 이승만 시대부터 그것을 가능케 하는 인자들이 준비되어 싹트기 시작했고, 근대화에 필요한 경험의 축적이 있었기에 가능했다고 보는 것이 타당한 시각이다.

한국 현대사의 블랙홀

이승만의 정치고문이었던 로버트 올리버는 "1960년대 이후의 경이적인 경제성장과 국가발전은 그 이전의 이승만 정부에 의한 전제조건의 구축이 없이는 불가능했을 것"이라고 말했다. 한동대학교 석좌교수 유영익도 로버트 올리버와 의견을 같이 한다. 그는 "박정희 시대의 고도성장은 이승만 시절에 이미 그 싹이 트기 시작했다"면서 다음과 같은 견해를 밝혔다.

첫째, 이승만은 6·25 전쟁 직후 노련한 외교로 미국을 상대하여 한미상호방위조약 체결과 국군 전력증강이라는 카드를 받아 냈다. 그 결과 우리는 국방과 안보에 대한 부담을 덜고 경제 개발에 국력을 집결할 수 있었다.

둘째, 교육 인프라를 대대적으로 확충해 문맹을 퇴치하고 산업 사회에 필요한 인력을 대량 배출하는 토대를 확실하게 다졌다. 1950년대 후반에는 대학 진학률이 영국을 능가하기 시작할 정도로 고급 인재 육성에 전력을 기울인 공로는 그 무엇과도 바꿀 수 없는 가치를 가진다.

셋째, 농지개혁이다. 관련 법규가 미비한 상황에서 이승만의 개인적 의지와 결단에 의해 농지개혁이 시행됨으로써 우리나라는 수천 년 고질적으로 이어져 오던 지주-소작인 간의 반상(班常) 계급 관계가 근절됐다. 그 결과 국민 모두가 균질화 된 상태에서 출발했기 때문에 고도 성장기에 계층 간 갈등을 최소화할 수 있었다.

유영익을 비롯하여 1950년대를 연구해 온 다수의 학자들은 이승만 시대에 한국 사회의 기초가 되는 중요한 일들이 뿌리를 내렸음에도 불구하고 1950년대를 부정적으로만 보는 것은 올바른 사고가 아니라고 지적한다. 이승만 시대가 한국 현대사의 블랙홀처럼 비어 있는 이유는 우리들의 게으름 때문이기도 하다.

이승만 시대의 경제 분야는 뭐하나 제대로 정리된 기록이나 알려진 비화가 없다. 1961년 군사 쿠데타가 발생한 후 상당수 공문서들이 파기되거나 소각 망실된 때문이다. 기록이 없으므로 정밀한 역사 복원은 생존자들의 기억에 의존해야 하는 한계를 가질 수밖에 없다. 그나마 생존해 있던 분들도 4·19 직후 정치적 반대파들의 홍위병 식 탄압과 5·16 이후 부정선거 원흉, 부정축재 공범으로 호된 시련을 겪으면서 침묵으로 시대에 저항하다 하나 둘 세상을 떠났다.

그 결과 우리의 식자층이나 언론, 국민 대부분은 한국경제는 박정희 장군이 군사 쿠데타 직후부터 천재적 역량을 발휘하여 경제개발 5개년계획을 추진함으로써 근대화와 산업화가 가능했다는 논리에 젖어들었다. 이런 내용이 별다른 반론이나 저항감 없이 정설로 굳어지는 분위기다.

이 와중에 하버드대학의 카터 에커트 교수는 자신의 저서 《제국의 후예》에서 식민지 근대화론이란 것을 내놓았다. 카터 에커트는 '한국 사회의 실제 변화의 기동력은 일본에서 왔으며, 일제의 식민지 지배는 한국의 자본주의적 변혁과 근대화를 촉진했다'면서 '박정희 시대에 한국의 고도성장은 일제 식민지 시대에 그 기반이 이루어진 것'이라고 주장했다.

이런 주장에 대해 국내의 학자들은 카터 에커트의 주장을 액면 그대로 해석하면 한국 경제는 일제 강점기의 결과물이 1950년대를 건너 뛰어 박정희 시대에 와서 만개했다는 뜻이 된다면서 "역사에서 단절이란 있을 수 없는데, 에커트 교수는 유독 한국에서 역사 단절론을 주장하고 있다"고 비판한다. 이승만 정부 시절 국내 최초의 경제개발계획 수립에 참여했던 김입삼[22]의 말이다.

"인간의 행위는 원인과 과정 결과가 있는데, 요즘 사람들은 무슨 까닭인지 원인을 무시하고 결과만 따지려 듭니다. 이것은 역사를 대하는 올바른 사고가 아닙니다. 더구나 경제는 숫자를 논하는 학문이기 때문에 인과관계가 뚜렷합니다. 과거를 올바로 해석하지 않으면 현재가 잘 보이지 않아요."[23]

각의에서 휴일 없애기로 결의

송인상[24]도 "역사는 단절될 수가 없는 것인데, 역사는 창조되는 것이라고 생각하면 오류를 범하기 쉽다"면서 이승만 시대를 이렇게 평했다.

"1950년대는 기업가나 정치가, 정부 관리들이 어떻게 하든 당당한 독립 국가를 건설하여 국민이 배불리 먹고사는 나라를 만들자는 의욕으로 강하게 뭉쳤던 시기였습니다. 당시 우리나라 총 수출액이 3500만 달러, 국민소득이 1인당 50~60달러에 불과했어요. 수출품도 김이나 한천, 머리카락, 텅스텐 정도였던 시절에 우리는 산업화를 하려고 별별 시도를 다 했습니다.

일제하에서 한국 경제는 독립된 단일 경제구조가 아니라 일본 경제 유지를 위한 방편으로서 기형적인 구조를 가지고 있었습니다. 그것을 오늘과 같은 선진화된 구조로 바꾸는 기초를 마련한 시기가 1950년대였습니다. 또 장기 경제개발계획을 수립하여 한국경제의 바람직한 발전방향을 제시하고 그것을 위한 인재양성, 하부구조 및 사회간접자본 기반을 건설하기 시작한 시기였어요. 그러니까 1960~70년대의 고도성장을 위한 기초를 닦은 시대였다고 정리할 수 있습니다. 한국 경제의 개화는 전후복구라는 고통스러운 시대의 경험과 노력에 크게 힘입었다고 생각해요.

그럼에도 불구하고 사회 저변에서는 4·19나 5·16의 영향 때문인지 이승만 대통령과 자유당 시대에는 아무 일도 하지 않았던 것으로, 또 부패와 무능의 시대로 격하된 감이 없지 않습니다. 1950년대를 연구하고 파헤치면 지금까지 알고 있던 것과는 전혀 다른 이야기들이 많이 나올 겁니다."[25]

신현확은 우리나라 산업정책의 여명기인 제1공화국 시절 상공부에서 전기국장, 광무국장, 공업국장을 역임했다. 그 후 부흥부 차관을 거쳐 부흥부장관(박정희 시절 경제기획원, 현재의 재경경제부)에 임명되어 산업분야의 야전사령관 역할을 했다. 신현확은 이승만 시대를 이렇게 회고한다.

"내가 6·25 전쟁 직후 전기국장으로 있을 때 영월발전소와 화천발전소가 전력시설의 전부였습니다. 이 발전소가 6·25로 다 부서져 몇 년간은 미국에서 발전선을 하나 도입 해다가 마산 앞바다에서 발전하여 얻은 2만kW가 우리나라 전력의 전부였어요. 내가 전기국장 하면서 당인리, 삼척, 마산에 발전소를 짓기 시작했고 전국 각지를 돌아다니며 적지를 물색한 끝에 '수력발전소 건설 10개년 계획'을 세웠어요. 무(無)에서 출발했다 해도 과언이 아니죠. 한반도에 시멘트 공장이 모두 13개가 있었는데 남쪽에 유일하게 있던 삼척시멘트가 전쟁 와중에 깨져버리면서 겨우 2만 톤을 얻을 수 있었습니다. 공장을 짓더라도 일할 사람이 없어 한 공장 기술자를 이리저리 나누어 보내곤 했지요.

대부분의 사람들이 이승만 대통령을 잘못 알고 있는데, 그런 시각은 반드시 교정되어야 합니다. 이승만 대통령은 경제에 대한 혜안이 대단한 분이었습니다. 건국한 지 2년도 안 돼 전쟁이 발발해 완전히 폐허가 되었죠. 1954년에 서울로 환도(還都)해서 만 4년 만인 1958년에 전쟁 이전 상태로 완전히 복구했다고 발표를 했거든요. 밤잠 안자고 땀 흘려 노력한 게 없고선 그런 결과가 나올 리가 없잖아요?

당시 우리는 산업의 기초를 닦기 위해 여러 가지 검토를 했어요. 이승만 대통령 시절에 울산에 공업단지 건설하는 문제를 몇 번이고 계획을 했고. 그 때 불철주야 노력한 사람들이 없었다면 4년이란 짧은 시기에 전후복구는 불가능했을 겁니다. 그 시절엔 휴일을 없앤다고 각의에서 결의하고 일요일, 공휴일도 전폐하고 일을 했습니다. 잠은 책상 위에서 자면서 무섭게 일을 했어요."[26]

죽느냐 사느냐

조국 광복과 더불어 해외를 유랑하던 사람, 일제에 학도병이나 징용으로 끌려갔던 사람들이 귀국하면서 혼란이 시작됐다. 남한에는 집도 직장도 없는 300만 이상의 귀환자들이 먹고 살기 위해 발버둥 쳤다.

1947년 8월 미 국무부가 발간한 소책자에 의하면, 남한의 산업시설과 광산의 생산성은 미국이 군정으로 통치하던 2년 간 통상 능력의 20%에 불과했다. 실업이 만연하고 중국과 일본으로부터의 송환자 홍수와 북으로부터의 피난민이 몰려와 사태는 더욱 악화됐다. 1946년 11월, 맥아더 장군은 길거리에서 아무런 대책 없이 노숙하는 사람이 서울에서만 2만이라고 추정했다.[27]

한반도를 점령 통치했던 70여만 명의 일본인들이 철수하면서 남한에 있던 생산시설은 가동 중단 상태에 빠졌다. 김충남[28]은

"이승만 대통령의 재임 기간은 한국 국민에게 죽느냐 사느냐 하는 절대 절명의 위기였다"[29]고 말한다. 미국에서 이승만의 비서 역할을 했던 이원순[30]은 이 대통령이 당면했던 현실을 이렇게 기록하고 있다.

'그가 걸머진 대통령이라는 직능은 한 국가의 반쪽에 한정되었다. 그러나 국토의 분할은 마치 생명체를 양분한 것이나 다름없었다….

당시 이승만 대통령이 직면한 가장 큰 문제들로는 경험 있는 인재의 불충분, 민주주의에 대한 국민의 인식부족, 경제부흥을 위한 필수자원의 결핍, 일본인의 철수와 동시에 진공상태에 빠진 일본식 교육제도의 잔재, 기본금 양에 따르지 않고 국제 환화(換貨)의 자격도 없는 통화, 군대도 없는 긴급한 국방 문제, 한계가 불명확하고 국제법상 책임이 따르지 않는 국제 감시, 절대적으로 필요한 산업발전보다도 구제 사업을 목표로 하는 미국의 원조계획 같은 것이었다.'[31]

이런 악조건 속에서 탄생한 대한민국의 초대 대통령 이승만이 시급히 해결해야 할 당면 과제는 한반도를 통치하던 일본이 빠져나가면서 시작된 혼란을 수습하고, 38선을 경계로 남북이 분단되면서 뿌리가 흔들린 경제재건, 그리고 38선 이북에 깃발을 꼽은 공산주의에 맞서 싸울 수 있는 튼튼하고 건전한 자유 민주국가 건설이었다.

1945년 8월 15일 일본의 항복으로 전쟁이 끝났다. 당시 세계대전을 승리로 이끈 연합군 측에는 공산주의 소련도 승전국의 하나로 존재하고 있었다. 그러나 파쇼 독일과 일본 등 추축국과의 힘겨운 싸움에 이어 자유민주주의와 공산주의의 피 튀기는 냉전이 시작될 것으로 예측한 사람은 없었다.

이 와중에 윈스턴 처칠 영국 수상이 공산주의의 위험성을 경고하고 나섰다. 그는 1946년 3월 5일 미국의 미주리 주 풀턴에서 행한 연설에서 "공산주의자들이 발트 해의 슈체친으로부터 아드리아 해의 트리에스테까지 유럽 대륙을 가로질러 철의 장막을 형성했다"면서 민주주의와 공산주의의 대결이 시작됐음을 알렸다.

공산주의를 이상향으로 착각

도미노 식으로 동유럽의 공산화가 이어지면서 스탈린의 팽창정책이 노골화하자 트루먼 미국 대통령은 1947년 3월 12일, 미 의회 상하 양원 합동회의에서 "미국은 전체주의의 직접 및 간접침략으로부터 자유로운 국가나 제도를 수호할 것"이라며 반공정책을 중심으로 한 트루먼 독트린을 발표한다. 공산주의의 방파제 역할을 하기 위해 마샬의 유럽 부흥계획이 마련된 것도 이 무렵의 일이다. 이로써 전후 40여 년 계속된 냉전이 시작된다.

해방 직후 한반도에 살던 사람들은 공산주의의 본질에 대한 이해가 부족했다. 오히려 식민통치를 하던 일본 제국주의와 적대관계였던 소련이 우리 독립운동가들을 돕고 있다는 소문이 퍼지면서 공산주의에 호의적인 생각을 가진 사람들이 많았다. 로버트 올리버의 설명이다.

'공산계열의 한인 유격대원들은 1931년 일제의 만주 정복 후 만주를 무대로 그들을 괴롭히면서 자유롭게 활동했다. 한국의 많은 무장단체가 그들과 힘을 합친 것은 자연스러운 일이었다. 때때로 소량의 보급품과 무기들이 시베리아로부터 한국의 지하조직으로 유입되었다. 그런 이유로 한국인들은 소련에 대해 호의적이었고, 공산주의에 대해서도 무비판적인 태도를 취했다. 일제 경찰의 강압 때문에 공산주의자들의 선전은 국내에 발을 붙이지 못했으나 종전과 더불어 그런 제한은 해제되었다.'[32]

해방 공간에서 공산주의자들과의 좌우합작이니 남북 통일정부 수립이니 하는 의견들이 제기될 때 이승만은 냉전으로 향하는 국제정세의 거대한 변화를 예감하고 기회가 날 때마다 공산주의의 위험성에 대한 경고를 서슴지 않았다. 그 주된 연설의 한 대목을 옮겨본다.

"이론상으로 공산주의는 그럴듯하다. 만일 이 주의를 전달하는 사람들이 이 주의를 전하는 대로 실천한다면 나도 그들을 존경할 것이다. 이 주의가 민주주의와 같이 세계 대중에게 복리를 줄 만한 주의가 된다면 아무도 막지 않을 것이다. 그러나 이 공산주의를 선전하는 자들은 아름다운 이상으로써 양의 가죽을 만들어 쓰고 세계 정복을 꿈꾸는 소련의 앞잡이로서 공산주의를 선전하고 있는 것이다.

그들은 세계 사람들에게 각각 그들의 정부를 파괴시키고 나라를 크레믈린의 독재 하에 넣도록 훈련시키고 있다. 당신의 동생일지라도 공산주의의 훈련을 과학적으로 받았다면 이제는 당신의 동생이 아니다. 그 동생은 소련을 자신의 조국이라 부르며 당신의 국가 공업을 파괴하는 한편 정부를 뒤엎고 동포들을 소련에 넘겨주려 할 것이다. 그러면 드디어는 당신의 나라는 소련의 위성국이 되는 것이다. 그러나 그 뒤엔, 당신의 동생은 집 없는 거지가 되고 가족은 노예가 될 것이다. 이때에 이르러 잘못을 깨달아도 아무 소용이 없을 것이다."[33]

삼국시대를 거쳐 고려, 조선왕조가 멸망할 때까지 한반도의 백성들은 수천 년을 세습제로 이어져 온 임금을 섬기는 군주제 정치형태만을 경험했다. 일제 식민지에서 해방되고 미 군정을 거쳐 걸음마를 시작한 신생 대한민국의 구성원들 중 민주정치의 기본정신이 무엇인지 경험을 한 사람이 드물었다. 이 와중에 국민들은 이름도 생소한 직접·보통선거를 통해 대통령을 선출하는 민주주의 국가수립이란 과제에 직면했다.

이승만은 가는 곳마다 현재보다 미래의 국가 행복이 더 중요하다는 사실을 국민에게 역설했다. 그의 연설의 주된 요지는 "허리띠를 졸라매고 희생을 하자. 장래를 위해 일하자"는 구호로 상징된다.

일본에 종속적인 산업구조 강제

정부 출범 직후인 1948년 9월 이승만은 향후 국정운영에 대한 시정방침을 발표했다. 이 내용 속에 이승만의 경제와 산업에 대한 철학, 국가 운영의 기본 방침이 발견된다. 먼저 이승만은 기본 방향을 농공(農工)균형의 산업국가 건설에 두되, 이를 위해 6대 정책 과제로 ▲식량증산 ▲생필품 자급자족 ▲동력원 개발 ▲지하자원과 수산자원 적극 개발 ▲교통 통신망의 조속한 복구 ▲황폐한 산림의 복구 등을 도모하여 생산 촉진과 실업자 해소를 동시에 이루어 나가겠다고 밝혔다.

신생 정부가 헤쳐 나가야 할 앞길은 험난하기 그지없었다. 당대를 살았던 경험자들의 증언을 종합하면 다음과 같은 정황이 그려진다.

우선 38선을 경계로 국토가 분단되어 대한민국의 주권과 통치권 행사는 한반도와 부속도서 전체가 아니라 38선 이남으로 한정되었다. 신라의 삼국통일 이래 1300여 년 통일국가를 이루어 왔던 한반도에서 인위적이고 급작스런 국토 분단은 살아 있는 생명체의 허리를 자른 것이나 다름없었다. 하루아침에 자행된 국토 분단은 민족의 분할, 지하자원의 분할, 시장의 분할, 동력자원의 분할 등 날벼락 같은 상황을 초래했다.

일제 식민주의자들은 한반도에 독자적인 산업구조를 체계적으로 갖춘 것이 아니라 식민지 경영의 틀에 맞춰 일본에 종속적인 산업구조를 강제했다. 그들은 한반도를 자신들의 상품 판매시장 혹은 식량과 원료의 조달시장으로 기능하도록 만들었다.

식민당국은 한반도의 남쪽에는 쌀농사를 중심으로 한 농업지대와 섬유를 중심으로 한 경공업을, 북쪽에는 거대한 수력발전소를 짓고 여기서 생산되는 전기와 풍부한 지하자원을 이용하여 중공업 지대를 건설했다. 그 결과 한반도는 남농북공(南農北工)의 기형적인 산업구조가 자리 잡게 된다.

해방 직전 전국의 발전설비 용량은 총 172만 2695kW로, 남북한 점유 비율은 남한이 11.5%(19만 8782kW)인 반면 북한은 88.5%였다. 이 가운데 수력전기만 계산할 경우 남북 간 발전능력은 3.6% 대 96.1%로 더 심각한 불균형을 이루고 있었다. 북한에는 압록강의 수풍 발전소, 부전강·장진강 발전소 등에서 생산되는 풍부한 전력을 이용해 흥남질소비료공장, 고주파(高周波)공장, 조선인조(人造)석유 같은 거대 산업시설이 건설됐다. 흥남질소비료공장에서 생산된 비료는 경원선과 호남선을 통해 호남 곡창지대는 물론 일제가 점령한 만주 일대까지 공급됐다.

반면에 남한에는 수천 년 경작을 되풀이해 온 탓에 매년 비료를 주지 않으면 생산이 불가능한 농지와, 북한에서 공급되는 전력을 공급받아 가동하는 조선맥주, 소화기린맥주, 조선유지, 태창직물 등 소규모 경공업 시설이 위치했다. 당시의 중공업 분포도를 보면 남한 21%, 북한이 79%였다. 금속공업 생산의 90%가 북한에서 이루어진 반면, 방직공업 생산의 85%는 남한에 치우쳐 있었다.

또 철광석, 선철 등 금속 기계공업에 필수적인 지하지원은 남한에는 매장량이 거의 없었고, 유연탄 무연탄 흑연 중석 등도 북한이 독차지하고 있었다. 1940년 공업생산액의 남북한 분포 비율은 화학은 18 대 82, 금속 10 대 90으로 북이 압도적이었다.

식민지 시대의 공업화 경험 논란

남한에는 해방과 더불어 징용이나 망명, 일본군에 끌려갔다가 해외 각지에서 몰려들기 시작한 귀환 동포, 이북에서 핍박을 받아 탈출해 온 월남민 등 주거지와 직장이 없는 300만 이상의 피난민이 살길을 찾기 위해 발버둥치고 있었다. 이런 악조건 속에서 이승만은 공산주의자들의 파괴와 폭동, 테러와 살인 위협에 맞서가며 자유민주주의와 시장경제를 기초로 한 대한민국을 탄생시키는 어려운 작업에 도전하게 된다.

1910년 대한제국이 일본에 병합된 후 조선총독부는 조선토지조사령과 조선회사령이라는 두 가지 중요한 경제법령을 발표한다. 이 두 법령은 일본이 조선의 영토와 인민을 병합한 후 어떻게 통치할 것인가를 밝히는 정책의 기본지침이었다. 조선회사령은 일제의 조선에서의 상공업 정책을 표명한 것으로서 조선에는 근대공업을 건설하지 않으며, 조선을 일본 공업에 대한 원료공급지와 상품판매지로 개발한다는 데 있었다.[34]

조선회사령은 일본 측의 정책 전환에 따라 1920년 4월 1일 철폐

된다. 일본이 조선회사령을 철폐한 이유는 제1차 세계대전 이후 닥친 불황으로 어려움에 처한 일본 자본에 활로를 열어주기 위한 배경이 깔려 있었다. 덕분에 이 땅에도 근대공업 건설을 위한 일본 자본이 투입되기 시작했다.

1929년 미국에서 시작돼 전 세계를 뒤흔든 대공황으로 심각한 불황에 직면한 일본은 만주 침략과 중일전쟁으로 돌파구를 찾기 시작했다. 그 결과 조선을 대륙의 전진기지로 개발한다는 새로운 전략이 등장하면서 일본 대기업들이 한반도 진출을 시작했다. 이어 일본 정부가 '중요산업 통제법'을 공포하자 일본 기업들은 통제가 덜한 한반도로 건너왔다. 제2차 세계대전의 발발로 미군의 일본 본토 공습이 이어지면서 본토보다는 안전한 한반도에 공장을 짓는 붐이 일었다. 덕분에 1930년대 후반기에 상당한 정도의 공장시설이 한반도에 건설되어 급격한 산업화가 진행됐다는 것이 이대근의 견해다.[35]

1936~40년에 한반도에 설립된 일본 기업은 72개인데 주요 기업의 면면은 다음과 같다.

▲면방공업 : 종연방적, 동양방적

▲시멘트공업 : 오노다(小野田)시멘트, 아시노(淺野)시멘트, 조선시멘트

▲기계공업 : 조선기계제작소, 관동기계제작소

▲화학공업 : 조선화약, 조선화학비료, 미쓰이(三井)유지화학

이밖에도 1941년부터 1944년 사이에 조선이연(理硏)화학, 미쓰

비시(三菱)제강, 미쓰비시 마그네시움, 조선스미토모(住友)금속, 대일본염업, 동양경금속, 조선타이어공업, 조선전공, 조선알미늄 등의 기업이 설립됐다. 이러한 시설 건설로 한반도는 상당한 수준의 공업화 단계에 도달했으며, '식민지 시대 공업화 경험'을 유산으로 물려받았다는 것이 이대근의 입장이다.[36]

식민지 통치는 인류의 야만적 범죄

이런 기업들 덕분에 한반도에서 산업화가 일부 진전된 사실을 부인하기는 어렵다. 그러나 그것은 한반도의 자립경제가 목적이 아니라 일본의 전쟁수행과 식민정책의 일환으로 진행된 것이기에 많은 취약점을 노정하고 있었다.

일제가 남기고 간 산업시설들은 대부분 38선 이북 지역에 위치하고 있었고, 또 미 군정시절부터 진행된 귀속재산 불하 과정에서 상당수가 고철로 매각되거나 기술부족으로 가동중단, 혹은 6·25 전쟁 때 파괴되어 산업화에 결정적인 도움을 준 사례는 드물다.

식민지 근대화론과 관련하여 전하고 싶은 대목이 있다. 자와할랄 네루 인도 총리의 누이동생 비자야 라크슈미 판디트는 최초의 여성 유엔총회 의장을 지낸 여성 지도자다. 그녀가 런던대학에서 열린 인도 독립헌법제정 기념행사에 참석했을 때의 일이다. 영국 측 고관이 "대영제국의 인도 통치는 다른 나라에 비해 개명된 식민지 통치가 아니었나 생각된다. 그래서 오늘 우리가 축하하는 홀

륭한 인도 헌법도 만들었고, 세계에서 제일 큰 민주국가도 세울 수 있지 않았는가" 하고 발언했다.

이 발언이 끝나기가 무섭게 판디트 여사가 마이크를 빼앗아 항변했다.

"뭐? 영국 식민지 통치가 비교적 개명된 것이었다고? 식민지 통치에 무슨 개명이고 문화적이고 하는 수식어를 붙일 수 있는가. 모든 식민지 통치는 인류의 야만적 범죄행위다. 그 이상도 이하도 아니다."[37]

2

남농북공(南農北工)의 현실

혼란, 5·14 단전(斷電)의 수모를 딛고…

권력 공백으로 극심한 혼란 발생

1945년 8월 15일을 기해 일본이 항복하고 9월 2일 미주리함 함상에서 일본의 항복 조인식이 거행됐다. 9월 7일 맥아더 사령관은 '조선국민에게 고함'이라는 포고문을 통해 38선 이남에 미군의 군정을 실시한다고 선언했다. 재(在)조선 미군 사령관에 임명된 미 제24군단장 존 하지 중장은 오키나와 기지로부터 병력 9만 7000명을 인솔, 9월 8일 인천에 상륙하여 당일 서울에 입성했다. 하지 중장은 다음날인 9월 9일 조선총독부 제1회의실에서 일본의 조선 총독 아베 노부유키(阿部信行)로부터 항복문서에 조인을 받았다.

9월 11일, 35년여 한반도 지배의 상징이었던 일장기가 내려짐과 동시에 일본 총독 아베 노부유키가 해임되고 미 군정장관에 아놀드 소장이 임명됐다. 경무국장에는 헌병 사령관 슈이크 준장, 정무총감에 해리스 준장, 광공(鑛工)국장에 언더우드 대령, 법무국장에 우돌 소령, 교통국장에 해밀턴 중령, 재무국장에 코돈 중령, 농상국장에 마틴 중령, 체신국장에 헐리 중령, 학무국장에 로카드 대위를 임명하는 등 미 군정 요원 109명이 임명됐다.

9월 8일 미군이 인천에 상륙하여 정식으로 군정(軍政)이 시작될 때까지의 약 한 달 간 정치는 진공상태요, 경제는 혼란의 극을 이루었으며, 교통과 통신은 마비상태에 빠진 채 해방을 구가하는 시위행렬이 밤낮으로 계속되었다.

일본의 자본과 기술자, 경영자, 식민지 행정을 담당했던 관리와 경찰, 군대가 한반도에서 철수하면서 경제와 산업이 바닥으로 추락했다. 일본 식민통치자들은 연합군에 항복 직후 통화를 남발하고 생산시설 파괴, 생산자재를 방매하는 바람에 혼란이 가중됐다.

8월 15일 당시 49억 7500만 원이던 조선은행권 발행고는 8월 말 79억 8700만 원으로 급격히 늘었다. 해방 당시 상업은행장이었던 윤호병은 해방 후 두 달 동안 통화량이 배로 증가하고 물가는 20~25배가 뛰었다고 증언한다. 물가가 급등한 이유는 치안 부재로 일본인 소유의 각종 공장시설이나 원료, 자재 등이 도난당하거나 파괴되었고, 일부 명맥을 유지한 공장들도 원료와 자재 부족으로 생산이 급격히 위축되었기 때문이다.[38]

해방 이전의 한반도는 완벽한 일본 종속체제였다. 1940년을 기준으로 한반도에 있던 제조업 자본의 94%가 일본 자본이었고, 제조업 부문 기술자의 80% 이상이 일본인이었다. 한반도의 총수출입 중 일본에 대한 비중이 수출 78.2%, 수입 86.7%를 차지할 정도로 우리 경제는 일본에 예속되어 있었다. 해방 당시 국내에 있는 전체 산업체 가운데 기업주가 한국인인 경우는 2%에 불과했다.[39]

이 와중에 식민지 지배세력이 한반도에서 퇴장하면서 조성된 무정부 상태에서 온갖 험한 일들이 벌어졌다. 주인 없는 상태가 된 기관이나 공장들은 남아 있는 한국인 직원들끼리 재산을 분배하거나 기계, 원료를 나눠 갖는 일들이 비일비재해 공장들은 하나둘 가동불능 상태에 빠졌다.

더 심각한 문제는 땔감이었다. 우리나라는 수천 년 전부터 난방을 하고 밥을 짓는데 장작과 숯을 사용해 왔다. 해방이 되면서 해외에 나가 있던 귀국자, 월남자들이 서울로 몰려오면서 인구가 갑자기 늘어 연료난이 닥쳤다.

서울 시민들의 생활연료를 공급하기 위해 청량리역 근처에 거대한 장작 집하장이 마련되어 있었다. 그 시절 일반 가정에 공급된 취사용, 난방용 장작은 근처의 산에서 무분별하게 남벌하여 도시로 실어온 것이었다. 도회지 주변의 산림부터 거덜 나기 시작해 전국 산하의 나무들이 수없이 쓰러졌다. 겨울이 오면 거리의 가로수나 집안의 기둥이라도 뽑아 때지 않으면 동사자(凍死者)가 속출할 형편이었다. 아무리 입산금지를 외쳐도 장작을 대체할 연료가 공급되지 않았으니 그것은 공염불에 불과했다.

식량과 연료 바닥 나

늘어나는 귀환인구를 재우고 먹이는 것도 큰 문제였다. 해방 전 해인 1944년 5월 1일 조선총독부의 인구조사에 의하면 남북한 거주인구는 2591만 7881명(한국인 2513만 3352명, 일본인이 71만 2583명)으로 조사됐다. 미 군정청의 추정자료에 의하면 1945년 말 남한 인구는 1687만 3000명이었는데, 1946년에는 해외동포와 월남자의 급증으로 전년도에 비해 무려 249만 6000명이나 늘어난 1936만 9000명, 1948년에는 2002만 7000명으로 증가했다.[40]

전경련은 해방 이후 2년 동안 일본과 만주, 기타 해외와 38선 이북으로부터 귀환한 숫자를 280만 3953명으로 추산했다.[41] 로버트 올리버는 매일 평균 1600명의 피난민이 '노동자들의 낙원' 북한을 탈출해 남한으로 내려왔다고 기록하고 있다.[42] 이러한 민족의 대이동은 식량과 연료문제를 절박한 상황으로 몰아넣었다. 일제강점기에 식량수출국이었던 한반도는 졸지에 식량수입국으로 전락하게 된다.

당시 전국 100만 가정에서 월동기 4개월 동안 필요한 연료는 100만 톤, 이를 장작으로 해결할 경우 약 300만 평의 삼림이 필요했다. 우선 급한 대로 열량이 높지 않은 토탄과 갈탄 등을 일부 보충연료로 사용했지만, 이것마저도 수요에 비해 공급이 태부족이었다. 남한산 무연탄은 탄화가 심하게 진행되어 흑연처럼 딱딱하고 가루 형태로 출토되기 때문에 착화(着火)가 어려운 단점이 있다. 이를 극복하여 가정에서 손쉽게 사용토록 하기 위해 무연탄에 진흙을 섞어 사용하는 실험이 행해지기도 했다.

가정용 땔감뿐만 아니라 선박과 차량 연료도 부족해 전국의 운송이 마비될 위기에 처하게 됐다. 국내에서 기름이 한 방울도 나지 않는 데다 정유공장도 없어 휘발유와 석유화학 제품은 100% 수입에 의존하고 있었다. 이 와중에 외환 보유고가 바닥이 나 수입이 불가능하게 된 것이다. 연료문제에 획기적인 대책을 세우지 않으면 한반도가 석기시대로 돌아갈 상황이었다.

당시 우리 국민들의 고단했던 생활상을 엿볼 수 있는 자료가 있다. 1946년 12월 2일, 이승만은 미소(美蘇)공동위원회를 중심으로 한반도 문제를 풀어가려는 미국의 정책을 바꾸어 남한 만이라도 단독정부를 수립해야 한다는 세계여론을 조성하기 위해 워싱턴으로 떠나 4개월여 외교활동을 벌였다. 그 시절 프란체스카 여사가 로버트 올리버에게 보낸 편지 내용이다.

'세찬 북풍이 몰아치고 있습니다. 국민들의 고통이 얼마나 크겠어요. 아무리 추워도 춥다고 하지 않을 만큼 한국 국민은 자존심이 강한 사람들입니다. 시장에는 장갑 한 켤레도 볼 수 없고 암시장에는 한 켤레에 500원 하는 미국제 장갑 몇 켤레가 있을 뿐입니다. 열흘 치 땔감을 사려면 8000원을 주어야 합니다. 광부들이 파업하는 것도 아닌데 석탄은 구경조차 하기 어렵습니다. 다행히 석탄을 좀 구하기는 했지만 너무 비싸서 아침에 조금 피우고는 하루 종일 춥게 지냅니다.

전기가 들어올 때는 조그마한 전기난로를 켭니다. 지난 사흘 동안 오후 5시 이후에는 전기가 들어오지 않았습니다. 나는 촛불을 켜고 혼자 저녁을 먹습니다. 그것은 분위기를 잡고자 하는 것이 아닙니다. 그러고 나서 저는 아무 할 일도 없어 잠자리에 누워 가물거리는 가련한 촛불만 바라보고 있습니다.'

석탄을 달라

해방 후 우리나라 광업 업무의 개시는 군정청이 발족되면서부터다. 에너지 분야의 총괄 책임자인 광공국장은 언더우드 육군 대령, 같은 분야의 한국인 국장대리는 오정수[43]였다. 당시 조사에 의하면 석탄은 총 매장량의 90%가 38선 이북에 편재해 있었고, 생산량도 북한이 80%를 차지했다. 이 와중에 남북이 분단되면서 남한의 석탄부족은 심각한 상황이었다.

게다가 일본인들이 철수하면서 탄광 기술자가 태부족이었고, 갱도 보수를 하지 못해 침수되거나 갱이 무너지는 바람에 생산이 거의 중단되었다. 군정청의 에너지 담당자들은 산림 황폐화를 막고, 석탄을 자급자족하기 위해서는 국내에 매장되어 있는 석탄 개발이 시급하다는 점을 지적했다.

미 육군은 1945년 9월 8일 인천에 상륙한 후부터 1948년 8월 대한민국 정부가 수립될 때까지 군정 기간 중《군정활동 보고서》를 기록해 놓았다. 이 중 석탄 수송 관련부분은 당시의 긴박했던 우리나라 에너지 사정을 대변하고 있다.

▲일본으로부터 석탄 선적이 여의치 않아 극심한 유연탄 부족이 심화되었음. 75%까지 철도 서비스를 삭감하고 여행 및 화물수송의 우선순위 시스템을 세우는 것이 꼭 필요하게 되었음(1946년 2월).

▲연안 해운 설비는 2월 14일 동해안 운행에 LST(해군 상륙 및 수송선) 4척을 추가함으로써 증강되었음. 이들 첫 번째 임무는 1척이 매월 1왕복 운항을 하며 남쪽 항구로부터 북쪽으로 식량을 운반하며, 회항 시 석탄을 운반하는 것이 될 것임(1946년 2월).

▲남한에서는 11월에 주요 교통시설의 운행감축을 겪어야 했다. 극심한 석탄 부족으로 교통부에서는 58개 열차를 운행 중지 시켰다. 일본 석탄대금의 지불로 정상적인 것보다 9월의 철도 지출이 많이 증가되었다(1947년 11월).

▲지난 몇 달 동안 남한에서는 역청탄(유연탄)의 부족으로 철도 시설의 심각한 운행 감축을 겪어야 했다. 10월 말 운행된 262개 화물 및 여객열차 중 12월에는 107개 열차가 운행 중단되었다(1948년 1월).

▲극심한 석탄부족과 겨울철 어려움으로 지난 3개월 동안 철도 운행이 감축되었으므로 수입 및 여객과 화물수송, 그리고 철도 작업능률 등이 계속 감소했다. 1월의 석탄 소모량은 1947년 12월보다 17%가 감소했다. 이것은 1946년 11월 이래 최저치였다(1948년 2월).

미 군정청은 1945년 말 석탄을 기본 필수품으로 지정하여 조선석탄통제회사를 설립하고 석탄 공급을 통제했다. 아울러 일본인 소유의 9개 탄광[44]을 군정청 직할로 지정했다. 또 석탄부족 현상을 타개하기 위해 1946년 2월 석탄생산위원회를 구성했다. 이 기구의 설치는 1990년대까지 40여 년 우리나라의 석탄시대를 예고하는 신호탄이자, 국가적으로 석탄 산업이 긴요한 산업임을 알려주는 첫 번째 제도적 조치였다.

1946년 3월에는 석탄광업자금 2억 원을 편성하여 각 직영탄광에 지원했다. 그러나 산업용 석탄의 수요부진, 가정연료의 장작 사용, 철도수송 부족 등의 악재가 겹치면서 실제 생산은 미미한 실정이었다. 1946년 5월에는 조선석탄통제회사를 조선석탄배급회사로 이름을 바꾸어 정부 주도하에 석탄의 저탄, 판매 등 국영 9개 탄광에서 생산된 석탄을 수송 배급토록 했다.

1946년 9월 20일 미 군정은 행정권을 한국에 이양하기로 결정했고, 1947년 2월 5일 민정청을 발족하여 남한 내 정부수립을 위한 준비 작업에 돌입했다. 민정청이 설치되면서 민정장관에 안재홍[45]이 취임했고, 그 산하에 상무부가 생겼다. 이 부서가 석탄 생산, 전기 발전과 관련된 업무의 운영관리를 책임지게 된다.

이승만, 에너지 전문가와 만나다

이 무렵 우리나라 에너지 정책을 담당하던 상무부 실무진은 상무부장 오정수, 광무국장 김기덕, 석탄과장 정인욱[46], 광산과장 최학수[47], 연료과장 박영수로 구성되어 있었다. 이들은 에너지 분야의 전문지식과 인격을 갖춘 엘리트들이었다. 특히 와세다대학 채광야금과를 졸업한 정인욱 석탄과장은 석탄, 광산분야에서 자타가 공인하는 전문가였다.[48]

당시 국내의 학자나 관료들은 신탁통치 문제, 좌익 폭동 등 산적한 난제들이 겹쳐 에너지 문제의 심각성에 주목할 분위기가 아니었다. 오직 상무부의 에너지 전문가들만이 골치를 앓았다. 그들이 고민했던 주제는 땔감 확보와 조국의 산업부흥이었다. 이 두 가지 과제를 해결하기 위해 무엇을 해야 하는가. 정인욱의 머릿속에선 강원도 태백 탄전지대에 무진장으로 묻혀 있는 검은 다이아몬드, 석탄이 빛나기 시작했다.

이승만은 남한에서 식량 못지않게 연료가 심각하다는 점을 인식하고 있었다. 그러나 연료는 산타클로스가 선물로 주거나 구약성서에 나오는 만나처럼 하늘에서 떨어지는 것이 아니었다. 건국 초부터 이승만이 탄광개발과 석탄 수송을 정책적으로 추진한 것은 에너지 전문가들의 조언 덕분이다.

이승만은 귀국 직후부터 국가통치를 위한 광범위한 학습에 들어갔다. 이승만은 자신을 돕던 이기붕과 윤치영에게 이렇게 부탁했다.

"자네들도 알다시피 나는 오래 해외 망명생활을 하다 보니 국내 사정에 어둡네. 작금의 국제정세를 보아하니 남과 북이 갈라서는 게 기정사실인 모양인데, 우리가 이 시점에서 건국을 위해 무엇을 해야 하는가. 만주에서, 일본에서, 연해주에서 동포들은 귀환해

오고 북쪽의 공산당에게 쫓겨 자고 일어나면 월남민들이 내려오니 느는 것은 사람뿐일세. 내가 지도자가 되면 우선 국민을 먹여 살리는 일을 해야 하는데 우선 산업을 일으켜야겠소. 산업과 경제에 밝은 인재들을 불러 모아 주시오."

지시를 받은 이기붕과 윤치영이 수소문을 하여 사업가, 경제인, 기술자, 외국 유학생 출신 등을 돈암장으로 초청했다. 1946~47년 무렵 이승만은 국내에서 지명도가 있는 기업가와 지식인들을 빠짐없이 만나 대화를 나누고 조언을 들었다. 이런 과정을 통해 이승만은 독립국가의 기틀을 다지기 위한 우선순위를 정해 산업재건에 대한 밑그림을 그리기 시작했다.

이 무렵 상무부 석탄과장을 맡고 있던 정인욱도 돈암장에 초청되어 이승만과 수 차 대화를 나누게 된다. 정인욱은 당대의 뛰어난 광산 전문가였다. 그는 에너지 문제 차원에서 이승만에게 현안 문제를 설명해 나갔다.

남농북공(南農北工)의 현실

이승만은 미국과 하와이에서 오랜 세월 독립운동을 하다 보니 조국이 처한 현실에 대한 이해가 부족했다. 이승만이 "여러 인사들에게 들어보니 남농북공(南農北工)을 지적하던데, 그것이 뭐요?" 하고 물었다. 정인욱이 설명을 이어갔다.[49]

"일본이 식민통치를 하면서 남한에는 쌀농사를 권장해서 쌀을 실어갔고, 북한 지역에는 공장과 군수시설을 많이 지어 놓았습니다. 이것이 남농북공의 기본입니다."

"일본 사람들이 남한에는 공장을 짓지 않고 쌀농사만 짓게 한 이유가 무엇이오."

"근대식 공장을 지으려면 공장을 가동할 전기가 풍부하게 공급되어야 합니다. 그런데 발전소를 지으려면 주위에 석탄이 많이 생산되는 탄광이나 수량이 풍부한 강이 있어야 합니다. 강도 그저 밋밋하게 흘러가는 강이 아니라 수량이 풍부하면서 낙차가 큰 강이 있어야 수력발전소를 지을 수 있습니다."

"남한 지역에는 그런 강이 없단 말이오?"

"그렇습니다. 이북 지역의 강들, 특히 함경도에 있는 부전강과 장진강은 수량이 풍부하고 지형상 급류를 형성하고 있어 발전소 건설의 적지입니다. 일본 사람들이 해방 전에 한강 수계인 청평에 수력발전소를 지었습니다만, 이곳은 수량은 풍부하나 낙차가 크지 않아 발전용량이 4만kW에 불과합니다. 반면 노구치 준(野口遵)이라는 일본 엔지니어가 건설한 압록강의 수풍발전소는 발전량이 동양 최대 규모입니다."

"일본 사람들이 남쪽에 농사를 권장했다는데, 농사에 긴요한 비료공장은 어디에 있소."

"흥남에 동양 최대 규모의 질소비료공장을 세워 놓았습니다."

"남농(南農)정책이라면서 비료공장을 흥남에 세운 이유를 이해할 수가 없소."

"흥남에 공업단지가 들어선 이유가 있습니다. 배후의 부전호, 장진호에서 강물을 동해 쪽으로 낙하시켜 수력발전으로 얻은 전력을 공장에 공급하고 있습니다. 흥남 질소비료공장은 세계 유수의 비료공장으로서 생산제품을 경원선과 호남선을 이용해 호남 곡창지대까지 실어 날랐습니다. 생산량이 워낙 많아서 만주 일대까지 공급해도 양이 넘쳐날 정도였습니다. 이 흥남 질소비료공장도 노구치라는 사람의 작품입니다."

잠시 침묵이 이어졌다. 이승만은 깊은 고뇌에 빠졌다.

"남농북공을 요약하면 남한에는 공장이고 발전소고 아무 것도 없고, 이북에만 공업지대가 형성되어 있다는 뜻이로군. 우리가 국민을 먹여 살리려면 농사밖에 없는데 미국 사람들은 식량은 무상원조를 주면서도 비료는 원조를 주지 않고 있소. 외국서 비료를 사오지 않으면 농사를 망치는데 이걸 어쩌겠는가."

"태백산에 묻혀 있는 지하자원을 캐서 그것을 팔아 비료를 사오면 됩니다."

"그런 방법도 있소? 그렇다면 우리가 외국에 팔 수 있는 지하자원은 무엇이 있는가."

"우선 금과 중석과 석탄이 있습니다."

"그렇다면 수고스럽지만 그대가 지하자원 전문가니 그 방면 사람을 좀 모아주시오. 그들과 의논해서 지하자원 개발에 대한 청사진을 내게 알려주면 고맙겠소."

이승만의 부탁을 받은 정인욱은 광산계에서 손꼽히던 전문가들을 불러 모았다. 교토대 출신의 김완태, 동북제국대학 출신의 김옥준[50], 일제시대에 금광 발견으로 갑부가 된 최창학, 임문한 등 당대의 쟁쟁한 전문가들이 구성됐다. 그들은 머리를 맞대고 신생 조국의 지하자원 개발을 위한 계획수립에 나섰다.

중석은 구국의 자원

이 대화에 등장하는 노구치 준이란 엔지니어는 1896년 도쿄대학 전기공학과 출신으로 지멘스 전기회사에서 근무했다. 그 뒤 소기(曾木)전력회사를 세워 일본 최초로 물을 전기분해하는 제조공정으로 유안비료를 생산했다. 얼마 후 회사명을 일본질소비료회사로 바꾸고 재벌 반열에 올랐다.

유안비료 제조에는 암모니아가 중요한 원료인데, 당시 공법으로는 암모니아 제조에 막대한 전력이 소요되어 비료 제조 원가의 약 30%가 전기료였다.[51] 막대한 전력의 원활한 공급과 싼 전기료. 이것이 비료공장 건설을 위한 절대 요건이었다. 노구치 준은 한반도에서 이 조건에 맞는 지역을 물색하다가 함경도 흥남지방에 눈길을 빼앗겼다.

함경도 북쪽에는 해발 1000m가 넘는 광활한 개마고원이 펼쳐져 있다. 이 고원에 모인 물이 장진강, 부전강이란 강줄기를 이루어 압록강으로 흘러간다. 노구치 준은 장진강과 부전강의 물줄기를 막아 인공호수를 조성한 다음, 터널을 파서 낙차가 큰 동해 쪽으로 물길을 돌려 수력발전소를 건설했다. 여기서 얻은 전기를 이용하기 위해 1930년 흥남 해안가에 연산 48만 톤, 세계 2위 규모의 대규모 유안비료 공장을 건설했다. 이것이 조선질소비료주식회사다.[52]

부전강, 장진강 발전소에서 풍부하고 값싼 전력이 공급되자 연관 산업들이 흥남 일대에 포진하기 시작했다. 석회석과 무연탄을 원료로 하여 카바이드를 만들고, 이 카바이드를 이용하여 석회질소비료를 비롯한 각종 유기화합물 생산 공장이 들어섰다. 또 북한에서 생산되는 동, 아연 등의 비철금속을 제련하기 위한 각종 제련소도 건설됐다.

노구치 준은 압록강 물줄기를 막아 수풍발전소도 건설했다. 평북 삭주군 청수읍 수풍동, 신의주 동북쪽 80km 지점 위치한 수풍발전소는 1937년 10월에 완공된 세계적인 규모의 수력발전소다. 물길을 막은 댐의 길이가 900m, 낙차 106.4m, 총설비용량 64만 kW, 최대출력 54만kW의 발전을 하여 만주와 한반도에 절반씩 공급했다. 일본질소비료회사는 대규모 프로젝트를 진행하느라 많은 인력이 한반도를 드나들었는데, 직원들의 한국 출장과 사무실로 사용하기 위해 반도호텔을 지었다.[53]

광업 전문가 팀은 수 차례의 토론과 회의를 거쳐 "신생 조국이 산업기반을 닦아나가기 위해서는 광산에 집중 투자를 하는 쪽으로 나가야 한다"는 데 의견의 일치를 보았다. 그러나 광업자원 매장량도 38선 이북과 이남이 90 대 10 정도로 현저한 불균형 상태를 보이고 있었다.

눈을 씻고 찾아봐도 38선 이남에서 자원화 할 수 있는 아이템은 금과 중석, 석탄 정도였다. 전문가 팀은 이 세 가지 자원을 집중 개발하여 국가발전의 원동력으로 삼는다는 청사진을 구체화해 나갔다. 이러한 집중개발 방식은 경사(傾斜)생산방식[54], 즉 석탄산업의 부흥을 통한 경제성장의 한국적 변형이었다. 이밖에도 우리나라 곳곳에 다량 매장되어 있는 고령토를 생산하여 해외에 수출함으로써 비료 수입대금을 마련한다는 계획도 포함시켰다.

다음으로 전문가 팀이 주목한 광물은 중석이었다. 중석에는 회중석과 흑중석 두 가지 종류가 있다. 상동광산에서는 주로 회중석이 생산됐는데, 당시에는 회중석 선광법을 알고 있는 국내 기술진이 없었고, 선광용 약품도 없었다. 이렇게 되자 "철수하는 일본 기술자를 붙잡아두고 대접을 잘해주면 우리에게 기술을 알려줄 것 아닌가" 하는 의견이 제기됐다. 그러나 일본 기술자들은 이 제의를 거절하고 귀국선에 올랐다.

그때 누군가가 안봉익[55]을 추천했다. 중석에 관한 한 안봉익이 국내 최고의 전문가라는 것이다. 안봉익이 대한중석 관리인으로 거론됐을 때 그는 "일본 기술자 필요 없습니다. 제가 데리고 있던 조수 몇 사람이면 선광이 가능합니다" 하고 답했다.

이승만은 대통령에 취임한 후 안봉익을 대한중석 사장으로 임명하면서 "이 회사는 대한민국이 존립하느냐, 못하느냐를 가름하는 중대한 회사"라고 말했다는 일화가 전해진다. 그도 그럴 것이

1948년 정부 수립 후 1950년대 말까지 우리나라의 수출 주종품목은 광산물과 수산물이 전부였다 해도 과언이 아니다. 어느 해 수출통계를 보면 광산물 3000만 달러, 수산물 1000만 달러가 고작이었는데, 광산물 대부분이 중석이었다.

국가발전은 광업에서부터

미국과 소련 간에 냉전이 본격화되면서 미국 정보기관은 무기 제조, 특히 대포의 포신(砲身) 제작에 필수 소재인 중석의 향방에 지대한 관심을 가지기 시작했다. 질 좋은 중석이 생산되던 중국이 공산화되면서 자유진영에는 중석광산이 드물었기 때문이다. 당시 북한 지역에는 황해도 백련광산이 중석으로 유명했다. 이 광산마저 공산집단 손에 넘어가자 미 정보기관은 백련광산 못지않은 품질의 중석을 생산하는 남한의 상동 중석광산에 큰 관심을 표명했다.

미국은 한국 정부에 상동 중석광산의 매각을 요청했는데 우리 정부가 이를 거절, 1953년 한미 중석협정이 체결됐다. 그런데 협정 체결과정에서 미국은 공급기한을 5년으로 요구했고, 우리 정부는 2년을 주장하여 결국 2년으로 결정됐다. 당시 정부 고위 관계자가 이승만에게 "미국은 중석이 없어 야단입니다. 우리의 중석을 필요로 하고 있으므로 기한을 5년씩이나 길게 잡을 필요가 없습니다. 기한을 2년 정도로 하고, 연장하는 방향으로 하는 것이 좋겠습니다" 하고 건의했다.

이것이 큰 실수였다. 2년 기한이 끝나면서 6·25가 휴전협정으로 마무리되는 바람에 중석의 필요성이 사라진 미국 정부는 중석협정 기한 연장을 거부함으로써 우리 정부는 낭패를 당하게 된다.

중석은 건국 초기부터 달러 박스 역할을 했던 '구국의 광물'이었다. 한미 정부 간에 중석협정이 체결되어 달러가 쏟아져 들어오자 이승만은 안봉익 대한중석 사장을 끌어안고 "내 아들아" 하고 애지중지했다는 일화가 전해온다.

'국가발전은 광업에서부터'라는 에너지 전문가 팀의 마스터플랜이 이승만에게 전달됐고, 이승만은 그 개념을 정확히 이해했다. 정인욱은 이승만의 부름을 받아 수 차 석탄산업의 가능성과 역할에 대해 브리핑을 했고, 이런 훈수가 훗날 이승만으로 하여금 대한석탄공사 창립, 태백 탄전지대에 철도건설을 추진하게 만드는 계기가 됐다.

이승만은 광산 전문가 그룹의 자문대로 금과 중석, 석탄을 국가 운영의 목표로 설정했다. 그는 이 목표의 실천을 위해 안재홍 민정장관을 만나 "국가운영의 출발은 광산에서부터"라며 당국의 협조를 부탁했다.

정인욱 가족들의 증언에 의하면 1946년 무렵 정인욱은 여러 차례 이승만의 부름을 받고 자문에 응했다고 한다. 정인욱의 장녀 정영자는 "아버님은 이승만 박사를 만나러 갈 때 양복이 없어 위아래가 붙은 일본군 작업복을 입고 가신 기억이 난다"고 기억했다.

5·14 단전(斷電)

일제 강점기에는 자원과 전력이 풍부한 북한지역을 공업기지화해서 대규모 산업시설이 북한에 건설됐고, 남한은 농업과 경공업 위주의 산업을 배치했다. 이 와중에 38선으로 국토가 분단되면서 38선 이남의 에너지 상황은 심각했다. 인구는 38선 이남이 2200만 명, 북한이 900만 명. 해방 당시 전국의 발전설비는 수력이 158만 6000kW, 화력이 13만 7000kW로 총 172만 3000kW였다. 그 중 남한의 발전설비는 수력이 6만 2000kW, 화력이 13만 7000kW로 총 19만 9000kW. 그러니까 전체 설비의 11.5%에 불과했다. 1944년 4월 1일부터 1945년 3월 말까지의 평균 발전전력은 북한이 94만 2000kW로 전국 발전량의 96%를 점했고, 남한은 4만 3000kW로 불과 4%를 차지하고 있었다.[56]

해방 전 38선 이남 지역의 전력수요는 평균 10만kW 내외였는데, 해방 후 생산 공장이 문을 닫는 바람에 약 6만kW로 줄었다. 이 정도도 남한의 발전설비로 수요량을 감당하기 힘들어 북한으로부터 5만~6만 kW의 전력을 공급받아 겨우 버텨가고 있었다. 이는 당시 남한 내 거의 모든 가정용 및 산업용 전력을 북한에서 보내주는 전력에 의존했다는 뜻이다.

화력발전소 가동을 위해서는 연료인 석탄 확보가 시급했다. 때문에 상무부 석탄과에 부여된 가장 큰 임무는 일제가 개발했다가 해방 후 방치됐던 각 지역의 탄광을 재빨리 가동하여 발전소에 연료 탄을 공급하는 것이었다.

1948년 유엔총회는 '유엔한국위원단의 활동이 가능한 지역만이라도 선거를 실시하여 독립정부를 수립할 것'을 결의했다. 결국 제헌국회 구성을 위한 5·10 총선거가 남한 단독으로 치르는 것으로 결정되자 북한은 "총선이 강행되면 송전을 중단하겠다"는 공갈을 노골화하기 시작했다.

1948년 5월 10일 남한만의 총선거가 실시됐다. 이 선거에 의해 198명의 제헌 국회의원이 선출됐고, 북한에서 선거가 가능할 때 선출하기 위해 100석의 의석을 남겨 두었다. 급기야 5·10 총선날 밤 북한 측은 방송을 통해 "전력 대상물자(전기요금)를 15%밖에 못 받았다. 14일 정오까지 남조선 민정당국으로부터 전기 대금 문제에 대한 외교교섭 대표를 보내지 않으면 송전을 중지하겠다"고 일방적인 통보를 했다.

주한 미군사령관 하지 중장은 5월 13일 기자회견을 열어 다음과 같이 의미심장한 발언을 했다.

"(송전대금으로) 이미 1947년 6월까지 35%의 물자를 수송했고, 현재 40%의 물자를 준비해 놓고 있으니 인수해 갈 것으로 기다리고 있다. 나머지 25%의 물자는 지금 미국으로부터 수송 도중에 있어 조만간 청산될 것이다. 그런데 북조선 방송이 밝힌 바와 같이 15%밖에 받지 못하고 있다는 것은 소련 당국에서 조선인 기관에 정확한 정보를 제공하지 않고 있는 것으로 해석된다. 우리는 남조선에서 보내는 물자가 조선인 기관에 인도되지 않고 소련으

로 가는 일은 없기를 바란다."⁵⁷⁾

하지 중장은 "북조선에서 송전을 끊어버린다고 하는 것은 내가 부임한 이래 여러 번에 걸쳐 받은 위협으로, 결코 송전선을 끊는 일은 없을 것"이라고 발언했다. 소련은 송전대금으로 남측에서 보내는 물자를 북측에 전달하지 않고 소련으로 빼돌렸고, 미군 측은 송전 중단은 없을 것이라고 근거 없는 낙관론에 젖어 있었다.

5월 14일 오전 10시 30분, 북한의 전기총국장 이문환이 조선전업 사장에게 전화를 걸어 "약정된 남한 송전요금을 미군 측이 청산하지 않으므로 대남 송전을 단전코자 한다. 만약 한국인 동족끼리 해결할 의사가 있으면 평양으로 오라"고 통보했다. 이 전화가 걸려온 지 한 시간 반 뒤인 12시 정각을 기해 북한은 일방적으로 전기 공급을 중단했다. 5·14 단전(斷電)이 단행된 것이다.

다음날 동아일보는 '북조선에서 아무런 통지도 없이 14일 정오 돌연 송전을 중지하였으므로 당국에서는 비상대책에 급급하고 있다. 전차, 공장, 기타 모든 전력은 일시 정지되었으나 청평, 영월 등지의 발전소로부터 배전을 수배하고 있는 형편인데, 앞으로 이것의 계속 여부와 이에 대한 대책 여하에 일반의 관심은 궁금한 바가 있다'고 공황상태에 빠진 전력상황을 보도했다.

전차 멈춰서고 합승마차 등장

초대 상공부장관 임영신의 회고에 의하면 1948년 1월 남한의 전력 소비량은 10만kW였는데, 이 중 7만 1000kW가 북한에서 공급 되었고, 국내에서의 발전은 2만 9000kW에 불과했다.[58] 이 와중에 북한으로부터 전기가 끊기면서 생산 활동이 마비되고 일반 가정까지 암흑천지로 변하는 등 혹심한 전력난에 봉착했다. 전기 없는 서울, 과연 어느 정도였을까. 오원철의 회고를 통해 당시 상황을 살펴본다.

'당시 대중교통수단은 버스도 없고 오로지 전차에 의존하고 있을 때인데 5월 15일 저녁 퇴근부터 문제였다. 모두 걸어서 집으로 돌아갔다. 미국 원조당국은 전차를 운영하고 있던 경성전기 회사에 군용 화물차를 긴급 대여했다. 버스 대용으로 쓰라는 것이었다. 그러나 군용차는 적재함이 높아서 승객들이 올라갈 수가 없었다. 회사에서는 야간작업을 해서 철제 사다리를 만들어서 트럭 뒤에 부착했다. 군용차이니 천정은 천막지였고 창도 있을 리 없다….

이럴 때 마차가 등장했다. 고무 타이어가 달린 목재로 긴급 제작한 것인데 10명 정도 탑승했다. 외부는 승객의 눈을 끌기 위해 원색으로 요란하게 칠했다. 마부는 채찍을 갖고 앞자리에 앉았는데 승객을 유인하기 위해서 나팔을 불며 다녔다. 어느 때부터인가 합승마차라고 불렀는데, 후에 등장하게 되는 합승버스라는 말의 원조다.'[59]

5·14 단전 후 남한지역의 각 생산 공장에서 받는 전기량은 단전 전의 20%에 불과해 조업률이 20% 이하로 저하되거나 아예 문을

달는 사례가 속출했다. 공산품 생산량은 단전 전에 비해 5%로 곤두박질 쳤다.[60] 동양화학, 북삼화학, 삼척시멘트 등이 밀집한 삼척공업지대는 당국의 특별 배려로 200kW의 전력을 공급함으로써 1948년 7월 1일부터 조업을 재개했다. 하지만 이 양은 소요전력의 최소한도량인 1200kW의 6분의 1에 불과했다. 부득이 삼척공업지대의 공장들은 2주~1개월 단위로 윤번제 조업에 돌입했다.

심각한 전력난을 타개하기 위한 비상조치로 미 군정은 5·14 단전 다음날 발전시설 최대가동을 명령했고, 가정에서는 30W 이상의 전등사용을 금지했다. 그리고 영월화력발전소의 보수공사를 실시했다. 1937년 일본이 건설한 영월화전은 2차 대전 후 발전을 하지 않아 발전기가 온통 녹이 슬어 있었다. 이 기계들을 국내에서 3개월 만에 긴급 수리하여 전력을 공급했다.

그러나 연료인 석탄 공급이 문제였다. 1949년 8월 11일, 전력문제 해결을 위한 긴급전력대책위원회가 구성돼 영월화력발전소의 석탄 확보를 위한 대책이 강구됐다. 주된 내용은 "광무국은 영월탄광과 함백탄광에서 매월 850톤, 1949년 9월 1일부터 1950년 3월 말까지 10만 5000톤의 석탄을 생산하여 영월발전소에 운반한다"는 것이었다.

10월 중순부터 군 트럭 200대가 동원돼 영월발전소에 석탄을 실어 날랐다. 당시 제천에 전기국 출장소를 설치하여 24시간 석탄 수송 작업을 강행해야 할 정도로 전력문제가 긴박했다.

정인욱이 책임자로 있는 상무부 석탄과의 가장 큰 과업은 화력

발전소에 대한 석탄 공급이었다. 석탄 공급이 중단되면 그나마 명맥을 유지하던 전력공급이 끊기는 중대사태가 발생한다. 열악한 작업환경, 원시적인 채탄장비로 위험이 곳곳에 잠복해 있는 탄광에서 탄광 노동자들의 목숨 건 채탄작업으로 생산된 석탄은 영월화력발전소로 보내져 전기 생산의 원동력이 됐다.

석탄생산 및 수송체계의 총력전에 힘입어 남한 발전시설에 의한 발전력은 1948년 5만 6142kW이던 것이 이듬해에는 7만 4767kW로 증가했다. 탄광 근로자들의 고군분투로 단전으로 인한 전력난을 이겨나갔다.

태백산맥 뚫는 철도를 건설하라

일제시대부터 개발됐던 탄광들이 본격 가동하면서 새로운 문제에 부딪치게 됐다. 석탄을 생산해도 철도와 도로가 뚫리지 않아 수요지까지 운반이 어려웠기 때문이다. 난관에 부딪친 에너지 태스크 포스팀이 이승만에게 '산탄지 철도건설 촉진'이란 건의서를 제출하게 된다. 정인욱은 이승만에게 건의서와 전국의 탄전지도를 들고 찾아가 설명했다.

"석탄 산업은 그 본질이 수송산업입니다. 예를 들어보겠습니다. 부엌에서 맛있는 밥과 반찬을 만든 다음 이것을 방으로 가져와야 편안히 먹을 수 있습니다. 배고픈 사람은 부엌으로 뛰어가 밥을 먹을 수 있지만 석탄은 그게 안 됩니다. 태백 탄전지대에 남한 석탄 매장량의 90%가 묻혀 있는데, 이것을 산지(産地)에서 생산해도 소비처인 도시까지 실어 나를 방법이 없습니다. 또 석탄 생산을 위해서는 각종 자재를 탄광까지 실어 날라야 합니다. 산탄지에서 수요지까지 철도 건설이 시급합니다."

"그러면 철도 건설 중에서 제일 시급한 곳이 어디요?"

"영주에서 철암 구간입니다. 이 구간의 철도가 완성되면 태백 탄전지대에서 서울까지 철도로 석탄수송이 가능합니다."

"그 지역은 공비가 무시로 출몰하는 곳인데, 철도 공사가 가능하겠소?"

"공비들도 수백 명의 노무자들이 동원되어 공사를 하면 덤벼들지 못할 겁니다. 공비들이 아무리 설쳐도 철도 건설을 서둘러야 합니다."

1945년 9월 8일 미군이 인천에 상륙했을 때 우리나라에는 서울~인천 간 단 1개 열차를 제외하고는 모든 철도가 운휴상태였다. 미군이 진주한 후 조사한 자료에 의하면 해방 당시 한반도의 철도는 총연장 6326km, 기관차 1166량, 객차 2027량, 화차 1만 5352량, 종사원 10만 527명이었다. 이 중 50%만이 사용 가능한 장비이며 38선 이남의 선로 총연장은 2642km, 기관차 488량이었다.[61]

일본이 중일전쟁과 태평양전쟁에 소요되는 군사수송을 위해 보수를 하지 않고 혹사시킨 나머지 해방이 됐을 때 우리 철도는 제 기능을 못할 정도로 피폐한 상태였다. 전황이 일본에게 불리하게 돌아가자 일제는 일반적인 철도선로만 운행했고 군사적 가치가 없는 일부 지선은 선로를 철거했다.

기관차 상태도 오랜 기간 수리와 보수를 하지 못해 80%를 폐기 처분했고, 나머지 20%도 운행 도중 언제 주저앉을지 모르는 상태였다. 1946년 1월 1일 현재 111대의 기관차가 운행되고 있었지만 운행 중 보일러가 터지고, 증기가 새거나, 화실(火室)이 불안해 제 성능을 발휘되기를 기대하기 어려웠다. 미 군정청 자료에 의하면 유럽으로부터 기관차를 도입한 직후인 1947년 5월 31일 현재 총 614대의 기관차 중 운용 가능한 것은 258대에 불과했다.[62]

철도의 목제 침목은 수명이 7년이다. 전 선로의 유지 보수를 위해서는 매년 100만 정(丁)의 침목이 필요한데, 실제로는 월 2만 정 미만의 침목이 공급 가능했다. 군정당국은 1947년 3월 일본으로부터 철도 침목 1만 8000개를 긴급 수입했다.

2대 교통부장관을 역임한 허정[63]은 "서울역 구내에는 피난민들이 기숙을 하고 있었고, 열차는 모두 깨져 유리창도 의자도 없는 실정이었다. 우선 창문을 널빤지로 막고 좌석은 공원 벤치 모양의 나무 의자를 갖다 놓았다"고 회고한다.[64] 열차 상태가 이처럼 열악한 상황이라 운행 중 사고가 잦았다. 1949년 8월 서울에서 승객을 가득 태우고 안동으로 가던 열차가 중앙선 죽령 터널 안에서 갑자기 고장이 나 정지하는 바람에 일산화탄소에 중독되어 100여 명의 사상자가 발생했다.[65]

철도망 마비 위기

해방 당시엔 일부 디젤동차[66]를 제외하면 전량이 장작과 석탄을 때는 증기기관차였는데, 미군이 진주했을 때 모든 증기기관차는 보일러의 불이 꺼져 있는 상태였다. 기관차에 공급할 석탄이 동이 나 운행을 못하고 있었던 것이다.[67]

미 군정청 광무국의 무어 대위가 석탄에 대해 언급한 자료에 의하면 미군이 진주한 1945년 9월, 증기기관차에 공급 가능한 석탄은 겨우 사흘 분을 보유하고 있었다. 광무국에서 삼척에 기술관을 파견하고 수송진을 총동원했으나 석탄 공급이 여의치 않았다. 광산에서 철수하는 일본인 기술자들이 갱목이나 배수용 펌프 등 탄광장비를 파괴하는 바람에 채탄이 거의 불가능했기 때문. 미 군정청은 1945년 11월 20일, 석탄을 시급한 부문에 우선 배급하고 수송에 만전을 기하기 위해 교통국에서 석탄 수송을 전담하도록 했다.

국토 분단으로 만주로부터 기관차 연료인 역청탄(유연탄) 보급이 중단되어 철도망이 마비 위기에 처하자 미 군정청은 화순·단양·장성의 무연탄을 대체연료로 사용하고, 부족분은 일본에서 반입키로 했다. 그러나 일본으로부터 석탄 선적이 여의치 않자 불필요한 철도 운행을 자제하고 대신 쌀과 식량, 석탄, 군용화물, 군병력 수송에 철도수송의 우선순위를 배정했다.

1946년 2월 1일부터 전 노선의 열차가 감축 운행에 돌입했다.

경부선과 경인선은 하루 2회 왕복에서 1회 왕복으로, 서울~목포, 서울~여수 간은 운행이 폐지됐다. 그러나 철도 운행을 감축해도 기관차용 연료로 매월 6만 톤의 석탄이 필요했다. 군정청은 1946년 8월 긴급물자 배급과 수송을 위해 미국으로부터 기관차 5대 분량의 부품과 보수물자 9만 파운드, 4분의 3톤 트럭(드리 쿼터) 100대, 2.5톤 트럭 100대, 가솔린 400만 갤런, 등유 52만 8000 갤런 등을 긴급 배정 받았다.

또 인천에 위치한 조선차륜(車輪)공장에서 기관차 3대를 제작했고, 1947년에는 미국에서 '소리2형' 기관차 107량을 원조 받아 운행에 돌입했다. 이 기관차는 미국이 제2차 세계대전 중 유럽에서 군수물자 수송용으로 사용하던 것인데, 한국에 긴급 투입하여 국가 수송망 마비 위기를 겨우 넘기게 됐다.

당시 조선일보에 '철도운영에 일언(一言)'이라는 사설이 실렸다. 이 사설은 국가 운영에 있어 철도의 중요성과 당시의 어려웠던 운행실태를 적나라하게 지적하고 있다.

'철도는 근대국가의 동맥이다. 산업도 인문도 철도시설의 완비와 운영의 만전에서만 발전을 기도할 수 있다 해도 과언은 아니다. 조선 철도사는 과거 40년간 일제의 조선침략 수탈의 전위적인 역할을 다했으며, 전쟁 중 소위 병참기지란 미명하에 조선이 소유하고 있는 일체의 부력(富力)과 자원을 약탈코자 최대의 권력 자행을 감행했다. 금일에 있어 철도는 비록 38선으로 중단되어 있다 하더라도 신국가 건설과 발전을 위한 사명을 원활히 이행시키도록 평화건설 행정의 본의아래 정상적으로 운영해야 한다.

운영당국은 시설의 복구, 자재의 충당 관계로 심한 고충을 느끼면서 만전의 노력을 하고 있으리라 믿는 바이지만 현재 철도운영 상태를 대관(大觀)할 때 우리는 고언을 하지 않을 수 없다. 소위 구간열차는 고사하고 간선 직통열차까지도 등급매표는 하나 실제 승차하게 되는 것은 대개 화개상(貨蓋上)에까지 기동 굴신의 자유를 얻을 수 없으니[68] 그 현상은 일찍이 만주나 중국대륙의 무개화차를 이용하던 때와 다름이 없다.

이러한 운행의 결과는 운행 도중 풍기, 도덕, 인도상(人導上) 갖은 재미없는 결과를 야기할 뿐더러 사상자까지 내는 일이 없지 않다. 또 운수관계 국원들이 체신차(遞信車) 같은 것을 특권적으로 타고 병자, 임산부, 노유(老幼)를 못 본체하는 것도 눈에 거슬리는 일이니 이 점도 참고할 여지가 있을까 한다.[69]

태백산 종합개발계획 등장

당시 강원도 지역을 연결하는 철도는 1944년 일본인에 의해 개통된 중앙선이 가동 중이었다. 서울에서 원주를 거쳐 영주~안동~경주~부산으로 이어진 이 철도는 해방 직후에는 경경선(京慶線)으로 불렸다. 또 일본 민간 자본가들이 설립한 삼척철도주식회사가 사설(私設)철도[70]로 철암선(묵호항~철암)[71] 60.5km, 그리고 삼척선(북평~삼척)[72] 23km를 운영하고 있었다. 철암선과 삼척선은 태백 탄전지대의 탄광에서 생산된 석탄을 일본으로 실어가기 위해 조선총독부가 일본 민간자본을 유치하여 가설한 것이다.

1930년대 일본 해군은 유연탄 사용으로 함선의 굴뚝에서 시커먼 연기가 나는 바람에 군함의 위치가 쉽게 노출되는 문제를 해결하기 위한 연구에 돌입했다. 일본 해군은 평양 부근의 사동탄광에서 생산한 무연탄을 군함 연료로 사용하는 시험을 했다. 이 무연탄이 해군 함선용으로 적합 판정을 받자 조선총독부는 일본 해군성 소속의 지질기사 시라기(素木)를 동원해 전국에 걸친 지질조사를 단행했다. 삼척 탄전지대의 장성과 도계가 개발된 것이 이때다. 특히 도계에서 출토된 괴탄은 별도의 조제과정을 거치지 않고 철도 연료로 사용할 수 있어 일본인들을 흥분시켰다.[73]

중일전쟁이 한창일 무렵 일본인 사업가들이 태백산 지역의 석탄 개발계획을 수립했다. 그러나 생산한 석탄을 수송하는 방법이 문제였다. 험준한 태백산을 횡단하는 철도 부설은 엄두를 못 내, 산출된 석탄을 해안가로 운반하기 위해 철암선과 삼척선을 깔았다. 이 철도를 이용해 운송된 석탄 중 일부는 삼척과 북평에서 활용하고 나머지는 배에 실어 일본으로 가져갔다.

그들은 석탄을 원료로 삼척과 북평(오늘의 동해시) 일대에 발전소를 건설하여 전력을 생산했다. 이 전력으로 카바이드를 만들어 석회질소비료와 전극봉을 생산하는 북삼화학을 세웠고, 주변에서 나는 석회석을 원료로 하는 시멘트공장[74]을 건설했다. 또 동해안에서 많이 잡히는 정어리를 활용해 각종 유지공업 제품을 생산하는 동양화학을 건설했고, 양양광산의 철광석을 이용하여 삼화제철소를 건설했다. 그 결과 삼척 일대에 공업지대가 들어서게 된다.[75]

당시 태백 탄전지대에서 생산된 석탄을 수도권으로 운송하려면 다음과 같은 기상천외한 방법들이 동원되었다.

▲장성광업소 : 장성~춘양까지 트럭 수송. 춘양~청량리까지 기차 수송. 혹은 장성~통리~삼척~묵호(오늘의 동해)까지 기차로 수송한 후 묵호항에서 LST(해군 수송선) 편으로 부산~인천을 거쳐 서울로 수송.

▲도계광업소 : 도계~삼척까지 기차로 수송한 후 묵호항에서 LST 편으로 부산~인천을 거쳐 서울로 수송.

태백 탄전지역의 철도와 도로가 유기적인 수송체계를 갖추지 못하여 탄광에서 생산한 석탄을 수요처까지 운반하는 데는 수송비도 문제려니와 시간이 많이 걸렸다. 우선 급한 대로 제천에서 영월~함백을 잇는 철도, 그리고 영주에서 봉화~임기~철암까지 철도를 부설하면 삼척 탄전지대와 수도권을 직접 연결하게 되는 셈이다.

해방공간에서 석탄산업을 책임지고 있던 상무부의 정인욱 과장은 만나는 사람마다 "태백산 지역의 석탄을 개발합시다. 이를 위해 태백산을 관통하는 철도와 도로를 건설해야 합니다" 하고 역설했다. 이것이 정인욱이 제시한 태백산 종합개발사업의 기본 구상이다. 이 아이디어는 이승만 시대를 거쳐 박정희 정권이 추진한 태백산지역 종합개발사업으로 꽃을 피우게 된다.

정인욱의 태백산 종합개발사업은 해방 후 최초로 제안된 국가 차원의 산업발전 구상이라는 점에서 선각자적인 의미를 가진다. 그가 태백산 종합개발사업을 미 군정의 상무부에 제안한 때는 1947년 봄이었다. 그의 제안은 태백산 일대, 국내 4대 지하자원(석탄·철광·중석·금)을 비롯해 수백 종의 광물이 매장된 정선~삼척~강릉을 잇는 삼각지대를 대대적으로 개발한다는 계획이었다.

이를 위해 태백산맥을 관통하는 철도와 도로의 부설이 급선무라고 주장했다. 재원은 미 군정의 양곡 지원 자금으로 충당하고, 일자리가 없어 놀고 있는 실업자를 동원해 공사를 진행한다는 계획이었다.

영암선 철도 착공

그러나 당장 입에 풀칠도 어려운 사회 분위기에서 태백준령을 넘는 철도와 도로를 건설하자는 정인욱의 주장은 몽상이라는 손가락질을 당했다. 그러나 근대 산업구조에 대한 이해가 남달랐던 이승만은 정인욱의 구상에 깊이 공감했다. 그리하여 이승만이 대통령에 취임한 후 최고 권력자의 전폭적인 지지를 배경으로 영암선 철도 건설공사가 시작된 것이 정부 수립 이듬해인 1949년 4월이다.

영주~철암 간을 잇는 영암선 철도는 일제시대 민간 자본가들이 건설한 철암선 삼척선과 중앙선을 연결하여 태백산맥을 동서로 관통하는 노선이다. 이렇게 되면 철암, 장성, 도계를 중심으로 한 태백 탄전지대의 석탄을 영암선~중앙선을 통해 수도권으로 실어 나르는 연계 수송망이 완성된다.

그러나 영암선이 완공되기까지는 숱한 난제가 도사리고 있었다. 광복 이전의 철도 노선은 일본의 정치 군사적 목적 하에 구상됐다. 즉 한반도를 병참기지화하여 대륙진출의 발판으로 삼기 위해 경부선, 경의선, 중앙선 등 대부분의 철도가 남북으로 뻗은 종관(縱貫)철도로 건설되었다.

반면 광복 후에는 산업 발전의 근간이 되는 지하자원 개발이라는 국가정책을 뒷받침하기 위해 영암선, 함백선, 충북선 등 동서를 연결하는 횡관(橫貫)철도가 요구됐다. 태백산맥은 산줄기가 남북으로 뻗어 있어 횡관철도를 건설하려면 험준한 산악과 협곡을 돌파해야 한다. 영암선은 지형적 특성상 교량과 터널을 많이 건설해야 하고, 급경사 우회용 각종 시설을 설치해야 한다.

1949년 4월 8일. 중앙선 영주역에서 철암까지 연결하는 영암선 철도건설이 개시됐다. 총 길이는 86.4km에 불과했지만, 계곡을 가로질러 교량을 놓고 터널을 뚫어 험준한 태백산맥을 관통하는 대역사였다. 영암선 건설에 필요한 인부 모집 공고가 나붙자 실업자들이 구름떼처럼 몰려들었다. 이들에게 노임으로 미국에서 도입된 식량이 제공됐다.[76]

그러나 주위의 반대가 만만치 않았다. 일본의 미 극동군사령부는 "출범한지 8개월밖에 안된 대한민국 정부가 철도 건설 경험이 없음에도 불구하고 의욕만 앞세워 무모한 일을 벌이고 있다"고 비판하고 나섰다. 일본 언론도 이런 비판 의견을 부추겼다.

숱한 비난 여론에도 불구하고 공사는 순조롭게 진행돼 1950년 2월 1일, 영주~내성 간 14.1km가 부분개통을 하게 된다. 그러나 영암선 공사는 6·25 전쟁으로 인해 중단됐다가 휴전 직후인 1953년 9월 28일 재개됐다. 영암선이 완전 개통 된 것은 1955년 12월 31일이다.

이승만이 두 번째로 착수한 철도는 함백선이었다. 함백선은 영월선의 연장으로, 중앙선 제천역에서 영월발전소까지 38.1km를 연결하는 것이 제1차 구간 공사였다. 공사가 착공된 것은 영암선 기공식 직후인 1949년 5월 3일. 그 해 11월 15일 제천~송학 간 9.8km가 부분 개통 된 후 6·25로 인해 공사가 중단됐다가 휴전 직후인 1953년 9월 1일 송학~쌍용 간 7.9km가 개통됐다.

함백선 제1차 계획구간이 완전 개통된 것은 1956년 1월 17일이다. 이어 제2차 계획구간인 연하~함백 간 22.6km는 1957년 3월 9일에 완료돼 총 60.7km의 함백선 전 구간이 완전 개통됐다.

한국판 마샬 플랜 가동

정부가 수립된 지 4개월 후인 1948년 12월, 우리 정부는 미국과 한미원조협정(ECA 협정)[77]을 체결했다. 이 협정은 '마샬 플랜'으로 불리는 유럽부흥계획에 의하여 집행되던 대(對)유럽 원조를 한국에도 제공키로 한 것으로, 한국판 '마샬 플랜'인 셈이다. 이 협정 체결 직후부터 미국에서 식량, 비료, 석유, 원료와 반제품, 공업시설 등의 물자와 전력난에 대처하기 위해 발전함 두 척, 기술원조 등이 제공되기 시작했다.

ECA 원조는 미국으로부터 도입된 원조물자 판매대금을 한국은행에 원화 기준으로 설치된 '대충자금 계정'[78]에 적립한 다음, 정부의 재정적자를 보전하거나 산업부흥을 위한 투자 혹은 융자자금으로 사용토록 되어 있었다. 또 협정에 따라 한국 정부는 미국 정부와 협의하여 종합경제부흥계획을 세우기로 했다.

한미원조협정에 의거하여 정부는 각 부처별로 중장기계획 수립에 돌입했다. 우선 기획처에서 산업부흥 5개년계획, 5개년 물동계획을 수립했고, 농림부는 농림증산 3개년계획, 상공부는 석탄생산 5개년계획과 전력증강계획 등을 수립했다. 이런 계획들이 착실히 추진되면서 1949년 말부터는 경제가 안정되는 등 희망의 싹이 조금씩 자라기 시작했다.

정부는 1950년부터는 미국 원조자금을 기반으로 제철, 조선, 시멘트, 비료, 판유리 등 주요 공업시설과 전력 및 지하자원 개발을 본격화하기로 했다. 1950년 1월 1일 이승만 대통령은 방송을 통해 다음과 같은 신년사를 국민에게 전했다.

"금년 정월 초하루에 이르러 1년 전의 우리 경제와 비교해 보면 여러 갑절 진전된 것을 누구나 다 볼 수 있을 것입니다. 미 ECA의 원조 물자를 받은 우리로서는 민중의 많은 노력과 정부 당국의 주야 근무 결과로 석탄 채굴량이 많이 늘었고, 따라서 전력이 크게 증가되었습니다. 식량도 추수가 풍족해서 강제로 미곡을 수집하던 제도를 다 폐지하고도 오히려 여유가 있어서 외국에 반출까지 하게 된 것입니다."

당시 정책 당국자들의 가장 큰 고민은 치솟는 물가, 주저앉는 통화가치였다. 이승만은 "자고 일어나면 물가가 걷잡을 수 없이 뛰는 바람에 서민생활이 불안하고, 사회가 안정을 찾지 못하고 있으니 이를 시급히 해결하라"고 내각에 지시했다. 정부는 인플레 수습을 위한 비장한 각오를 하고 전문가를 찾아 나섰다.

1949년 11월 식산은행에 근무하던 송인상이 재무부 이재국장에 취임했다. 정부의 재정과 금융정책의 실무총책인 재무부 이재국장은 내무부 치안국장, 국방부 제3국장과 함께 정부의 3대 요직으로 꼽히는 자리였다. 송인상 이재국장이 나라 살림을 들여다보니 한숨만 나왔다. 국고는 거의 바닥이고, 인플레로 물가가 광란 수준이라서 계획이고 뭐고 세우기가 불가능한 상황이었다. 왜 이런 인플레가 발생했을까.

해방 직후 조선총독부는 업무를 청산하는 과정에서 국고금 지급, 일본인 철수에 따른 긴급 자금수요에 부응하기 위해 막대한 통화를 시중에 풀었다. 1945년 8월 14일 조선은행권 발행고는 46억 원, 그 중 남한지역 유통액은 26억 원이었다. 그런데 한 달 새 87억 원으로 통화량이 거의 두 배 늘었다.

남한에 진주한 미 군정도 화폐 발행을 계속해 1946년에는 177

억 원, 1947년 말에는 334억 원, 1948년 말에는 434억 원으로 통화량이 급증했다. 이대근은 미 군정 기간에 화폐 발행고가 계속 늘어난 이유는 남한 주둔 미군 경비, 군정청 기구 확대에 따른 운영경비 증가 등으로 발생한 적자예산을 중앙은행의 통화증발로 해결했기 때문이라고 지적했다.[79]

화폐 발행고 증가는 필연적으로 물가폭등과 인플레를 유발했다. 로버트 올리버의 기록에 의하면 당시 남한의 도매물가지수는 1945년 8월의 100을 기점으로 할 때 1950년 12월에는 무려 4890으로 뛰어올랐다. 서울의 쌀 도매가를 예로 들면 1946년 1월 대두 한 말에 656원이던 것이 1953년 1월에는 9만 1200원으로 뛰었다.[80]

경제안정 15원칙으로 광란의 물가 잡아

송인상이 첫 출근을 한 날 김도연 재무부장관은 "인플레를 잡고 서민 살림을 안정시킬 재정과 금융정책을 시급히 마련하라"고 지시한다. 지시를 받은 송인상 이재국장은 일본이 패전 후 극심한 인플레에 시달렸을 때 이를 어떻게 극복했는지를 연구했다.

당시 일본을 점령하고 있던 맥아더사령부는 파탄 직전의 일본 경제를 회생시키기 위해 디트로이트의 은행가 조셉 닷지를 단장으로 하는 일본경제재건조사단을 초청했다. 이들은 일본의 경제상황을 면밀히 분석한 후 닷지 권고안(일명 닷지 라인)을 내놓았다.

한편 일본 정부는 세제(稅制)개혁을 위해 초청한 세정(稅政) 전문가 샤우프의 권고안을 토대로 '경제안정 9원칙'을 수립하여 패전 후의 경제 혼란을 잠재웠다. 오늘날의 '부강한 일본'을 만든 것은 이 닷지 라인과 샤우프 권고안이라는 것이 경제학자들의 지적이다.

송인상은 닷지 라인을 토대로 신생 대한민국의 초석을 다지는 경제정책의 기본 골격을 세 가지로 구상했다.

첫째, 인플레이션을 막고 물가를 안정시키기 위해 재정적자를 최대한 줄인다.

둘째, 수신(受信) 내 여신(與信) 원칙을 지켜 통화증발을 막는다.

셋째, 귀속재산 처리 과정에서 생기는 부정부패를 막는다.

이 세 가지 조건을 중심으로 15개항의 정책 초안을 만들어 국무회의에 제출했다. 우여곡절 끝에 1950년 2월 23일 '경제안정 15원칙'으로 명명된 이 안이 국무회의에서 의결됐고, 같은 해 3월 4일부터 시행에 돌입했다. '경제안정 15원칙'이 1950년 3월부터 강력하게 시행되면서 통화량 증가 추세가 한풀 꺾였고, 물가 안정과 사회 혼란이 수습되기 시작했다. 송인상은 "경제안정 15원칙이 자유당 시절에 만든 정책 중 가장 잘된 것 중의 하나"라고 평했다. 경제안정 15원칙의 내용은 다음과 같다.

(전문)당면한 경제적 현실에 비추어 금후 경제정책은 무엇보다도 인플레 현상의 조급한 극복에 중점을 두어 재정의 균형, 금융의 건전 및 생산증강을 기하여 경제안정 15원칙을 다음과 같이 결정하여 이를 구체적으로 강력히 추진한다.

1. 재정과 금융을 선진화하고, 재정자금과 산업자금을 긴밀하게

상호 조정하여 통화최고발행제를 확고하게 유지한다.

2. 행정기구 간소화, 경비절약, 행정보조금 억제, 책임지출 중지 등 모든 실질적 방법에 의하여 세출을 철저히 긴축하고 회계운용을 규제한다.

3. 조세부담을 합리적으로 조정하고, 징세업무의 능률을 높이기 위해 징세체계를 근본적으로 개혁한다.

4. 귀속재산과 관리물자를 급속하게 불하해 정부수입 및 세원 증진을 도모한다.

5. 정부사업의 특별회계와 정부관리기업이 수지를 맞출 수 있도록 경영을 최대한 합리화하고 요금을 적정하게 인상해 독립채산제를 확립한다.

6. 말단행정을 정리하고 합리화해 경비를 절감하고, 지방 과세를 정상적이고 충실하게 정비해 지방행정의 자치적 건전성을 촉진한다.

7. 금융계획을 급속하게 확립하여 모든 융자가 반드시 본 계획안에서 이루어지도록 하고, 국민저축운동을 조직적으로 추진하고 국채가 신속하게 소화되도록 한다.

8. 잠재된 민간의 유동자금이 생산에 투입되도록 해 기업의 자립금융을 실질적으로 강화한다.

9. 기초물자와 생활필수품 가운데 물가조정의 거점이 될 물품을 통제해 재고량 조사, 가격보정(補正), 적기방출 등으로 강력하고 유효한 물가안정 기반을 확립한다.

10. 수송력을 정비하고 강화한다.

11. 정부물자를 취급하는 기관을 전면 재검토하여 합리적이고 정당한 배급기구와 방식으로 유통의 원활을 촉진한다.

12. 현재 생산조건(자재·기술·동력 및 경영능력)으로 단시일 안에 생산효과를 기대할 수 있는 국내 중요자원을 적극적으로 개발하고 내수 제품과 수출용 제품 증산을 극대화한다.

13. 부족한 긴급물자 수입은 품목을 지정하여 수출량의 범위 안에서는 당분간 수입을 전적으로 허용한다.

14. 원조물자를 활용하고 지정품목의 수출 진흥을 위해 국내 생산체제를 합리화한다.

15. 근로자의 생산성을 높이는 한편 확고하고도 탄력성 있는 최저 임금제도를 조속히 확립한다.

(후문)본 경제안정 15원칙은 국무회의에서 결정, 이에 기준하여 관계 각 부처에서 총동원적 구체안을 조속히 실시한다.[81]

건국 국채 발행

경제안정 15원칙의 강력한 시행으로 통화량이 줄어들기 시작했고, 귀속재산 처리도 원활히 추진돼 경제안정에 기여했다. 1950년 1월의 통화발행고가 735억 원이었는데 3월에는 664억 원, 4월에는 626억 원, 5월에는 586억 원으로 20.3%나 줄었다. 1949년 12월과 1950년 1월에 각각 15%씩 올랐던 전국 소매물가지수가 2월과 3월에는 5.0%, 6.0% 상승에 그쳤고, 4월에는 겨우 1.1% 상승, 5월에는 거꾸로 4.4% 하락이라는 기적 같은 상황이 연출됐다.[82]

송인상은 일본이 샤우프 박사의 세제개편안을 받아들여 국가구조의 건실화를 꾀한 사례를 연구하여 재정안정과 세제 근대화 작업도 착수했다. 그 무렵 국내에는 워싱턴대학의 홀 박사를 단장으로 한 조세고문단이 와 있었다. 이들은 국내의 경제상황을 면밀히 분석한 후 세제개편안을 제안했는데, 이 세제개편안이 소득의 균형분배를 돕는 데 큰 역할을 했다. 우리나라에 중산층이 두텁게 형성된 것은 이런 세제개편안이 큰 도움이 됐다.[83]

정부는 미국으로부터 제공되는 원조를 토대로 각 분야의 생산계획을 수립해 나갔다. 방직, 철강, 도자기, 카바이드, 유지공업 등의 실태조사와 생산계획이 수립됐으며, 경인지구 군수공장 실태조사, 공업 원자재 실태조사 등이 이어졌다. 이러한 조사 결과를 토대로 1950년부터 종합적인 생산 계획을 수립하고 미국 원조자금의 지원을 얻어 제철, 조선, 시멘트, 비료, 판유리 등 주요 산업과 전력, 지하자원 개발계획을 본격화한다는 청사진을 준비했다.

재무부가 다음으로 도전한 과제는 세수 증대였다. 재정 안정을 위해서는 세금을 더 걷어 세입을 늘려야 하는데, 당장 끼니도 잇지 못하는 국민들에게 세금을 더 내라고 손을 내밀 수는 없었다. 당시 세수를 늘이는 유일한 길은 주류의 전매였다. 김도연 장관의 지시 하에 실무부서에서 주류 전매법안이 거의 완성됐다.

어느 날 국무회의에서 이승만이 "요사이 술을 전매하겠다는 소리가 있는데 그거 누가 하는 소리인가? 주류를 전매하다니 민주주의 국가에선 있을 수 없는 일이야" 하고는 공보처장 이철원에게 "여보게 공보처장, 지금 당장 성명을 발표하게. 주류전매 운동은 항간에 퍼진 낭설에 불과하고 정부에서는 그런 계획이 없다고 말이야" 하고 지시하여 없던 일이 되고 말았다.[84]

결국 재무부는 주류 전매를 포기하고, 대신 여유자금을 끌어내기 위한 건국국채 아이디어를 내놓는다. 관련 법안이 1949년 12월 3일 국회를 통과해 국내 최초로 국채가 판매되기 시작했다. 이 국채는 적자에 허덕이던 나라 살림을 개선하는 데 큰 도움이 됐다.

당시 조선은행 업무부에 근무하던 김정렴[85]의 회고에 의하면 1949년 재무부차관이던 김유택이 김정렴을 불러 "정부에서 국채를 발행해야겠는데 국채법에 관해 기안을 해 보라"는 지시를 했다. 김정렴은 이 지시를 받고 국채 발행안을 기안했는데 이것이 재무부와 법제처, 국회를 통과하여 1949년 말에 건국국채 100억 원을 발행했다.[86]

불행하게도 경제안정 15원칙이 시행된 지 불과 석 달 후 6·25가 터지는 바람에 제 자리를 잡아가던 경제는 광란의 상황에 빠지게 된다. 이승만 정부의 경제안정 노력은 6·25 전쟁으로 물거품이 되고 말았다.

3

캔 두 스피릿
(Can do spirit)의 출현

"만난을 배제하고 농지개혁 단행하라"

농토는 농민에게

기업 활동은 천당과 지옥의 문이 동시에 새겨져 있는 동전의 양면이나 다름없다. 기업가들은 사업 운이 좋으면 거부를 손에 쥐는가 하면, 잘 나가던 사업이 갑자기 기울어 자신은 물론 가정이나 가문 전체가 패가망신할 수도 있다. 사회가 안정되지 않은 혼란기일수록 기업의 부침은 심해지지만, 사업에 있어 위기는 곧 기회의 다른 말이다.

해방 직후 상업이나 공업은 요즘으로 치면 벤처산업이나 다름없었다. 당시 우리나라의 주산업이었던 농업은 소작료라는 수입이 보장된 안정된 분야였지만 상업이나 공업은 기술자 부족, 원료 부족, 동력 부족, 인플레 등으로 인해 리스크가 대단히 컸다. 이윤만 생각하면 공업이나 상업을 좀처럼 하기 힘든 시대 분위기였음에도 불구하고 많은 선각자들이 상공업에 뛰어든 것은 오늘로 치면 벤처정신으로 해석할 수 있을 것이다.

조선을 지배했던 유교는 돈을 비천한 것으로 치부했다. 황금 천시는 곧 상업 천시로 이어졌고, 상업을 사농공상(士農工商)의 신분제도 하에서 가장 낮은 신분으로 업신여기는 사회 풍토가 뿌리내려진다. 정체된 농업사회에서 변변한 산업마저 태동하지 못한 데다 상업마저 천시했으니 이 땅에 자본이 축적될 토양 자체가 형성되지 못했다. 때문에 대규모 자본이 지속적으로 투하되어야 하는 근대화 산업화는 엄두도 못내는 상황에서 해방을 맞게 된다.

해방 직후 국내에 존재하는 민족자본이라고는 토지자본이 유일했다. 이승만은 대통령 취임 직후 한국 사회의 근본을 개혁하기 위해서는 경자유전(耕者有田), 즉 '농토는 농민에게 돌려줘야 한다'는 구상을 하게 된다. 수천 년 이어온 지주-소작인의 전근대적 신분관계를 청산하고 시장경제와 자유민주주의를 뿌리내리려면 농지개혁이 시급하다고 판단한 것이다.

1947년 농림부 조사에 의하면 농가 총 호수 200여만 호 가운데 자작농은 16%인 약 36만 호에 불과했고, 농업이 주업이면서도 땅 한 떼기도 소유하지 못한 소작농이 총 농가의 42%인 90여만 호, 나머지는 자소작농이거나 소자작농이었다. 소작농은 매년 수확철마다 수확물의 50~70%에 달하는 고율의 소작료를 내야 했기 때문에 흉년이 들면 입에 풀칠하기도 힘든 상황이 반복됐다. 이러한 지주-소작 관계가 농촌사회의 근대화를 가로막고 있었다.

해방 공간에서 우리보다 먼저 토지개혁에 착수한 사례는 일본과 북한에서 발견된다. 맥아더사령부는 일본 정부에 '농민 해방에 관한 지령'을 내려 농지개혁을 지시했다. 이에 일본 정부는 1946년 관련 법안을 만들어 농지개혁을 단행했다. 일본 농지개혁의 핵심은 다음과 같이 정리된다.

첫째, 부재지주를 없애고 지주제를 철폐하여 농민적 토지소유 확립을 통해 농업생산성 향상.

둘째, 농지증권을 발행하고 매수 농민은 농지대금을 24년 간 장기 분할상환.

셋째, 지주 자작농 소작농 및 공익대표로 구성되는 농지위원회를 설치하여 여기서 농지의 전매, 소작료율 결정 등 농지개혁업무 관장.[87]

이대근은 맥아더사령부의 일본식 농지개혁을 기반으로 미 군정이 남한에도 일본과 비슷한 농지개혁을 실시하려 했다고 한다. 미 군정은 1945년 11월 신한공사를 설립하여 일제 침탈의 상징이던 동양척식회사 소유의 토지 및 일본인 토지재산을 관리하고 있었다. 1946년 3월 북한에서 급진적인 농지개혁이 실시되자 같은 해 8월, 미 군정 경제고문 번스는 미 국무성에 "한국인들의 의지와 여망을 반영한 토지개혁을 실시하여 광범한 소작제도를 농민 개개인에 의한 토지의 완전소유로 대체시킨다"는 정책을 고위 당국자, 가능하면 대통령이 발표하도록 요청했다.[88]

이런 요청에 의해 미 군정은 신한공사가 소유하고 있던 귀속농지를 정부 수립 직전에 과거 당해 농지의 경작자(소작인)와 매도계약을 체결하는 방식으로 귀속농지를 분배했다. 그 결과 남한 내 총 경지면적의 13.4%에 달하는 24만 5000ha의 귀속농지가 소작인들에게 분배되었다. 미 군정의 귀속농지 분배사업은 이승만 정부 농지개혁의 선행적 모델이 되었다.[89]

북한 농지개혁은 전 인민의 소작화

북한은 1946년 3월 농지개혁을 단행했다. 김성호[90]는 소련군이 만사를 제치고 김일성으로 하여금 농지개혁부터 시행토록 한 이유는 땅 없는 농민들에게 토지를 나눠주면 감읍한 농민들이 공산정권을 뜨겁게 지지할 것으로 판단했기 때문이라고 분석했다. 농지개혁은 북한에서 인민혁명의 출발점이 됐다.

반면 남한에 진주한 미군은 일본인 소유의 귀속농지를 농민들에게 분배하고 철수했다. 미군이 이승만에게 토지분배권을 주지 않은 이유는 무엇일까. 김성호는 농지분배권을 이승만에게 주면 독재화를 초래할 위험이 있었기 때문이라고 분석했다. 따라서 토지문제로 볼 때 김일성은 농지개혁으로 태어난 소련군의 앞잡이였지만, 이승만의 집권은 한국인 스스로의 정치적 선택이라는 해석이 가능하다.[91]

1946년 3월 5일 시작된 북한의 농지개혁은 3월 말까지 불과 25일 만에 속전속결 식으로 단행됐다. 무상몰수 무상분배 방식으로 실시된 북한의 농지개혁은 토지뿐만 아니라 지주가 소유한 가축, 농기구, 주택 등 일체의 건축물과 대지 등 모든 재산을 빼앗는 방식이었다. 지주들로부터 몰수한 생산수단은 고용자와 토지 없는 농민에게 분배됐고, 몰수된 건물은 학교, 병원, 기타 사회기관에 넘어갔다. 그 결과 농민들은 호당 1.5정보의 토지를 공짜로 소유하게 됐다.

졸지에 땅과 가축, 집 등 전 재산을 빼앗긴 지주들은 저항하다가 맞아죽거나, 피눈물을 뿌리며 무장한 소련군이 지키는 38선을 넘어 남한으로 탈출했다. 반면에 무상으로 토지를 받은 농민들은 환호했다. 김성호는 6·25 전쟁 전에 북한 지역이었다가 전쟁 과정에서 국군이 수복한 강원도 철원지역의 농촌위원과 노인들을 조사했다. 그들은 이구동성으로 "33세의 젊은 김일성을 소련군의 앞잡이 정도로 여겼는데, 그로부터 꿈에도 잊지 못 할 농토를 무상으로 얻고 보니 감격에 복받친 나머지 '김일성 만세' 소리가 절로 터져 나왔다"고 증언했다.[92]

그러나 북한 공산집단이 선전한 무상몰수 무상분배는 허울뿐이었다. 북한의 농지개혁법령 제5조는 '몰수한 토지 전부는 농민에게 무상으로 영원히 양여한다'고 규정하고 있으나, 제10조는 '농민에게 분여된 토지는 매매치 못하며 소작 주지 못하며 저당하지 못한다'고 못 박고 있다.

매매, 임대, 저당하지 못하고 오로지 '농사만 지으라'는 것은 소유권이 아니라 경작권, 즉 소작권을 뜻한다. 그리하여 북한의 현물세령(1946년 6월 27일) 제1조에서 일체의 조세를 면제하되 '단 각종 곡물 수확량의 25%를 농업 현물세로 납부한다'고 규정한 농업 현물세가 사실은 이름만 바꾼 소작료였다. 게다가 자작지에서도 현물세를 내도록 되어 있어 농지 전체가 소작료를 내야 하는 국유지가 되어버렸다.

북한은 지주들에게 강제로 빼앗은 농지를 땅 없는 농민들에게 나눠주었지만 소유권은 인정하지 않은 채 경작권만을 주었다. 결국 북한의 모든 농지는 완벽하게 국유화됐고, 지주 자리에 공산당이 대신 들어앉은 꼴이 됐다. 농민들은 고율의 현물세를 새로운 지주인 공산당에게 소작료로 납부해야 하는 기구한 형태의 지주-소작 관계에 빠져든 것이 북한판 농지개혁의 본질이다.

북한의 농지개혁은 전 농민의 집단농장화를 가속화시켰다. 오늘날 북한의 극심한 식량난은 집단농장의 저열한 생산성에서 그 원인이 발견된다. 해방 직후 농지개혁 방식의 차이가 오늘날 남북한의 국력을 70배 이상이나 차이 나도록 만든 결정적 요인이 된 것이다.

한민당의 지연술책

실상이 이럼에도 불구하고 일부 학자들과 운동권에서는 북한식 무상몰수 무상분배의 농지개혁이 진정한 성공이라고 주장한다. 유상몰수 유상분배를 원칙으로 추진한 이승만의 농지개혁은 당연히 실패한 정책이라고 폄하한다.

김입삼은 "일부에서 공부가 부족한 인사들은 이승만 시절의 농지개혁이 실패라고 주장하는데, 이것은 현실을 전혀 모르는 백면서생들의 철부지 같은 소리"라고 비판했다. 자본주의 국가라면 어느 나라를 막론하고 유상몰수 유상분배 방식으로 농지개혁을 진행한 것이 세계사의 보편적 상식이라는 것이다.[93]

이승만은 농지개혁의 추진에 있어 북한식의 무상몰수 무상분배가 아닌, 유상몰수 유상분배여야 한다는 확고한 신념을 가지고 있었다. 당시 언론보도에 의하면 이 대통령은 북한식 농지개혁을 할 경우 "정부가 대지주가 되고 농민들은 다 소작인으로 경작하게 되어 전에는 부호의 노예 되던 것이 지금은 정부의 노예가 되는 것에 불과하다"[94]고 말했다. 또 "자본이 대부분 토지에 있는 한국에서는 지주들이 다 토지를 내 놓고 그 가격을 받아서 자본을 만들어야 공업에 착수할 수 있을 것"이라면서 유상몰수 유상분배 형태로 농지개혁이 진행될 것임을 분명히 했다.[95]

정부 수립 직후 이승만은 조봉암[96]을 초대 농림부장관으로 발탁하여 농지개혁 업무를 맡겼다. 이 대통령이 1946년까지 좌익 활동을 하다 인천에서 제헌 국회의원으로 당선된 진보적 성향의 인물을 농림부장관으로 발탁한 것은 그가 농지 문제에 해박한 지식을 가지고 있었기 때문이다. 조봉암을 입각시킨 것은 지주세력의 물적 기반인 농지를 철저히 개혁하겠다는 이 대통령의 의지를 직설적으로 표현한 셈이다.

이미 북한에서 농지개혁이 실시되어 땅 없는 농민들이 거저 땅을 받았다는 사실이 알려지면서 남한에서도 농지개혁에 대한 열망이 뜨겁게 달아올랐다. 장상환(경상대 교수)의 연구에 의하면 지주들이 중심세력인 한민당도 농지개혁에는 반대하지 못하고, 그나마 지주에게 유리한 유상몰수 유상분배 개혁안에 동의할 수밖에 없었다.[97]

조봉암의 열성적인 노력으로 1948년 11월 22일 농림부의 농지개혁법 시안이 발표됐고, 이 안이 이듬해 국무회의에 상정되어 2월 4일 통과됐다. 법안은 3월 10일 국회 본회의에 상정돼 1949년 6월 21일 농지개혁법안이 국회를 통과했다. 그러나 일부 조항에 대한 이의 때문에 개정안이 마련되어 1950년 3월 25일 이승만 대통령의 서명으로 법률로 확정됐다.[98] 농지개혁법이 최종적으로 확정된 1950년 3월 10일 이후, 동법 시행령(3월 25일)과 시행규칙(4월 28일) 및 농지분배 점수제 규정(6월 23일)이 제정됐다.

당시 국회의 주도권을 쥐고 있던 한민당은 관련법 논의 과정에서 계속 시간을 끌었다. 지주 출신 국회의원들의 지연작전에 대해 모 의원은 국회에서 이렇게 비판하고 나섰다.

"저는 국회 안의 공기를 대강 짐작하고 있습니다. 어떤 국회의원들의 말에 의하면 '지금이 어느 때인데 농지개혁 법안을 통과시키려고 애를 쓰느냐'고 해서 대단히 걱정하는 분들이 많이 있는 것을 저는 압니다. 어떻든지 농지개혁 법안을 지연시키려 하는 음모가 있다는 것을 저는 잘 알고 있습니다. 지주들이 이 문제를 반대하느라고 모든 수작을 하고 있습니다."[99]

"만난을 배제하고 농지개혁 단행하라"

농지개혁법이 예정보다 속도를 내지 못하는 원인이 한민당의 지연술책 때문임을 간파한 이승만은 농림부에 "춘궁기가 촉박했으므로 추진 상 불소한 곤란이 있더라도 만난을 배제하고 농지개혁을 단행하라"고 엄명을 내렸다.

대통령의 명령에 따라 농림부는 농지개혁법 확정 이전인 1950년 1월에 '매수농지 평가요령 제정에 관한 건'(1950년 1월 21일)에 근거해 지가(地價)조사에 착수했고, '농지소표(農地小表) 작성에 관한 건'(1950년 2월 3일)에 의해 매수농지의 지번과 지목, 지적, 소유자, 소작인 등을 조사했다. 그리고 '농가별 분배농지 일람표 정리에 관한 건'(1950년 2월 3일)에 의해 일람표를 열흘 간 공람시켜 이의가 없으면 소유권이 확정되도록 했다.

이 절차를 3월 15일부터 3월 24일까지 완료토록 시달했고, 4월 10일부터 농지분배 통지서가 발급되어 1950년 4월 15일에 농지개혁은 실질적으로 완료됐다.[100] 로버트 올리버의 설명이다.

'4월 15일, 약 68만 4000정보의 소작 농지가 123만 6558명의 소작농에게 매각될 준비를 마쳤다. 매도가는 해당 토지의 연간 소출의 3분의 1 가격으로 소작료와 같았다. 대금은 3년간 분할해 정부에 납부하도록 했다. 정부는 전 소유주에게 평균 소출금액의

150%에 해당하는 매각증서를 발행했다.'[101]

　농지개혁이 일사천리로 진행된 과정을 자세히 들여다보면 대통령의 명령에 의해 시행법령이 만들어지지 않은 상황에서 집행됐기 때문에, 엄격히 따지면 대통령의 월권행위다. 그러나 이 대통령의 월권행위가 없었다면 농지개혁은 6·25로 인한 혼란으로 인해 무위로 돌아갔을 지도 모른다는 것이 김성호의 주장이다. 농지개혁법의 마지막 시행법령인 농지분배 점수제 규정이 공포된 것이 1950년 6월 23일, 그러니까 6·25 남침 이틀 전의 일이다.

　6·25 남침 이전에 이미 대통령의 지시에 의해 농민들이 '내 소유의 땅'을 갖게 된 덕분에 남한 각 지역에서 인민혁명을 기대했던 공산주의자들의 꿈은 물거품이 되고 말았다. 만약 6·25 전에 농지개혁이 시행되지 못했다면 공산군 점령치하의 대다수 남한 농민들은 무상몰수 무상분배라는 감언이설에 현혹되어 한반도가 적화됐을 가능성이 높다는 것이 당시 농지개혁을 연구한 전문가들의 분석이다.

　농지개혁과 관련하여 흥미로운 시각이 있다. 한국전 당시 유엔군이 포획한 북한 문서를 연구한 일본 학자 사쿠라이 히로시(櫻井浩)는 《왜 한국전쟁은 6월 25일에 일어났나》라는 저서에서 김일성은 남한의 농지개혁을 와해시키려고 6월 25일을 D 데이로 삼았을 것이란 가설을 내놓았다.

　이승만이 추진한 농지개혁은 소작농이 토지를 소유하게 되는 만큼 지주에게 대가를 지불해야하는 유상몰수 유상분배였지만,

분배조건이 지주보다는 농민에게 훨씬 유리했다. 농지를 분배받은 소작인은 평년 수확고의 1.5배를 5년에 나누어 현물로 상환하도록 되어 있었기 때문이다.

 그 결과 전 농지의 92%가 자작농화 했는데, 그 성과는 농지개혁의 성공사례로 꼽히는 일본과 타이완의 개혁실적을 능가한다는 평을 받고 있다. 장상환은 농지개혁으로 인해 지주라는 전근대적 계급이 사라지고 자본가 계급이 이 땅에 등장하게 되었으며, 이를 계기로 한국 사회도 식민지 반봉건 사회에서 자본주의 사회로 전환했다고 분석했다.[102]

지가증권의 운명

 조이제는 이승만의 농지개혁이 미국의 제안, 북한의 농지개혁 여파, 지주계급을 기반으로 한 정치적 반대파를 무력화시키기 위한 복합적 의미가 담겨 있었다면서 이렇게 설명하고 있다.

 '이승만은 독립적인 근대국가의 정치적 기초를 쌓았으며, 후일의 놀라운 경제성장을 가져오게 한 몇 가지 토대를 마련했다. 토지개혁은 미국이 제안한 것이지만, 남한정부가 실시한 토지개혁은 한편으로는 북한에서 진행되고 있는 토지개혁을 염두에 둔 정치적 필요성에 따른 것이다. 이승만은 토지개혁을 농민들에게 마땅히 돌아갈 권리를 되찾아 준다는 취지에서 추진하였으며, 아울러 반동적인 정치세력에 타격을 가하고자 했다. 토지개혁의 목표

는 지주계급을 기반으로 하고 있는 정치적 반대파를 약화시키려는 대통령의 의도와도 일치했다.'[103]

농지개혁 과정에서 지주들은 소유하고 있던 전답을 내놓는 조건으로 지가(地價)증권을 받았는데, 6·25 전쟁으로 지가증권은 묘한 운명을 맞게 된다. 전쟁은 모든 질서와 가치를 파괴한다. 돈의 가치라 해서 예외는 아니었다. 전란을 통해 막대한 전시(戰時) 인플레가 발생하기 시작했다.

부산으로 피난을 온 지주들은 전시 인플레로 인해 휴지조각처럼 변한 지가증권을 투매하여 생활비로 사용했다. 그 결과 호남지역을 중심으로 한 대지주 계급은 몰락의 길을 걸었다. 유일한 민족자본이었던 토지자본은 경제부흥과 산업발전을 위한 종자돈으로 기능하지 못한 채 지주들의 생활비나 소비자금으로 하나 둘 유실되어 갔다.

우리와는 달리 타이완은 토지자본의 산업자본화에 성공한 독특한 나라이다. 특히 중소 규모의 지주들이 지가증권을 산업자본화하는 데 성공함으로써 그 후 건실한 중소기업 위주의 산업 발전이 가능했다. 김입삼의 설명에 의하면 오늘날 타이완을 대표하는 기업들은 대부분 농지개혁 당시 지주들이 받은 토지채권을 근대화, 산업화 자본으로 집중시켜 세운 것이라고 한다.[104]

반면 우리나라는 6·25 전쟁으로 인해 중소 지주들의 지가증권이 제 역할을 하지 못하고 소비됨으로써 중소기업의 뿌리가 근본적으로 취약한 경제구조가 되고 말았다. 이처럼 자본축적이 미미한 상황에서 근대화와 산업화가 추진되면서 우리 기업들은 만성적인 자본부족에 시달리게 된다.

그 결과 우리 기업들은 지속적으로 원조자금이나 해외 차입금, 은행 차입금에 의존할 수밖에 없는 태생적 한계를 안게 됐다. 또 중소기업의 뿌리가 허약해 대기업 위주의 경제발전 정책에 매달릴 수밖에 없는 상황으로 나가는 단서를 제공하게 된다.

이승만 시절 농림부장관을 역임한 윤영선의 회고에 의하면 국내 유일의 민족자본이었던 토지자본을 소유하고 있던 지주들이 피난살이 와중에 생활비 마련에 애를 먹다가 지가증권을 액면가의 20~30%로 처분하고 몰락해갔다고 지적한다.[105] 정부는 귀속기업체 매수자가 타인 명의의 지가증권을 매입하여 이를 귀속기업체 인수 대금으로 지불할 수 있도록 제도를 고쳤다. 즉 지주가 아닌 제3자가 지가증권을 매입하여 귀속기업체 매수에 참여할 수 있도록 문호를 개방한 것이다.

조선중기(重機)의 관리인이었던 김연규는 회사 불하 과정에서 12억 원에 달하는 불하금액을 납입할 때 액면가 12억 원어치의 지가증권을 4억 원에 구입하여 납입했다.[106] 액면가의 30%에 지가증권을 구입한 것이다. 이처럼 신흥 기업가들은 지가증권을 헐값에 매입하여 귀속재산 불하대금으로 납입함으로써 손쉽게 산업자본가로 도약하는 찬스를 얻게 됐다. 6·25 당시 지가증권의 투매현상에 대해 조선일보는 이렇게 보도했다.

'지가증권을 사면 돈 번다는 소문이 퍼지자 피난 시절의 부산시

광복동 길거리에는 지가증권을 사고팔겠다는 사람들로 붐볐다. 별의 별 이름의 증권회사 간판들이 즐비하게 나붙었고 가죽가방을 들고 "증권 사려"를 외치고 다니면서 거두어들인 것들로 신흥 증권업자를 자처하는 이들도 적지 않았다. 당시 정부로부터 정식 증권회사 인가를 받은 증권업자는 대한증권주식회사 하나뿐이었으니까 따지고 보면 나머지 그 많은 증권회사, 업자들은 모두 무면허 가짜 증권업자들이었던 것이다.'[107]

불과 11%만 산업자본화에 성공

삼양사는 국내에서 보기 드물게 토지자본을 산업자본화하는 데 성공한 희귀한 사례다. 경방의 창업자인 인촌 김성수, 수당 김연수 형제는 호남 토착지주 집안 출신이다. 김연수는 건국 후 농지개혁으로 인해 고창 일대의 장성농장, 줄포농장, 고창농장, 영광농장, 법성농장, 손불농장 등 총 수확 15만 석에 달하는 농토를 소작인에게 넘겼고, 농토를 내놓은 대가로 지가증권을 받았다. 김연수는 1950년대 초 울산에 제당공장과 한천공장을 설립하면서 투자대금의 일부를 지가증권으로 조달했다.

이밖에도 지가증권으로 귀속재산을 불하 받은 대표적인 사례로는 박두병, 최종건, 김종희를 들 수 있다. 박두병은 동양맥주 불하과정에서 34억 원의 불하가격 중 10%를 부친(박승직) 명의의 지가증권으로 납부했고, 나머지 대금도 액면가의 30%로 구입한 지가증권으로 일부 충당했다.

선경직물의 창업자 최종건도 선경직물 불하과정에서 수원지역 토착지주 차철순의 지가증권으로 매수 계약금을 지불했다. 한국화약 창업자 김종희는 1951년 6월 한국화약공판 불하과정에서 계약금의 일부인 1억 원을 시중에서 싼값에 구입한 지가증권으로 충당했다.

그러나 지가증권을 활용한 지주의 자본전환 성공률은 지극히 낮은 수준이었다. 농지개혁 당시 20정보 이상의 농지를 분배 당했던 호남지역 지주 418명을 조사한 결과 산업자본가로 전업한 지주는 47명, 불과 11%의 지주만이 토지자본의 산업자본화라는 시대의 흐름에 편승하여 성공을 거둔 것으로 조사됐다.

농지개혁 때 일반 보상으로 지급된 지가증권의 총 보상액 가운데 귀속재산 매입에 동원된 비율은 54%로 집계됐다. 전체 귀속기업체 불하대금의 절반 정도만 지가증권으로 납입되어 산업 자본화했고, 나머지 절반은 생활자금, 소비자금 등으로 부스러기 돈이 되어 흔적도 없이 소비됐다.

이는 일본이 메이지유신 당시 토착 지주계급이 소유했던 토지자본과 그들의 지도력을 근대적인 산업자본으로 유인하는 데 성공한 것과는 큰 차이가 난다. 일본은 토지자본을 산업자본화하는 데 성공하여 외국 자본에 의존하지 않고 산업화에 성공했다. 반면에 한국은 전시 인플레로 지가증권의 절반 가까이가 피난지에서 생활비로 흩어졌고, 해방과 건국, 좌우익 대립 과정에서 지주세력의 관리능력이 활용되지 못했다. 그 결과 민족자본이 현저히 부족해 미국 원조와 해외에서 기술 및 자본 도입으로 산업화를 해야 하는 어려운 환경에 노출된 것이다.

송인상은 이승만 정부의 농지개혁에 대해 이렇게 회고한 바 있다. "농지개혁은 경자유전(耕者有田)의 원칙에 의해 지주-소작 제도가 아니라 농민이 그 땅을 소유한다는 원칙하에 이루어졌다. 그런데 대만에서 보듯이 농지개혁에서 얻은 지주자본이 귀속재산 불하와 연결되어 공업자본화 했더라면 하는 아쉬움이 지금도 있다. 농지개혁 직후 한국전쟁이 터지는 바람에 인플레이션이 연간 50%를 넘었다. 때문에 지주가 가지고 있던 지가증권의 가치가 폭락했고, 그 결과 산업자본으로 이어지지 못했다. 유일한 민족자본이었던 토지자본이 공업자본화 되지 못했기 때문에 우리나라의 자본 부족 현상은 더욱 심해졌다."[108]

이런 의견에 대한 반론도 적지 않다. 당시 우리나라 지주 계층이 근대식 경영을 해 본 경험자가 거의 없어 토지자본이 산업자본화하는 데 성공했어도 실제 경영은 불가능했을 것이란 의견이다. 이런 주장의 대표 격이 김각중[109]이다.

농지개혁의 한계

김각중의 설명에 의하면 일본에 근대식 방직공장이 들어온 것이 1850년대. 그 후 일본은 산업혁명을 경험한 나라들이 겪은 전형적인 코스를 답습하며 산업화의 길을 걸었다. 즉 방직업에서 기계산업, 중화학공업으로 이행한 결과 태평양전쟁 무렵에는 미국이나 유럽 열강들과 어깨를 겨룰 정도의 공업국 대열에 올랐다. 패전 후에도 그들은 산업화에 대한 100여 년의 경험과 기술이 그대로 남았으며, 대규모 기업을 운영한 경험이 있는 경영진도 충분히 확보하고 있었다. 때문에 자본만 뒷받침되면 손쉽게 전후복구가 가능했다.

반면에 우리나라는 사회지도층이었던 지주와 양반계급이 해방될 때까지 공업이나 산업의 개념이 무엇인지에 대한 인식조차 없었다. 해방 전후 우리 기업인이 창업한 기업은 경성방직이 유일한 산업시설이라 해도 과언이 아닐 정도로 산업수준이 보잘 것 없었다. 이런 상황에서 농지개혁으로 지주들이 받은 지가증권을 산업자본화 하는 데 성공했다 해도 산업시설 운영능력이나 경영능력이 없어 성공하기 힘들었다는 것이다.[110] 이런 사례는 전주지방에서 120정보를 소유하고 있던 이부영을 비롯한 지주들의 전주방직 운영 실패기를 통해 확인할 수 있다.

이부영을 비롯한 전주지방의 대지주 다섯 명은 지가증권의 3분의 2씩을 투자하여 방직공장을 불하받아 일제 때 근무했던 종업원들에게 경영을 맡겼다. 그러나 근대적인 회사 경영에 대한 지식이 전혀 없는 지주들에겐 예기치 않은 부담이 뒤따랐다. 공장을 인수하여 재가동하기 위해서는 불하자금 외에 운전자금이 필요하다는 사실을 그제야 알았던 것이다.

다섯 명의 지주들은 다시 돈을 모아 운영자금을 마련했다. 그러나 운영자금 외에도 상당한 자금 투입이 요구되어 결국 회사 운영을 포기하고 삼양사에 공장을 넘겼다. 사업에 뛰어든 지 불과 1년 만에 다섯 명의 지주는 지가증권을 다 날리고 빚만 잔뜩 떠안았다.

인간 세상에서 100% 만족스런 결과를 가져오는 제도는 없는 법. 농지개혁도 집행 과정에서 여러 가지 문제점이 노출됐다. 이대근은 농지개혁의 대상이 산림이나 대지 등 비농지는 물론, 과수원 등이 개혁대상에서 제외되고 순수히 전답만을 대상으로 한 탓에 범위와 성격이 크게 축소됐다고 지적한다. 때문에 실제 분배된 농지면적은 전체 농지의 55.2%에 불과했다는 것이다.

다음으로는 토지를 내놓은 지주가 총 17만여 명이었는데, 이들 중 84%인 14만여 명이 50석 미만의 지가보상을 받은 군소지주였다. 군소지주들은 보유하고 있던 토지를 내놓은 후 다른 직업으로의 전환이 쉽지 않았고, 보상으로 받은 지가증권도 전란 중에 헐값에 팔아넘겨 소비자금으로 사라진 경우가 허다했다. 결국 당초 의도했던 토지자본의 산업자본화는 실현되지 못하고 군소지주들의 몰락을 재촉하는 결과를 낳았다는 것이 이대근의 주장이다.[111]

또 농지개혁으로 생산성을 높이겠다는 본래의 개혁목표는 성과를 거두지 못한 것으로 평가된다. 1953~61년 사이 농업생산의 연평균 성장률은 3.6%로 1930년대의 2.9%보다 약간 높아진 것으로 집계됐다. 그러나 이 수치는 6·25로 파괴되었던 농업생산기반의 회복에 의한 성장 요인이 내재해 있다는 사실을 감안하면 뚜렷한

성장이라고 할 수 없다는 것이 전문가들의 분석이다.[112]

농지개혁이 생산성 증대효과를 거두지 못한 이유는 개혁에 의해 땅은 경작농민에게 돌아갔으나, 자본을 주지 않은 때문으로 분석된다. 소작제 하에서는 지주가 농지개량을 위한 투자도 하고 비료나 농기계 등 생산자재를 공급하는 경우가 많았으나, 소작인이 자작농이 된 후 필요한 영농자금을 조달하지 못해 자본투하가 억제되어 생산성이 늘어나지 않았던 것이다.[113]

'캔 두 스피릿'의 출현

파란만장한 사연을 노정한 채 시행된 농지개혁은 토지자본의 산업자본화라는 차원에서 복잡한 문제가 노출됐다. 이것은 예기치 못한 전쟁이 가져다 준 산물이다. 그러나 농지개혁은 우리 사회 전반에 엄청난 파장을 몰고 왔다.

우선 공산화 예방이다. 농민들이 내 땅을 소유하게 됨으로써 베트남이나 필리핀에서처럼 공산주의에 동조하는 현상을 미연에 방지하여 사회 안정에 기여했다.

학자들은 세계 여러 나라 중 경제가 고속 성장하면서도 소득분배가 한국처럼 공평하게 이루어진 나라는 유례를 찾기 힘들다고 평한다. 그 공로는 이승만의 농지개혁에서 찾아야 한다는 것이다. 지주계급은 대대로 토지를 세습하며 부익부빈익빈 현상을 되풀이해 왔다. 농지개혁에 성공한 덕에 하루아침에 지주계급이 소멸됨으로써 뿌리 깊게 이어져 오던 지주-소작인, 즉 부자와 빈자(貧者) 간의 계급갈등이 일거에 불식됐다. 한국은 근대화 출범 초기부터 첨예한 계급갈등의 소지를 해소하고 균질사회로 출발했다. 이것이 농지개혁이 우리에게 준 두 번째 성과다.

동아시아에서 농지개혁에 성공한 일본, 한국, 타이완은 중산층이 두텁게 자리 잡아 경제 성장의 초석과 사회균형자 역할을 수행한 반면, 중남미 여러 나라들은 농지개혁이 제대로 시행되지 않아 극단적인 빈부격차가 존재하는 계급사회가 된 것을 비교하면 그 뚜렷한 성과를 실감할 수 있을 것이다.

일제 식민지를 거치면서 우리나라는 조선조 500년 동안 뿌리 깊게 이어졌던 반상(班常)의 구분이 사라졌고, 건국 후 농지개혁으로 부자와 빈자(貧者)의 격차가 무너졌다. 전 국민이 계급 없고, 빈부격차가 사라진 '차별 없는 시대'가 열림으로써 기회의 균등이 실현됐다. 이러한 사회풍토가 '캔 두 스피릿'(Can do spirit)이라는 의욕과 참여 동기를 제공하게 된 것이다.

4

기업가들, 세상을 향해 나아가다

"나라가 잘 되어야 사업도 잘 된다"

기업가의 힘

자본주의 사회에서 기업가는 '이윤이 생기는 곳이라면 지옥에라도 달려갈 사람들'로 묘사되곤 한다. 특히 기업 이익과 국익이 합치되지 않을 때 비판의 강도는 거세진다. 그러나 역사를 보면 기업가들이 국가를 위기에서 건져낸 경우가 허다하다.

탄환보다 더 빠른 게 상품이고, 군인보다도 강한 것이 상인이다. 일본군이 중국 대륙을 침략할 때의 일이다. 일본 함대가 상하이를 해상 봉쇄하고 함포 공격을 퍼부어도 중국군 포대는 끄떡없었다. 나중에 알고 보니 중국 상인들이 일본군의 봉쇄망을 뚫고 적국인 일본까지 건너가 시멘트를 사다가 중국군 포대 구축을 지원한 것이다.[114] 이것이 상인의 힘이고 기업가의 저력이다.

애덤 스미스는 기업가에 대해 다음과 같이 말한다.

'우리가 저녁 식사를 하는 것은 푸줏간이나 양조장, 빵집 주인의 자비심 덕분이 아니라, 그들 자신의 이익에 대한 관심 때문이다. 따라서 우리는 그들의 휴머니티가 아닌, 이기심을 생각하고, 결코 우리의 필요가 아닌, 그들의 이익을 말해 주어야 한다.'

기업가들은 기업 활동을 통해 사회가 필요로 하는 물자를 생산하고, 고용을 창출하며, 납세를 통해 국가 살림에 도움을 준다. 1962년, 제일제당 한 회사에서 국가 총 조세수입의 4.61%를 담당했다는 기록이 있다. 1953년 전쟁의 포성이 멎어가던 시절, 부산에서 제일제당을 창업한 이병철은 이런 말을 남겼다.

'실제(實際) 정신을 바탕으로 한 구미(歐美)의 여러 나라는 오늘날 그들의 찬연한 물질문명을 열매 맺어, 세계의 강국으로, 우주의 지배자로 군림하고 있다. 이에 반해 공상(工商)보다 선비를 더 받들던 우리의 전통 인습은 아직도 영리(榮利)라는 말을 선뜻 선한 것으로 인식하려 하지 않는 잠재 관념이 흐르고 있다. 현금(現今)의 세계가 표면상으로는 이념이니 명분이니 하면서 그럴듯한 수사를 내세우고 있으나 기실 온통 경제전이 불꽃을 튀기고 있는 것이다.

비즈니스가 일터를 넓히고 생산과 유통을 증진시킴으로써 국민의 복지와 나라의 부를 결과시키며, 국제간의 치열한 상품 침투전에서 비즈니스맨은 곧 전사(戰士)의 존재로 인식된다. 서양에서는 흔히 대기업의 성공자가 곧 현실의 제패자 내지는 현실 예술의 정화가(精華家)로서 각광을 받는다. 우리도 가장 빠른 시일 내에 빈곤의 멍에를 벗어나려면 비즈니스에 대한 인식과 그 가치를 새로이 할 것이며, 국민이나 정부도 부드러운 기업 풍토를 조성하는 데 보다 더 협력할 것을 요망하고 싶다.'

이런 관점에서 이 땅에 뿌리를 내리고 활동해 온 우리나라 기업가들을 바라보자.

국가를 운영하기 위해서는 각 분야에서 다양한 경험과 지식, 전문적 식견을 가진 인재가 필요하다. 그런데 해방 후 우리가 처한 가장 심각한 문제는 각 분야에서 국가를 운영할 인재의 부족이었다. 일본 제국주의는 한국을 하나의 독립된 경제 단위가 아니라 원자재와 식량 공급 기지로 삼는 정책으로 일관했다. 일본 제국주의자들이 이 땅에서 벌인 악행이 여러 가지지만, 그 중에서도 가장 심각했던 일은 인재 양성을 의도적으로 가로막았다는 점이다.

일제 강점기 국내 유일의 대학이었던 경성제국대학에 경제학부가 개설되지 않은 것은 한반도에서 고급 경제 전문가를 키우지 않겠다는 식민당국의 의사표시였다. 일제시대에 한국인 의사나 변호사는 다수 배출됐지만 상업이나 경제를 전공하여 산업계, 경제계에서 맹활약하는 경제인은 손으로 꼽을 정도였다. 그 결과 해방 후 우리 사회에는 근대화 된 기업 운영 경험이 있는 기업가나 산업분야의 고급 기술 인력이 턱없이 부족했다.

우리 옷감은 우리 손으로

　오늘날 대기업이나 그룹, 재벌 소릴 듣는 기업가들은 해방과 6·25 전쟁, 시민혁명과 군사쿠데타의 정치적 격변 속에서 생성 소멸됐다. 해방 정국에서 민족자본에 의해 우리 손으로 일군 근대적 기업은 경성방직과 화신백화점 정도였다. 그러니까 해방 직후 우리나라에서 기업가라 부를 수 있는 경영 능력을 가진 사람은 경성방직의 김연수, 화신백화점의 박흥식 정도에 불과했다는 뜻이 된다.

　산업혁명의 원조인 영국과 유럽은 방직업을 기계작업으로 대체하는 과정에서 산업혁명이 발동되었다. 원면이나 원모(原毛)에서 실을 뽑고, 그 실을 옷감으로 짜는 방적(紡績)과 방직(紡織)을 수작업에서 기계작업으로 대체하고, 또 가내공업 형태에서 대규모 생산방식으로 개혁한 것이 산업혁명의 시초다. 방직업의 기계화가 기계공업과 중화학공업의 발달로 전이되는 것이 산업혁명의 일반적 패턴이다.

　경성방직(약칭 경방)은 '우리 옷감은 우리 손으로'라는 기치를 내걸고 출범한 민족기업이었다. 경방은 3·1 만세운동이 벌어졌던 1919년 5월 창립총회를 열고 그 해 10월 5일자로 총독부의 공장 설립인가를 얻었다. 창립자본금은 독립운동자금 모집하듯 전국의 유지들에게 주식을 팔아 마련한 100만 원, 한국 기업사상 최초이자 최대의 민족자본이었다.

경방이 조선총독부에 제시한 회사설립 인가신청서 내용을 보면 민족적인 냄새가 물씬 풍긴다. 다음은 신청서의 일부 내용.

'조선에서의 면포의 소비는 연간 약 4200만 원이며 그중 2700만 원은 수입품에 의존하고 있는 현실이니, 이의 자급을 기도함은 조선 경제 독립상 급무라고 할 것이다. 아래에 기명한 우리는 이 기운에 발맞추어 경성방직주식회사를 설립하여 우선 면직물의 제조를 제1기 사업으로 하며, 장래 적당한 시기가 도래함을 기다려 방적사업도 겸해서 운영하고자 한다. 그리하여 조선 공업의 발달을 도모함과 함께 가일층 제품의 증산을 꾀하여 자급은 물론 나머지는 만주 방면에도 수출할 것이며, 아울러 많은 조선인에게 직업을 주어 공업적 훈련을 하는 동시에 주주의 이익을 도모한다는 목적으로 우리들이 서로 뜻을 모아 본사 창립의 허가신청서를 제출하는 바이다.'[115]

김각중은 경방이 방적을 시작했을 때 이공계통의 한국인 엔지니어는 서너 명에 불과했다고 한다.[116] 기술 인력이 부족했던 경방은 엔지니어들을 일본 회사에서 스카우트 해다가 자체적으로 기술자를 양성하기 시작했다.

국내 최초로 해외진출한 남만방적

1930년대 후반에 경방은 생산라인 확대를 위해 공장 증설을 신청했는데, 조선총독부는 허가를 내주지 않았다. 이에 경방은 만주로 눈을 돌려 1939년에 선양(瀋陽) 근처의 소가둔(蘇家屯)에 남만방적주식회사를 설립했다. 총 자본금 1000만 원(현재 가치로 환산하면 약 1조 2000억 원)은 전액 경방이 출자했고, 공장 규모는 경방 영등포공장의 무려 6배에 달하는 어마어마한 크기였다. 당시 회사의 모토는 '조선의 경방이 아니라 동양의 경방이 되자'는 것이었다.[117] 이것이 우리나라 기업 최초의 해외진출 사례로 기록되고 있다.

김연수의 경방이 소가둔에 방적회사를 설립한 이유는 만주로 이주한 조선 사람들이 현지인들로부터 온갖 학대와 설움을 당하는 것을 보고는, 그들에게 떳떳한 일자리를 제공하기 위한 목적이 있었다. 경방은 남만방적을 건설한 후 일본 방직회사들의 사례를 본받아 근대적 경영 시스템을 도입했다. 공장 내에 학교를 설립하여 이른바 산업계 병설학교도 운영했다.

이국땅 만주에 이민을 온 가난한 동포의 딸들은 낮이면 공장에서 일하고 저녁이면 공장 학교에서 열심히 공부했다. 공장에서 같이 일하던 상사들이 선생님이 되어 수업을 하니 직공들과 간부 사이에 일체감이 형성되어 작업 분위기도 한결 좋아졌다. 당시 남만방적 노무과에서 교육계 책임자로 일하던 최복현은 해방 뒤 서울시 교육감을 지냈다.

김연수는 사원들의 사택을 당시 만주에 거주하던 일본 관리들의 집보다 훨씬 좋게 지어 주었고, 공장 안에 의료시설까지 갖추는 등 사원복지에도 앞장섰다.[118]

해방 직후 남한의 대표적 산업시설이었던 면방직공업 현황을 보면 면방직공업 총자본의 94%가 일본인 소유, 기술진의 80% 이상이 일본인이었다. 이처럼 자본과 기술을 독점하고 있던 일본이 태평양전쟁에서 항복하고 한반도에서 철수함에 따라 경방과 종연방직 광주공장, 동양방직 서울공장과 인천공장 외에는 가동 중단 상태에 빠졌다.

그 무렵 남만방적이 위치하고 있던 만주 일대가 국공(國共)내전의 와중에 공산당 지배하에 들어가는 바람에 남만방적은 문을 닫고 현지에서 근무하던 한국인 기술자 1500명과 그 가족들이 귀국했다. 때마침 국내의 방직공장은 일본인 기술자들이 철수하여 공백 상태였다. 경방의 경영자 김연수는 "누구든 방직공장을 한다면 경방이 돕겠다"고 선언하고 동양방직(제일방직의 전신), 김성곤이 운영하던 금성방직에 남만방적에서 귀국한 핵심 기술자를 보내 공장 가동을 도왔다. 동양방직 사사(社史)는 당시 정황을 다음과 같이 기록하고 있다.

'동양방직은 일본인이 철수한 뒤의 기술, 관리 면의 인력공백을 메워야 했다. 8·15 직전 동양방직에는 관리나 기술직에 일본인이 독점하고 있을 뿐 한국인 직원은 기숙사 담당 직원 1명을 제외하면 나머지는 모두 공원 아니면 고용원들뿐이었다. 이와 같은 공백은 마침 남만방적에서 해방을 맞아 귀환한 사람들로 충원할 수 있었는데, 남만방적은 경방의 출자로 1940년부터 가동한 방적회사였다. 군정 당국은 귀환 동포의 직장 알선과 동양방적의 인력난 해소를 동시에 해결할 수 있는 방도로 이를 주선하여 인천공장에

사원 26명과 공원 20여 명을 채용하게 했다.'

이런 노력들이 가동 불능 상태에 빠진 방직업을 정상화시키는 원동력이 되었으며, 방직업을 모체로 한 섬유, 의류 봉제산업은 이후 발전을 거듭하여 박정희 시절 수출의 첨병으로 도약하게 된다.

1949년 1월 21일 김연수는 반민특위에 검거돼 서대문형무소에 수감됐다. 죄목은 경기도 관선 도의원, 만주국 명예영사, 중추원 칙임참의, 임전보국단 간부, 국민총력조선연맹 후생부장을 맡아 민족정기를 훼손했다는 것이었다. 같은 해 8월 6일 재판부는 김연수에게 무죄를 선고했다.

백화점 왕 박흥식

경성방직이 한국 섬유산업의 뿌리였다면 박흥식은 '백화점 왕'이었다. 해방 전만 해도 서울을 모르는 사람은 있어도 화신백화점을 모르는 사람은 없다는 말이 나돌 정도였다. 그는 일제 식민지에서 우리 민족이 축적한 민족자본의 상징과도 같은 존재였다. 박흥식이 화신백화점과 전국 450개의 연쇄점 망을 거느린 것은 미스코시(三越)[119], 조지야(丁子屋)[120], 미나카이(三中井)와 같은 일본 상권에 대항하기 위해서였다.

평안남도 용강군이 고향인 박흥식은 경술국치를 당하던 해 형 박창식이 일경(日警)의 고문에 의해 목숨을 잃고, 그것이 빌미가 되어 그가 14세 때 부친이 세상을 떠났다. 가사를 책임질 수밖에 없었던 소년 박흥식은 약관의 시절부터 빼어난 상재(商材)를 발휘하기 시작한다. 열일곱 되던 해 진남포에서 물산객주를 통해 쌀장사를 하여 큰돈을 모은 박흥식은 인쇄업과 종이 판매업으로 눈을 돌려 1920년 고향에서 선광인쇄소를 개업했다. 그의 전업은 1920년대 대정(大正) 데모크라시 여파로 신문, 잡지를 비롯한 각종 서적이 쏟아져 나오는 호황을 맞으면서 6년 만에 크게 성공한다.

거금을 손에 쥐고 혈혈단신 상경한 24세 청년 박흥식은 을지로 입구에 선일지물사라는 지류판매 회사를 차렸다. 그는 스웨덴 종이를 수입 해다가 신문사에 판매하는 장사 수완을 발휘하여 지류업계를 평정한다. 1931년 금은을 취급하는 화신상회를 인수했는데, 이 상회를 인수한 지 석 달 만에 일본은 금본위제에서 이탈하고 금의 수출을 금지했다. 덕분에 금가가 폭등, 박흥식은 횡재를 하게 된다. 이 기회를 이용해 박흥식은 백화점으로 눈을 돌렸다.

당시 주요한이 작사하여 만들어진 화신의 사가(社歌)에는 '종로 네거리에 봄바람 불고/ 화신의 큰 집 속에 웃음이 핀다/ 안으로 화목하고 밖으로 신용/ 이름도 좋을시고 우리 화신'이란 대목이 있다.[121]

사가에 나온 대로 박흥식은 신용을 목숨처럼 여겼다. 박흥식이 손대는 사업마다 큰 성과를 거두는 과정에서 그의 모친은 "항상 근면하고 저축해라. 남의 빚보증 절대 서지 말고, 언행이 일치해야 한다"고 가르쳤다고 한다. 그는 어머니와의 약속을 지키기 위해 술과 담배를 평생 입에 대지 않았다.

박흥식은 또 기업경영에서 부채를 쓰지 않는 것으로 유명했다. 1980년 부도난 화신산업의 남은 빚 2억 원을 청산하기 위해 그는 자신이 57년이나 살던 저택을 팔아 해결했다. 그는 기업 반세기를 회고하면서 "나는 오늘날까지 거짓말을 했거나 남에게 손해를 입혔거나 법을 어겼거나 한 사실이 없다"고 말한다.122)

국제무역에 도전

백화점과 연쇄점 사업을 통해 거부(巨富)를 축적하며 한반도 제일의 기업가로 성장한 박흥식은 1937년에 '관광 제주'의 꿈을 실천하기 위해 제주도흥업이라는 회사를 설립한다. 그리고 제주도에 200만 평의 목장을 확보하고, 제주도를 아시아의 관광 허브로 개발한다는 비전을 내놓았다. 관광 제주의 꿈은 일제시대 박흥식으로부터 비롯된 것이다.

박흥식의 행보는 국제무역으로 이어졌다. 1939년 10월 무역 전문업체인 화신무역주식회사를 설립하고 해외 사정에 밝은 독일인 길다일과 일본인 이시가와(石川)를 위탁 고문으로 고용하여 동남아, 유럽, 아프리카, 미국, 방콕과 사이공까지 진출했다. 그가 해외에 내다 판 물건은 해산물과 운동화, 의약품, 사과, 명태, 간유 등이었다.123) 중국 시장 개척을 위해 톈진(天津)에 출장소를 설치했고, 일제의 거센 압력으로 조선비행기공업 등 군수산업에도 손을 댔다.

공교롭게도 민족자본의 대명사이자 한국을 대표하던 기업가 박흥식과 김연수는 정부 수립 직후 일제 식민통치에 협조한 죄로 반민특위(反民特委)에 끌려가 곤욕을 치르게 된다. 1949년 1월 8일 박흥식이 반민특위 1호로 체포됐다. 훗날 박흥식은 '일제에 대한 협력의 상징'으로 회자되던 조선비행기공업에 대해 다음과 같이 자신을 변호한 바 있다.

"조선비행기공장이 6억 원짜리, 지금 돈으로 치면 6억불에 해당되디요. 그 큰 공사를 7~8개월에 해치웠디요. 지금 울산에 세우고 있는 제5비료공장보다 더 피치를 올렸습네다. 내가 새벽 한시 두시에도 현장엘 나가구 했으니까. 그 때 나는 흥남비료공장을 하겠다고 버티었디요. 그래서 조선비행기공장이 일본 사람 예정보다 6개월이나 늦어졌는데, 이 공장 때문에 당시 유력한 인사들의 젊은 자제들이 수없이 징병을 면제 받았디요. 비행기공장을 세우기 전에 한국 사람들을 2800명이나 모집해 두었디요. 이 엄청난 징병 면제에 항의하는 일본 총독이나 군사령관에게는 '이것이 곧 전력증강'이라고 설득을 시키면서…. 지금 한국에서 이렇다 하는 엔지니어들은 조선비행기공장에서 일했고, 그래서 그들은 징병에 끌려가는 고통에서 벗어날 수 있었습네다."[124]

박흥식은 자신을 친일파라고 비판하는 여론에 대해 이렇게 술회한다.

"내가 친일을 했다, 친일파에 속하는 사람이다 하는 것은 아주 잘못된 견해다. 나는 한 번도 자신을 친일파로 생각한 적이 없다.

허지만 내가 격렬하게 배일(排日)을 하거나 항일(抗日)을 한 일이 없다는 것도 사실이다. 나는 나대로의 신념이 있어서 일체의 정치적 문제를 떠나 오직 사업에 열중했을 따름이다."125)

박동순은 박흥식이 평생을 통해 안 한 번도 공직에 앉거나 정치에 관여한 일이 없다고 말한다. 친일하던 많은 사람들이 다투어 일본의 작위를 얻으려고 갖은 교태를 부리던 일본의 전성시대에도 박흥식은 일본이 억지로 떠맡긴 중추원 참의 직함을 사절했고, 그들이 강권하던 귀족원 의원직마저 거들떠보지 않았다. 또 많은 인사들이 본의든 아니든 창씨개명을 했을 때에도 박흥식은 끝까지 창씨개명을 하지 않았다는 것이다. 126)

6·25가 터져 부산 피난생활을 하던 시절, 박흥식은 일본 수출입은행과 교섭하여 일본 대양어선 회사를 통해 600척의 중고 어선을 도입 해다가 수산업에 진출하려고 모든 준비를 마쳤다. 이 계획에 장기영 당시 한국은행 부총재가 찬성했고, 김훈 상공부장관, 백두진 재무부장관도 모두 동의했다. 그런데 이 계획은 이승만의 반대로 뜻을 이루지 못했다. 이승만은 "일본이 박 아무개를 통해 경제침략을 하려는 숨은 뜻이 있는 것 같다"면서 재가를 해주지 않았다. 127)

박흥식은 1958년 정부에 원자력발전소 건설을 제안하여 세상을 떠들썩하게 만들었다. 세계 최초의 원전이 건설된 것이 1955년 10월 영국이었고, 1957년 10월 소련에 실험용 원전이 건설되는 등 원전이 이제 막 걸음마를 시작한 초창기에 한국의 기업가가 원전

건설을 주장하고 나선 것이다.

박흥식의 원전 건설 제안은 박정희 시절에 꽃을 피우게 된다. 정부가 원자력발전소 1·2호기 건설 추진 과정에서 박흥식의 회사가 웨스팅하우스의 대리점을 맡아 1969년 6월 22일 웨스팅하우스의 가압냉각형(용량 60만kW) 원자력발전기 도입을 위한 매매계약을 성사시켰다.

산업보국(産業報國)

산업혁명과 자본주의의 고향인 영국에 '애국이란 말은 악당들의 마지막 핑계'라는 잠언이 있다. 이익이 남는다면 지옥이라도 마다않는 것이 자본의 속성이다. 기업의 절대 목표는 수단 방법을 가리지 않는 이윤창출이며, 애국이나 산업보국(産業報國)은 자신들의 행위를 미화하기 위한 허언(虛言)이란 뜻이다. 세계 산업사에 큰 족적을 남긴 유수의 기업들은 이 원칙에 충실했다.

그런데 해방 후 혼란기에 등장한 우리나라 기업가들은 자본주의 본향의 기업가들과는 약간 다른 궤적을 보였다. 이윤창출이란 대명제와 함께 애국애족, 산업보국이라는 국가관의 실천에도 적극 나선 것이다. 이것을 어떤 시각으로 봐야 할까. 이 질문에 대한 송인상의 답이다.

"우리나라 기업의 선구자로는 김연수, 박흥식, 이병철, 김용완, 구인회, 설경동, 전택보, 최태섭, 이정림, 정주영, 정재호, 김성곤,

이양구, 신덕균, 김지태 씨 등 여러 분들이 1950년대 한국 경제를 이끌어 갔던 주역이었습니다. 그분들의 한결같은 특징은 이윤창출을 최우선으로 하는 오늘날의 기업경영 방식과는 달랐어요. 그분들은 이윤창출 못지않게 애국애족과 산업보국이라는 국가관이 깔려 있었습니다. 우리나라 기업가의 효시를 이룬 분들은 조선시대의 선비와 같은 풍모를 지녔던 분들로 기억됩니다. 내가 정부 정책에 협조해 달라고 하면 기업가들은 이렇게 답했습니다.

'우리가 일제시대에 국산품 애용, 물산장려운동 하던 각오로 기업을 해야 된다. 나라가 잘되어야 기업도 산다. 나라가 잘 되면 우리 같은 회사는 망해도 얼마든지 다시 만들 수 있지만, 나라가 망하면 기업이고 뭐고 없다. 우리 같은 기업가가 물자를 더 열심히 만들어 국민생활에 도움을 주어야지, 돈 버는 데만 열중하면 국민들이 우리를 뭐로 보겠는가.'

초창기 기업가들이 가졌던 이런 사고방식은 우리가 소중히 이어가야 할 덕목이라고 생각합니다."[128]

그는 그 시절 정치인들도 기업가들과 비슷한 생각을 가지고 있었다고 회고했다.

"내가 제헌국회에 건국국채 발행에 관한 법안을 가지고 나가 설명을 했는데, 국회의원들이 '그걸 발행해 가지고 나라가 잘된다는데 우리가 반대할 이유가 없지 않소' 하면서 만장일치로 통과시켜 주었습니다. 그 시대를 살았던 분들은 새로운 독립국가 건설에 필요한 애국애족의 정신을 산업 현장이나 정치현장에서 실행하려고

무던히 노력했어요."129)

우리 기업가들의 애국적 일면을 상징하는 장면을 몇 가지 살펴본다. 해방 후의 혼란상은 노동계라고 예외일 수는 없었다. 좌익계는 해방과 더불어 조선노동자조합 전국평의회(약칭 전평)를 설립했고, 여기에 맞서기 위해 우익 측에서는 대한독립촉성노동총연맹(대한노총)을 만들어 대립했다. 전평은 1945년 11월 설립된 이후 1946년 9월에 총파업을 주도하는 등 강력한 조직력과 일사불란한 행동력, 압도적인 머릿수로 노동운동의 중심에 서게 된다. 전평 소속의 조직원들은 각 산업체에 침투하여 기업 활동을 방해하고 파업과 사보타지, 기물파괴, 경영진 퇴진운동을 벌이는 등 태풍의 눈으로 등장했다.

좌익계 노동운동이 일촉즉발의 위기감으로 다가올 때 기업가들은 이런 대응으로 맞섰다.

'하루는 고하(古下)130)로부터 동은(東隱)131)에게 전화가 걸려 왔다.

"김 군인가?"

"예."

"경성방직에 돈이 얼마나 있나?"

"돈 없습니다."

"여보게, 나라가 흥하고 망하는 일이야. 돈 있는 것 전부 거둬 바쳐."

송진우 씨의 전화는 거의 명령조였다. 그때 여운형 씨가 공산당의 농간에 날뛰고 있으니 고하는 몹시 다급했던 모양이었다. 고하는 내가 중앙학교 때의 제자였으니까 수당(秀堂)[132]이나 최두선 씨보다 좀 더 임의로웠던 모양이다.

　나는 이 일을 혼자서 해결할 수 없는 일이라서 수당에게 고하한테서 이런 내용의 전화가 왔다는 이야기를 들려주었다. 수당은 눈을 감고 조용히 혼자 생각하더니 "돈 쓰세. 정치자금을 내세. 나라가 이렇게 혼란에 빠지다가는 공산당의 수하에 들어갈 수도 있게 됐는데 경성방직보다는 나라가 더 중요하지 않은가" 하고 긴급 중역회의를 소집했다. 박흥식, 민규식, 최창학 씨 등 모두가 만장일치로 정치자금을 내기로 결의해서 수당은 그때 돈 300만 원을 재고품까지 모두 팔아서 냈다. 경성방직은 그 후 이승만이 미국으로 갈 때 여비가 없어 고생을 하자 100만 원의 정치자금을 댔다.'[133]

경방 사장 김용완의 '기워 입은 빤쯔'

　당시 경성방직이 고하 송진우에게 낸 정치자금 300만 원은 당시 환율로 계산하면 미화 20만 달러에 해당되는 거액이었다. 이 일화에 등장하는 수당 김연수는 1922년 그의 나이 27세 때 경성방직에 입사하여 1945년 12월 사장을 사임할 때까지 23년 간 단 한 푼의 월급도 받지 않았고, 퇴직금도 받지 않았다. 그는 자신의 경영관을 이렇게 밝힌 바 있다.

　'기업을 하는 사람이 다 같은 생각은 아니겠지만 나의 경우는 몇 가지 신조가 있다. 첫째는 이 사업이 민족적으로 필요한 것인가,

둘째는 영속성이 있고 발전성이 있는가, 세째는 그 종업원들이 그 보수로 생활할 수 있는가, 네째는 시설은 수명이 한계가 있으므로 투자에 대한 이윤을 검토해야 한다.'[134]

사회의 필요나 나라 잘 되는 일이라면 거금을 쾌척하고도 전혀 아까워하지 않는 것이 당시의 기업가들이었으나, 자신들을 위한 씀씀이에는 자린고비 같은 모습들이 곳곳에서 발견된다. 위의 일화에 등장하는 동은 김용완은 경방 사장 재직 시절 전경련 회원들의 추대로 전경련 회장을 여섯 차례 역임했는데, 성품이 술을 좋아하여 저녁 모임은 대개 재담으로 시작하여 재담으로 끝나 웃음바다가 되곤 했다. 김입삼(전경련 상임고문)의 회고다.

'저녁 모임이 벌어질 때면 김용완 회장의 속옷, 그 중에서도 빤쯔가 도마 위에 종종 오른다. 젊은 시절 술자리에서 김 회장을 자주 모시다가 후에 한식집 주인이 된 중년의 마담이 먼저 입을 연다.

"김 회장께서는 옛날에는 곧잘 바지를 벗고 노셨는데 오늘 저녁에도 한 번 벗어보시겠어요? 아직도 기운 빤쯔를 입고 계신가 어디 봅시다."

방 안의 모든 손님이 들으라는 듯 마담은 큰 소리로 계속한다.

"글쎄 경방은 우리나라 제일가는 광목을 만드는 회산데 그 사장님이 기운 빤쯔를 입고 다니셨으니, 여러분 믿을 수 있겠어요?"

"아니, 빤쯔 기워 입은 게 어때서? 내가 기웠나? 마누라가 기 쓰고 꼬매 주니까 그냥 입어준 거지."

김 회장은 더 큰 소리로 항변 아닌 항변을 한다. 어찌된 일인지

김 회장께서 새 옷 한 벌 반듯하게 입고 계신 모습을 뵈온 기억이 안 난다. 10년 내지 20년은 족히 돼 보이는 유행이 지나도 한참 지나간 양복만 입고 다니셨던 것으로 기억된다.'[135]

김용완의 손 위 처남이자 경성방직을 창업한 인촌 김성수는 거부의 아들이지만 어떻게나 물건을 아껴 쓰는지 한약을 달여 먹고 나선 남는 약봉지를 모아서 노끈을 꼬아 쓰고 종이 부스러기 하나 버리지 않는 성미였다.[136]

삼성그룹의 창업자 이병철은 해방 후의 혼란상을 경험하면서 사업에 투신하기로 결심하는 장면을 다음과 같이 설명하고 있다.

'이제부터는 자주독립국가의 경제 건설에 응분의 소임을 다해야 한다. 민생의 안정에는 경제 질서의 확립이 선행되어야 하고, 정상적인 경제활동의 보장을 위해서는 정치 안정이 불가결하다. 그 정치의 안정을 확고하게 만드는 기반은 우선 경제의 안정에 있고, 거기에 수반하여 민생도 안정된다. 민생과 경제와 정치는 삼위일체의 것이어서 서로 적절하게 보완 결합되어야 국가 사회의 발전이 비로소 약속되는 것이다.

참으로 당연하고도 평범한, 그러나 매우 중요한 이 진리를 깊이 터득하게 되었다. 무릇 사람에게는 저마다 능력과 장점이 있다. 그것을 최대한으로 발휘할 수 있는 길을 찾는 것이 국가와 사회에 대한 봉사이자 체험이 아닐 수 없었다. 자신의 국가적 봉사와 책임은 사업의 길에 투신하는 것이다. 이와 같은 각성은 그 후 기업을 일으키고 그것을 경영하는 데 있어 일관된 나의 기업관이 되어

왔다.'[137]

"나라가 잘 되어야 사업도 잘 된다"

이병철의 국가 우선주의적 발언들은 그의 어록집 《호암어록》을 비롯해 각종 인터뷰에서도 발견된다. 그 중 대표적인 발언 몇 가지를 소개한다.

"모든 것은 나라가 기본이 된다. 나라가 잘되고 강해야 모든 것이 잘된다. 따라서 무역을 하든 공장을 세우든 나라에 도움이 되는 것이 결국은 그 사업에도 도움이 된다. 그러니까 참다운 기업인은 보다 거시적인 안목으로 기업을 발전시키고 국부 형성에 이바지하도록 해야 한다. 이것이 바로 참다운 기업가 정신이다. 패전 일본을 돌아보면서 나는 이런 생각을 하게 되었다."[138]

"1950년 6월 25일 북괴 남침으로 회사의 모든 재산은 북괴 손으로 넘어갔고, 무일푼이 된 것입니다. 6·25 사변을 직접 체험하고 보니 공산주의가 책에서 보던 것과 선배, 동료들에게 듣던 것과는 너무나 차이가 있었습니다. 도저히 인류 사회에서는 있을 수 없는 사회였습니다. 그 때 자유민주주의와 국가가 얼마나 소중한가를 새삼 깨닫게 되었고, 내 인생관도 바뀌었습니다. 국가가 있고 나서야 사업도 있고, 가정도 있다고 생각하게 되었습니다."[139]

"반도체사업을 하기로 확정한다. 어디까지나 국가적 견지에서 우선 삼성이 먼저 한다. 삼성의 이익만을 생각해서 하는 것이 아니다. 뒤이어 컴퓨터를 한다. 이 역시 국가적 견지에서 하는 것이다. 이익을 확보하고, 두 가지를 병행해서 추진하기로 오늘 선언한다."[140]

이병철이 '사업보국'을 실천적 지침으로 깨닫게 된 계기는 해방과 그 후의 혼란을 경험하면서부터로 추측된다. 그는 일제 때는 장사나 하여 돈이나 벌면 된다는 생각이었지만 해방 후 혼란을 겪어보니 역시 국가가 있고 사회질서가 잡혀야 모두 안심하고 생업에 종사할 수 있겠다는 생각이 들었다고 한다. 이병철의 토로를 들어본다.

"8·15 해방이 되자 사방에서 독립단체가 나오고 경제는 파탄에 이르고 전국적으로 혼란이 일어났습니다. 그 때 과연 독립이란 어려운 것이구나 하고 느꼈습니다. 모두들 정치를 한다고 야단이었습니다. 나는 곰곰이 생각해 본 결과 사업을 통해 나라 경제에 이바지하는 것이 바로 나라를 위하는 가장 좋은 길이라는 생각을 갖게 되었습니다. '사업보국', 이 신념은 지금도 변함이 없습니다."[141]

누구나 태어날 때는 빈손으로 태어나지만 살아가며 축적하는 승리와 성공, 실패와 좌절은 천태만상, 천차만별이다. 훗날 재벌의 반열에 오른 기업가들도 그 출발은 몹시 초라했다. 이 나라가 처했던 가혹한 역사와 운명은 다른 나라처럼 민족자본이나 상업자본을 축적할 기회를 변변히 제공하지 못했던 때문이다.

그들은 일제치하에서 대부분 정미소나 쌀가게, 식료품 판매, 양조장, 포목상으로 사업의 첫 문을 나서는 모습들이 발견된다. 백화점 왕 박흥식은 쌀장사로 모은 돈으로 인쇄소를 차렸고, 이어 백화점 업에 뛰어들었다. 이병철은 정미소와 운수업, 김해평야 땅 투기, 설경동은 미곡상에서 출발해 수산업에 진출했으며, 훗날 대한전선을 창업한다.

해방 후 최초의 재벌 칭호를 얻었던 태창의 백낙승과 락희(오늘날의 LG)의 구인회는 포목상, 동양그룹의 이양구는 과자와 식료품 판매상 출신이다. 이들은 해방 전후엔 구멍가게 정도의 영세성을 면치 못했지만 '사업으로 국가에 보답한다'는 사업보국 정신만큼은 이병철과 다르지 않았다. 이처럼 독특한 한국의 기업가 정신이야말로 다른 나라 기업가들에게서는 발견하기 힘든, 우리나라 1세대 기업가들에게 공통적으로 발견되는 덕목이다.

정크무역 개시

슘페터가 지적한 대로 새로운 상품의 도입이나 새로운 생산 방식의 도입, 새로운 시장의 개척에 천재적 안목을 가진 기업가들은 해방과 분단의 혼란을 새로운 도약의 기회로 삼았다. 그들은 중국과의 무역에 뛰어들어 극심한 물자부족에 시달리던 국내에 생필품과 원자재를 공급하는 역할을 하게 된다.

해방 직후 개시된 정크무역은 중국의 톈진(天津), 다롄(大連), 칭다오(靑島) 등지에 주둔했던 일본군의 군용 창고나 일본 상사의 창고에 보관 중이던 농산물과 화공약품, 공산품과 생필품 등을 비공식 루트를 통해 한국으로 실어오는 것이었다. 물자대금으로는 오징어와 말린 새우, 미역, 한천, 인삼 등을 실어 내갔다. 말하자면 물물교환 형태의 원시적 무역이었는데, 생산 활동이 마비되어 물자가 부족했던 시절이라 무역업자들은 10배가 넘는 노다지 장사로 큰 재미를 봤다.

전택보의 회고에 의하면 당시 정크 무역선은 거의 모두 중국의 칭다오 방면에서 왔다. 중국 상인들이 우리가 필요하다고 생각되는 물건을 정크선에 가득 싣고 인천으로 왔다. 군산과 목포로 온 것도 있었지만 산둥(山東)반도에서 가깝고 소비지인 서울과 가까운 인천을 선호했다.[142]

정크 무역선이 인천에 들어왔다는 소문이 퍼지면 서울에 있는 무역상들이 줄을 지어 인천으로 달려갔다. 인천 중앙동과 해안동 일대 중국음식점은 정크를 몰고 온 화상(華商)과 우리나라 무역상들로 성시를 이루었다. 무역상들은 이곳에서 며칠씩 묵으며 화상들에게 극진한 대접을 해 가며 상담을 하고 물건을 샀다. 전택보의 회고다.

'더러는 서울에 와서 묵는 화상들도 있었다. 누가 왔다는 소문만 나면 먼동이 틀 무렵부터 명함을 내 놓고 만날 차례를 기다리는 우리나라 상인들이 줄을 이었다. 이러니 화상들의 콧대가 오죽이나 높아졌을까. 국제시세고 뭐고 알 턱이 없는 판에 팔 사람보다 살 사람이 엄청나게 많으니까 달라는 게 값이 될 수밖에. 전체적으로는 억울한 무역이었다.'[143]

정크무역은 근본적인 문제를 노정하고 있었다. 당시엔 일본인 자본과 기술자들의 철수로 원자재가 고갈되고 생산시설에 대한 유지 보수가 어려워지면서 공장 가동이 중단돼 극심한 물자부족에 시달리고 있을 때다. 이 상황에서 미 군정은 1946년 1월과 5월에 '대외무역규칙'을 공포하여 민간의 대외무역과 재산의 반입 및 반출을 금지하고 정부의 직접관리 및 통제 하에 두었다. 미 군정이 무역을 금지시키자 밀무역이 극성을 부리기 시작했다. 해방 후 벌어진 정크무역은 정부의 허가를 받지 못한 밀무역이었다.

정크무역이 번창했던 시기는 해방 후부터 약 1년 반 정도다. 이 시기에 가장 활발하게 움직인 기업가는 박흥식이었다. 박흥식이 운영하던 화신무역은 유럽과 아프리카, 동남아에까지 진출했고 중국 시장을 개척하기 위해 텐진에 출장소를 설립했다.

마카오 홍콩 무역 열려

정크무역은 중국 대륙이 적화되면서 쇠퇴하기 시작했다. 이 와중인 1947년 3월 17일, 홍콩에 살던 남일성이란 한국 청년이 마카오에서 영국의 무역선 페어리드 호를 끌고 인천항에 입항하면서 마카오무역 시대가 열렸다. 마카오 무역은 정크 무역과는 달리 양국 정부가 용인하는 합법적인 무역이었다. 포르투갈령이던 마카오 정청이 한국으로 가는 물자에 수출 승인서를 발급해 준 것이다.

소규모 정크선만 상대했던 우리 상인들은 2000톤의 어마어마한 화물선에 가득 실린 생고무, 양복지, 신문용지, 일상생활에 필요한 각종 잡화 등을 보고 놀랐다. 이때도 역시 거래방식은 물물교환이어서 돌아갈 때는 일본인들이 캐두었던 중석, 몰리브덴, 아연 등의 비철금속 원광석과 마른 오징어, 해삼 등의 수산물을 싣고 갔다.[144]

그 다음부터는 홍콩에 살던 이순우라는 청년이 자주 들어왔는데, 그 해 여름에는 마카오 무역선이 부산으로 오기 시작하면서 부산이 인천 못지않게 활기를 띠기 시작했다.

마카오가 한국과의 무역으로 막대한 이득을 보고 있다는 사실을 알게 된 홍콩 정청도 한국행 화물에 수출허가서를 발급해줌에 따라 이번엔 홍콩 무역이 등장한다. 1947년 8월에 홍콩 무역선 아이비스 호가 부산에 입항하여 홍콩 무역 시대가 열렸다. 홍콩 무역은 일방적으로 홍콩 선박만 물건을 싣고 들어온 것이 아니라, 우리나라 무역선도 화물을 싣고 홍콩을 드나들기 시작했다. 박흥식은 1948년 4월, 조선우선(郵船)에서 2000톤 급 화물선 앵도환(櫻島丸) 호를 빌려 해산물과 홍삼, 한천, 흑연 등을 싣고 태극기 휘날리며 홍콩 항에 입항했다.[145]

해방 후 화려하게 진행됐던 일련의 정크무역, 마카오무역, 홍콩무역은 국내에 부족한 물자의 공급이라는 선기능을 했지만 숱한 문제점도 남겼다. 이대근의 연구에 의하면 1946년 한 해 동안 300여 척의 정크선이 인천항에 입항했다. 그런데 정크무역으로 원자재나 생산재, 공장설비도 일부 반입됐지만 거의 대부분은 고가의 사치품 소비재의 반입이었다. 이런 물품들이 국내시장 교란, 국내 산업생산을 위축시켜 경제적 혼란을 가중시키는 역기능도 있었다.146)

두 번째는 정크무역, 마카오와 홍콩 무역은 화상(華商)들이 주도권을 쥐고 있었다는 점이다. 당시 통계에 의하면 미 군정기 무역에서 화상들의 비중이 85%로 압도적이었고, 한국 무역상은 15%에 불과했다. 한국 무역상은 자본 규모나 영업활동 면에서 화상들과 경쟁하기 어려워 그들의 활동을 보조하는 중개인 역할에 불과했다.147)

돌아오지 못한 비운의 무역선 앵도환 호

그 시절 특기할 만한 무역은 남북무역이었다. 1947년 5월, 북한에 주둔하고 있던 소련 군정은 미 군정에 북한이 남한에 공급한 전력요금으로 400만 달러 상당의 기계와 전기용품, 기타 물자를 요구해 왔다. 이를 계기로 군정 당국은 그 동안 금지시켰던 남북 물자교류를 허용했다. 그 선봉에 선 인물이 일제시대부터 화신무역을 통해 국제무역을 해 온 박흥식이었다.

1948년 5·14 단전으로 호된 시련을 겪은 직후 우리 정부는 북한과 송전 재개를 위한 교섭을 벌였다. 정부는 이를 위해 단전 이후 중단해 온 남북교역을 재개하기 위한 획기적인 계획을 발표하자 박흥식이 전면에 나서게 된다. 박흥식은 면사와 유황 등의 물자를 보내고, 그 대가로 북한에서 생산된 질소비료를 받기로 하고 앵도환 호를 흥남으로 출항시켰다.

그런데 앵도환 호가 출항한 직후 정부는 반민특위를 구성하여 박흥식을 구속했다. 이렇게 되자 북한은 흥남 항에 입항한 앵도환 호를 '반동의 재산'이라면서 압수하고 선원들만 석방시켰다. 앵도환 호는 끝내 돌아오지 못한 비운의 선박이 되었고, 이 사건을 계기로 남북 교역은 완전 중단됐다.[148]

당시 상공부장관이었던 임영신은 박흥식이 제안한 남북교역에 대해 "선박과 물건을 모두 빼앗기고 비료도 절대 들여오지 못할 것"이라며 반대했으나 국무회의에서 표결 결과 6 대 5로 가결되어 배가 출항했다가 박흥식이 변을 당했다고 회고한다.[149]

여러 가지 부작용에도 불구하고 무역업이 공전의 호황을 기록하면서 다수의 기업가들이 무역업에 뛰어들었다. 당시는 무역업에 관여하지 않으면 재계에 얼굴을 내밀 수가 없을 정도였다. 훗날 한국의 재계를 주름잡는 재벌들은 거의 대부분 이 무렵 무역업에서 비즈니스 감각을 터득하게 된다.

정크무역이 탄생시킨 기업가가 조중훈이다. 서울에서 태어난 조중훈은 어린 시절부터 재봉틀이나 유성기 같은 기계들을 분해하고 결합하는 특별한 재주가 있었다고 한다. 집안이 몰락하여 다니던 휘문학교를 중퇴한 조중훈은 해양대학교의 전신인 해원양성소 기관과에 입학했다. 해원양성소를 졸업한 그는 일본 고베의 군수산업체에 취업, 2등 기관사 자격증을 취득하고 중국과 동남아

를 두루 돌아다니며 세상 구경을 했다. 이 때 그는 사업가의 꿈을 키웠다.[150]

1943년 사업의 꿈을 안고 귀국한 그는 이연공업사를 차리고 엔진 재생, 용접, 기계 수리업을 시작했다. 그러나 회사는 1년이 안돼 문을 닫았다. 회사가 보유하고 있던 기계들을 일제가 군수지원 명목으로 징발해 갔기 때문이다. 설상가상으로 징용 영장이 떨어지자 조중훈은 징용을 피하기 위해 용산의 군수품 공작창에 들어가 자동차 운송부 관리직원이 됐다.

해방이 되자 조중훈은 트럭을 한 대 구입하여 인천에 한진상사란 운송 겸 무역회사를 차리고 경인(京仁)가도를 왕래하는 운수업에 뛰어들었다. 당시만 해도 운수업은 천한 사업이라 하여 경쟁자가 별로 없었다. 이병철의 회고에 의하면 당시 트럭 한 대의 가격과 가치는 요즘의 점보제트기 한 대와 맞먹을 정도였다고 할 때다.

그 무렵 정크무역이 활기를 띠기 시작했다. 정크선을 통해 들어오고 나가는 물자가 늘어나면서 인천과 서울을 오가던 화물트럭업자인 조중훈이 덩달아 호황을 누리게 됐다. 사업이 날로 확장되어 트럭 30대, 물자 운반선 10척으로 늘었다. 그는 정크무역의 호황을 타고 큰돈을 벌어 훗날 한진그룹, 대한항공을 설립하게 된다.

귀속재산의 향방

무역에 이어 해방 후 자본축적의 또 하나의 기회는 일본인들이 남기고 간 재산, 즉 귀속재산 불하였다. 일제 강점기 우리나라의 주요 산업시설은 80~90%가 일본인 소유였고, 그 중 70%가 북한에 위치하고 있었다. 조선은행 조사부 자료에 의하면 해방 후 공업부문에서 일본이 차지하는 비중은 공장 수에서 85%, 자본금에서 94%로 조사되었다.

일본은 1930년대 말 중일전쟁을 일으킨 직후 산업통제법을 발표하여 자유경제 하에 있던 경제를 통제경제로 전환시켰다. 이렇게 되자 일본기업들은 본토보다 통제가 느슨한 한반도로 진출해 왔고, 태평양전쟁 말기에는 미군의 폭격을 피해 다수의 산업시설을 한국에 소개했다.151) 이런 이유 때문에 해방 당시 남한에는 기업체, 주택, 부동산 등 29만 4167건의 귀속재산이 남아 있었다.

해방 직후 민족기업이라고는 경성방식을 비롯하여 천일고무, 경성고무 등 5~6개 사에 불과했고, 나머지는 일본인들이 운영하다 남겨두고 간 기업들이었다. 미 군정청은 주인 없는 일본 기업들에 재산관리인을 두어 관리했다. 그런데 관리인 임명을 둘러싸고 추잡한 암투와 혼란이 빚어졌다. 관리인은 대부분 미 군정요원들의 통역업무를 하던 사람들의 친인척이나 그들이 추천한 사람들로 임명되었는데, 이는 '통역을 통한 일제 유산의 쟁탈전'이란 비판을 들을 정도로 원칙 없이 진행됐다.

해방 직후 항간에는 4병신이란 말이 떠돌았다. 첫째, 서울에 있으면서 일본인 가옥 한 채 못 얻은 사람. 둘째, 중국에서 살다 온 사람치고 장군 못 된 사람. 셋째, 미국에서 공부하고 박사 못 된

사람. 넷째 해방 후 감투 못 쓴 사람.[152]

서울에서는 적산 점거 붐이 일어났다. 일본인이 살던 빈 집은 누구를 막론하고 먼저 들어가 살고, 빈 집이 아니면 일본인과 타협하여 우선 방 하나 차지하고 살다가 일본인이 퇴거하면 가로채는 수법이었다.[153]

귀속재산을 둘러싸고 혼란이 빚어진 것은 일본인들이 남기고 간 재산은 적의 재산, 즉 적산(敵産)이니 아무렇게나 차지해도 문제될 것이 없다는 인식이 퍼져 있었기 때문이다. 미 군정 당국이 일본인 재산을 체계적으로 관리하지 못하자 너도나도 나서서 일본인 집이나 공장에 몰래 들어가 집기나 재물, 원료나 물건을 멋대로 빼돌리거나 강탈해오는 사람들도 있었다.[154] 박정희 대통령은 5·16 군사쿠데타 후 귀속재산 문제와 관련하여 다음과 같이 비판적인 시각을 밝힌 바 있다.

'국가관리기업[155]의 운영은 굶주린 사자 앞에 내던져진 토끼 격으로 탐욕스러웠던 구(舊)정치인들의 부패상을 여실히 보여주는 실증이라 할 것이다. 그들은 자기 수하의 관리인을 임명한다. 말하자면 하수인을 두고 그 하수인으로 하여금 영좌의 대가를 상납 받는다. 경제재건이나 그 의욕은 찾아볼 길조차 없고, 정권이 바뀔 때마다 관리기업체 주변은 시장화 하였고 차마 눈뜨고는 볼 수 없을 수많은 추태가 벌어지고 갖가지의 희비극이 공연되었음은 국민제위가 직접 목격한 바가 있으므로 생략하기로 한다.'[156]

문제가 심각해지자 군정청은 군정법령으로 적산이란 용어 대신

'귀속재산'으로 명명했다. 얼마 후 귀속재산을 민간에 불하하거나 일부는 해체하기 시작했는데, 이 과정에서 주로 재산관리인들이 귀속 기업체의 새 주인으로 등장하게 된다.

모리배 등장

해방 전까지 일본군은 전쟁 수행을 위해 한반도에 상당량의 군수물자를 비축했다. 미 군정이 이를 접수하여 보관하던 부서가 물자영단이었다. 물자영단 책임자인 미군과 교섭이 잘 되어 물자를 불하 받아 시중에 팔면 하루아침에 불하대금의 몇 배를 벌 수 있었다. 소문이 나면서 물자영단 사무실은 장터나 다름없었고, 물자영단에 근무하는 미군들은 밤이면 납치당하듯 사방에서 향응 초대를 받았다. 이 시기에 정당하지 못한 수법으로 돈을 버는 사람들을 지칭하는 '모리배'라는 용어가 등장한다.

해방 직후 군정청 은행검사관으로 근무했던 나익진[157)]은 군정하 약 3년 동안 우리 국민은 타락할 대로 타락했고, 지금까지 가장 큰 두통거리로 남아 있는 부정부패의 싹이 이때부터 시작됐다면서 이렇게 개탄한다.

'실업가로 근검절약해서 자본축적을 하는 것보다는 권력을 가진 지도층이나 관사와 잘 결탁이 되면 쉽사리 큰돈을 벌 수 있다는 악습을 그때부터 배우기 시작한 것이니, 우리나라를 해방시켜주고 그 동안 경제건설을 도와준 것이 미국임에는 틀림없다고 감사하지만, 그와 동시에 우리나라에 고치기 어려운 고질을 남겨준 것도 미 군정이었음을 누구도 부인하지는 못할 것이다.'158)

김대환의 연구에 의하면 미 군정청은 정부 수립 전까지 513개의 기업체를 포함하여 모두 2258건의 귀속재산을 불하했다. 나머지는 정부 수립과 더불어 '대한민국 정부 및 미국 정부 간의 재정 및 재산에 관한 최초협정' 제5조에 의해 모두 한국 정부에 이양했다. 한국 정부는 1948년 12월 대통령령으로 임시관재총국을 설치했으며, 1년 후인 1949년 12월에 '귀속재산처리법'을 제정하여 귀속재산 불하를 시작했다. 159)

그런데 이 법 제19조에 의하면 귀속재산 매각을 할 때 납부금을 최고 15년 동안 분할 납부 할 수 있도록 되어 있었다. 게다가 귀속재산의 정부 사정 가격이 시가의 4분의 1에서 3분의 1 수준에 불과했다. 160)

당시엔 인플레가 극심해 귀속재산 취득 대금을 장기분할 상환할 수 있도록 규정한 조항은 불하 받는 사람 입장에선 거의 무상이나 다름없었다. 이 때문에 일본인이 남기고 간 귀속재산 불하는 국내에서 기업 형성의 결정적 요소로 작용하게 된다. 귀속재산으로 기업을 일군 사례 몇 가지를 소개한다.

▲일본의 기린맥주는 영등포에 소화기린맥주 회사를 설립했는데, 박승직 상점의 후계자 박두병이 이 회사 관리인에 임명되면서 이 회사의 주인이 됐다. 이 맥주회사를 토대로 오늘날 두산그룹이 일어서게 된다.

▲국내에 화약을 독점 공급하던 조선유지는 이 회사에 근무하던 유일한 한국인 김종희가 관리인이 되어 오늘날의 한화그룹을 일구는 원천이 되었다.

▲수원에 위치해 있던 선경직물은 이 회사 기계주임 최종건이 자치위원장 자격으로 연고권을 얻어 오늘날 SK그룹의 출발점이 된다.

▲국내 맥주기업의 원조인 삿포로비루는 여흥 민씨의 후예인 민덕기에게 넘어갔다. 그는 이 맥주회사를 인수하여 조선맥주로 사명을 바꾸었다. 후에 크라운맥주, 하이트맥주로 이름을 바꾸어 오늘날에는 국내 최대 규모의 양조 관련 기업으로 성장한다.

▲대구에서 양말 공장을 운영하던 정재호는 이기붕이 불하받아 그의 친척에게 맡겼던 구레하방직, 강일매가 불하받은 조선방직 부산공장을 인수하여 대전방직, 조선방직으로 성장시켰다.

▲해방 전 소규모 공장을 운영하던 김지태는 아사이견직의 관리인이 되어 전국에 흩어진 제사공장을 인수, 국내 최대의 생사(生絲) 메이커로 키웠다.

▲일본인이 운영하던 영강제과에 근무하던 한국인 민후식, 신덕발, 박병규, 한달성은 이 공장을 불하받아 해태제과로 성장시켰다.[161]

귀속기업체 중 겨우 50여 개만 생존

귀속재산을 발판으로 거대기업을 일군 김성곤의 사례를 소개한다.

김성곤은 경북 달성군 낙동강변이 고향이다. 그는 고교 시절 신문배달을 3년여 했는데, 당시 경험이 훗날 동양통신이란 통신사를 설립하는 계기가 된다. 보성전문(오늘날의 고려대) 상과를 졸업한 김성곤의 첫 직장은 상공은행 대구지점이었다. 재학 시절 유도부 주장을 맡을 정도로 활달한 성격의 김성곤에게 은행원 직업은 체질에 맞지 않았는지, 2년 만에 사표를 내고 1941년 처가와 합자하여 대구에 삼공유지라는 소규모 비누공장을 차렸다.

물자가 부족하던 시절이라는 특수 상황에서 비누는 시장에 내놓기 바쁘게 팔려나갔다. 사업이 승승장구하여 돈을 주체할 수 없을 정도였는데, 그 시절 김성곤은 금덩어리를 사서 부엌 바닥을 파고 묻을 정도였다. 큰돈을 번 김성곤은 비누공장을 처분하고 일본인들이 놓고 간 방직기를 불하받고, 안양에 있는 조선직물공장 구내 일부를 임대해서 금성방직을 설립했다.

해방 후 사회가 혼란한 틈을 타 적색분자들이 노동자들을 선동하여 연일 노사분규가 일어났다. 가동 중인 공장들도 노사분규로 골치를 앓았다. 금성방직도 노사분규로 홍역을 앓다가 겨우 진정이 되는가 싶더니 6·25가 터졌다. 전쟁의 와중인 1950년 8월 6일 공장이 폭격을 맞아 잿더미가 되고 말았다.

그 무렵 남한의 방직공장은 부산에 조선방직, 대구에 삼호방직과 내외방직, 대한방직의 전신이 있었고, 광주에 전남방직, 인천에 동양방직, 서울에 경성방직, 그리고 안양에 금성방직이 있었다. 한국경제를 재건하기 위해 활동을 개시한 유엔한국부흥단(UNKRA)은 38선에서 멀리 떨어진 전남방직에는 원조자금을 많이 배정했다. 그러나 안양의 금성방직은 폭격으로 공장이 크게 부서지고 불에 탄 데다가 38선에서 가까운 곳에 위치하고 있다 하여 원조계획에서 제외시켰다.

김성곤은 운크라 관계자를 수차례 만나 원조자금을 공평하게 사용해 줄 것을 설득하여 마침내 운크라로부터 원조자금을 배정받았다. 김성곤은 이 자금으로 영국제 방적기와 일본제 기계를 도입하고 파괴된 공장을 복구하여 재기에 성공한다. 금성방직을 자금줄로 하여 김성곤은 시멘트 사업에 도전, 쌍용그룹을 일구었다.

이런 사례에서 보듯 귀속재산을 불하받아 하루아침에 벼락부자가 된 사람, 신흥재벌로 등장한 사람들도 있지만 불하된 귀속재산 기업이 현재까지 명맥을 이어온 것은 겨우 40~50여 개에 불과하다. 귀속재산 불하 과정에서 그 기업이 사느냐 죽느냐의 핵심은 관리인의 선정이었다. 이대근은 유능하고 자격 있는 사람이 관리인으로 선정되었어야 하나 단순히 연고권자, 경력자, 약간의 재산을 보유한 자산가, 외국어 가능자 등이 관리인에 임명된 사례가 많았다고 지적한다.[162]

많은 귀속재산 기업들이 원료난, 전력난, 자금난, 기술난에 시달리다가 관리인의 능력부족과 관리부실로 흔적도 없이 사라졌고, 일부는 6·25 전쟁 중에 파괴되어 쇠퇴의 길을 걸었다. 주인을 잘못 만난 귀속기업은 관리인 임명과 동시에 기계나 원료를 매각하거나, 토지와 건물을 팔아먹는 바람에 흔적도 없이 사라진 사례도 부지기수였다.

북한만도 못했던 귀속기업 관리

이처럼 부적격 관리인들의 손에 맡겨진 귀속재산 사업체가 속속 문을 닫게 된 통계수치는 1947년 군정 당국의 조사에서 발견된다. 1944년 6월에 9323개였던 전국의 사업장이 1946년 11월에는 5249개로 43.7%가 사라졌다. 이 기간 동안 사업체에서 일하던 노무자 수도 30만 1000명에서 12만 2000명으로 무려 59.4%나 감소했다.[163]

이대근은 미 군정의 귀속재산에 대한 정책적 과오로 인해 식민지 유산으로 물려받은 산업시설이 우리 정부에 이관되기도 전에 상당수가 파괴 훼손되는 결과를 가져왔다고 안타까워했다. 떠나는 일본인 기술자를 붙잡아놓고 기술 지도를 받을 생각은 고사하고, 하루빨리 그들을 쫓아내고 그들이 남기고 간 재산을 먼저 차지하는 데만 혈안이 된 것이다.[164]

일본인들이 경영하던 기업들은 경영이나 기술 방면에서 책임 있는 자리는 조선 사람을 절대 배치하지 않았다. 해방이 되어 일본인들이 떠나면서 귀속기업체 인수를 받았지만 우리가 이를 경영할 능력이나 기술이 없었다. 이 상황에서 민족감정이 앞서 일본인을 무조건 쫓아내고 공장을 차지하기에 바빴다.

홍재선[165]은 그 때 어떤 지도자든 냉정하게 판단하여 35년이나 조선을 착취한 대가로 일본 기술자들을 일시적으로 억류시켜놓고 공장을 가동시켜 조선 사람들이 기술을 전수받도록 했다면 우리의 경제발전은 적어도 10~15년은 앞설 수 있었을 것이라고 아쉬워했다.[166] 박병윤(전 국회의원)도 두 사람과 비슷한 입장을 밝히고 있다.

'참으로 안타까운 과거였다. 우리보다 훨씬 못한 후진국들도 식민주의자들이 남기고 간 산업시설은 잘 키워냈다. 인도, 싱가포르, 타이…. 중국 공산주의자들도 예외가 아니었다. 역사에 가정이 성립될 수 있다고 할 때 귀속재산 불하와 토지개혁을 링크시켰더라면 틀림없이 오늘 우리 경제의 좌표는 크게 달라졌을 것이다.'[167]

김대환도 귀속재산 불하 과정이 정상적이지 못했다는 점을 다음과 같이 지적했다.

'귀속재산 불하는 원래는 자유기업주의를 지향한 것이었으나 실제 불하는 정치권력과의 밀접한 관련을 가지고 있는 특정인에게 이루어지고 일반 공매에 의한 것은 몇 건에 지나지 않았으며, 그것마저 이면공작에 의하여 조작되었다. 또한 실세에도 못 미치는 저렴한 가격으로 불하된 데다가 당시의 급속한 인플레 하에서 장기분할 납부가 허용됨으로써 실제로는 거의 무상이었다고도 할 수 있다. 뿐만 아니라 불하대금마저 특혜융자로 메꾸어짐으로써 자기자본·축적이 없는 상황 하에서 귀속재산 불하는 건전한 민족자본 형성이 아니라 소규모적이나 중소기업에 의하여 육성되고 있던 민족자본을 소멸시키는 재벌형성의 최초의 중요한 물질적 토대가 되었다.'[168]

반면에 북한은 귀속재산의 보존에 관한 한 우리보다 훨씬 현명하고 냉정하게 대처했다. 북한은 해방 후 일본인 기술자들을 억류시키고 그들에게 신생 민주조선 건설에 대한 협력을 요구했다. 일본인 기술자들은 자신들이 몸담고 있던 공장이 정상적으로 운영될 수 있도록 적극 협력했고, 북한 근로자들에게 기술 지도를 아끼지 않았다. 이렇게 북한에 잔류한 일본인 기술자는 흥남질소비료공장에서 140명 등 868명이었다.

북한은 일본 기술자를 억류시키는 정책과 함께 남한 기술자 유치작전도 전개했다. 황해도 풍천 출생으로 서울공대의 전신인 경성공업전문학교 출신인 오원철은 분단 후 많은 동창생들이 월북했고, 또 전쟁이 한창일 때 이승기[169]를 비롯한 공대 교수들(주로 화학공학 전공자들)이 많이 월북했다고 증언한다.[170]

북한은 일본인 기술자들을 붙잡아 두고 기술을 전수받은 덕에 산업시설이 정상 가동되어 파괴와 약탈을 면했다. 일본인 기술자들에게 기술지도와 노하우 전수를 받은 북한 근로자들 덕분에 북한은 1950~60년대 아시아에서 일본에 이어 두 번째 산업국가 지위를 유지했고, 남한보다 산업이 앞서 나갔다. 남북 간에 경제력이나 산업력에서 역전 현상이 벌어진 것인 경제개발 5개년계획에 의해 우리가 산업화의 기틀을 다진 1974년 무렵이다.

보세가공무역의 선구자 전택보

정크무역, 마카오무역, 홍콩무역이 개시되면서 기업가들은 새로운 세계로 눈을 돌리기 시작했다. 글로벌 차원의 기업 활동에 뛰어드는 과정에서 보세가공 아이디어를 얻어 훗날 원자재를 도입 해다 가공하여 수출하는 '수출입국'의 경제성장 패러다임을 제시하기도 했다. 그 선구자가 천우사[71]의 전택보다.

함경남도 문천군이 고향인 전택보는 어린 시절에 부친을 따라 북간도로 이주, 용정에 있는 영신학교 고등과를 졸업했다. 일본 유학을 떠난 그는 고베고상(高商)에 진학, 1930년에 우등으로 졸업한 후 미국의 내셔널시티은행 고베 지점에 한국인 최초로 입사했다. 이듬해인 1931년 귀국한 전택보는 고향에서 금융조합을 설립하여 운영했다. 금융조합 이사로 5년여 활동하면서 "함경도에 뛰어난 인재가 있다"는 입소문이 조선일보 창업자 방응모의 귀에 들어갔다. 그는 방응모의 권유로 상경하여 조선일보 서무국장을 맡게 된다.

그것도 잠시, 전택보는 만주 용정에서 잣, 쌀, 소 등을 매매하여 자본을 모은 후 내몽고의 치치하얼에서 정미소를 운영하여 만주 쌀과 조를 본국으로 내다 팔았다. 그리고 만주 교하현에 선만(鮮滿)흥업주식회사를 차려 대규모 쌀 재배를 하여 성공을 거두었다.

1941년 봄에는 두만강에서 만주로 건너가는 관문인 함경북도 도문에 동만상사를 차려 무역을 시작한다. 함흥에서 어물을 구매하여 중국에 가져다 파는 본격적인 무역업이었다. 그는 태평양전쟁 말기의 어수선한 시국에 함흥에 집산되는 명태, 멸치, 청어 등의 어물을 모아 만주 봉천과 하얼빈, 베이징까지 내다 팔았다. 이러한 무역업에 종사하면서 그는 무역의 묘미와 본질을 깨닫게 됐고, 사업 영역을 중국 대륙으로까지 넓혀갔다.[172]

광복 이듬해인 1946년, 일본의 미쓰비시 경성지사는 신대한상사로 이름을 바꾸고 한국인의 손으로 운영하기 시작했다. 무역업 경험을 쌓은 전택보는 이 회사 부사장으로 활동하다가 1947년 4월에 자신의 회사 천우사를 설립한다. 이것이 오늘날 대한민국을 수출한국의 길로 이끄는 기폭제가 된다.

해방 전부터 중국과 만주에 수산물을 수출했던 전택보는 1947년 중국에 수출한 오징어 대금을 받기 위해 상하이로 출장을 갔다. 그는 중국에서 거액의 수출대금을 수금했는데, 전택보가 거금을 소지하고 있음을 눈치 챈 국민당 군과 중국 팔로군 첩자들이 그를 쫓기 시작했다. 목숨이 위태로워진 그는 천신만고 끝에 홍콩으로 탈출하는 데 성공한다.

마침 홍콩은 중국 본토에서 공산군에 쫓겨 밀려든 피난민이 우글거리고 있었다. 전택보는 물까지 수입해다 먹는 홍콩이 수 백만의 피난민에게 일터를 제공하면서도 활기차게 살아가는 모습을 보고 그 비결이 궁금해졌다.

홍콩은 작은 섬이라 홍콩 자체에서 직접 생산하는 원자재는 하나도 없었다. 원부자재를 모두 외국에서 수입해다가 가공 수출하는 방식을 통해 본토에서 탈출해 온 많은 인구를 먹여 살리고 있었다. 전택보는 홍콩 주민들의 집집마다 부녀자들이 재봉틀을 들여놓고 아동복이나 봉제완구, 크리스마스 장식품을 만드는 현장을 목격했다. 이런 제품들을 해외로 수출하는 모습을 보면서 그는 무릎을 쳤다.

"홍콩 사람들도 저렇게 옷을 만들어 먹고 사는데, 우리라고 못할 것이 없지 않은가. 우리의 살길은 보세가공품 수출뿐이다."

그는 피난민이 들끓는 홍콩에서 보세가공을 통한 수출산업화의 꿈을 키웠다.[173]

'동물원 살리기' 앞장선 기업가들

전택보는 1954년 필리핀 마닐라에, 1960년엔 뉴욕과 도쿄에 지점을 설치했고 1959년부터 자신의 회사에 보세가공부를 두어 가발과 간단한 의류 봉제품을 가공 수출하기 시작했다. 이어 항공부와 선박부를 설치했고, 합판을 만드는 대성목재를 인수하여 수출한국의 꿈을 키워나갔다. 1960년 3월 전택보가 합판 수출을 개시한 이래 1961~63년까지 합판은 단일품목으로는 가장 많은 수출을 기록하여 한국의 전략수출품목에 오르게 된다.[174]

이밖에도 조화(造花), 완구, 야구 글로브, 화물선 수출을 비롯하여 농축산업 발전에도 큰 역할을 했다. 6·25 당시 덴마크는 한국에 병원선을 파견하여 전투 중 부상을 입은 유엔군 치료에 공을 세웠다. 전택보는 사업으로 바쁜 와중에도 윤보선의 뒤를 이어 한정(韓丁)협회 회장을 맡았고, 덴마크 한국주재 명예영사 직을 맡아 두 나라의 우호 증진에 힘썼다.

전택보가 덴마크와 인연을 맺게 된 것은 이 나라의 농축산업을 우리가 본받아야 한다는 취지 때문이었다. 그는 자비(自費)로 서울대와 건국대 축산학과 학생들 1백 수십 명을 덴마크로 유학 보내 농축산업을 공부한 후 귀국하여 농촌에서 일하도록 주선했다. 또 한국축산개발주식회사를 설립해 경기도 고양시에 대규모 양계장을 운영했고, 육류와 우유를 생산 가공하여 국내에 농축산업의 새로운 전기를 만드는 파이오니어 역할까지 했다.[175]

그는 또 산림녹화를 위해 포플러 심기에도 앞장섰다. 전택보는 한국포플러협회를 설립하고 천우사 자금으로 묘목을 들여다 난지도의 YMCA 땅을 빌어 묘목을 재배한 후 전국 곳곳에 수백만 주의 묘목을 보급했다. 그는 포플러 심기를 유도하기 위해 "아들을 낳거든 포플러 100주 만 심자. 1주가 10~20년 뒷면 1만 원 이상의 돈이 되고, 그 돈이면 교육비로 충분하다"고 선전했다.

전택보는 전쟁 후 창경원 동물원[176]을 재복원하는 데도 앞장섰다. 2차 대전 당시 베를린에서 연합군의 폭격으로 동물원 우리가 부서지면서 탈출한 맹수들이 도시를 배회하다가 사람들에게 피해를 입힌 사례가 있었다. 이런 비극을 방지하기 위해 6·25 전쟁 중에 창경원 맹수와 동물들을 사살했다. 휴전이 되었으나 동물원을 채울 동물들을 도입할 형편이 못 되어 우리가 텅 비어 있었다.

이를 안타깝게 생각한 전택보가 "이제 포성도 멎었으니 어린이들에게 꿈을 심어주기 위해 기업인들이 동물을 구입 해다가 기증합시다" 하고 제안했다. 이 의견에 모두가 동의하여 1954년 동식물원 재건위원회를 설치하고 전택보가 동물원 재건분과위원장을 맡았다.

기업인들에게 동물 기증을 제안하자 대부분의 기업들이 동물의 제왕인 사자를 기증하겠다고 나서면서 경쟁이 치열해졌다. 이에 전택보가 "동물의 제왕 사자는 국가 중앙은행인 한국은행에게 영광을 돌리기로 합시다" 하고 조정을 하여 사태를 수습했다. 그리하여 사자는 한국은행이 기증했고, 이병철은 코끼리, 값이 제일 비싼 하마는 전택보가 기증했다. 다른 기업인들도 낙타, 타조, 원숭이 등을 구입하여 기증함으로써 창경원 동물원이 재개장할 수 있었다.[177] 식물원은 주일 대사관에 나가 있던 김용주가 모란 등 갖가지 화초를 일본에서 사다 기증해서 문을 열었다.

전택보는 또 전경련의 전신인 한국경제협의회[178]를 창안했다. 전택보는 한국에도 일본의 게이단렌(經團聯) 같은 역할을 하는 단체가 필요하다는 생각에서 송대성, 김용완, 최태섭, 심상준 등과 협력하여 한국경제협의회를 결성하는 산파 역할을 맡았다.

5·16 직후 전택보는 한국경제협의회가 군사혁명 지지 결의문을 내는 것에 반대했다가 반혁명분자로 몰려 옥살이를 했다. 이 소식

을 듣고 박정희 장군이 직접 지시하여 석방시켰다. 그 후 전택보는 박정희 국가재건최고회의 의장에게 보세가공을 통한 수출주도형 발전전략을 가르치는 스승이 되었고, 첫 번째 수출왕 표창을 받았다.[179] 전택보가 박정희에게 보세가공 수출을 건의한 내용을 전택보의 회고를 통해 들어본다.

"5·16 혁명 직후였다. 하루는 유원식 최고위원이 불러서 최고회의로 나갔다. 나 외에도 경제계 인사 10여 명이 나와 있었다. 당시 국가재건 최고회의 부의장이었던 박정희 장군이 경제건설에 관한 의견을 듣겠다는 것이었다. 발언 차례가 되어 나는 국내에는 구매력이 없으므로 수출상품을 생산할 수 있는 산업을 육성해야 한다. 그런데 우리나라에는 자원도 기술도 없다. 따라서 우선 외국에서 중간 제품을 들여다가 보세 가공 수출하는 것이 가장 소망스럽다고 생각한다고 제안했다….

며칠 후 박정희 부의장이 다시 불러서 최고회의에 출석하여 보세 가공의 필요성을 거듭 역설했고, 최고회의는 그 자리에서 이를 국가 시책으로 결정했다. 이것이 우리나라 보세가공 무역의 시작이다."[180]

혼란 수습 위한 몸부림

해방공간에서는 위에서 거론한 사례 외에도 숱한 기업들이 탄생해 걸음마를 시작했다. 황해도 연백 출신의 서성환은 해방 직후 태평양화학공업사란 회사를 차려 여성용 크림 생산을 개시했다. 이 회사는 오늘날 세계적으로 손꼽히는 화장품 메이커로 성장했다.

황해도 사리원에서 정미소를 하다 월남한 최성모는 여관업과 무역업을 전전하다가 고무신공장을 차렸고, 열일곱 나이에 일본으로 건너가 기계기술을 배운 김철호는 경성정공이란 회사를 차리고 자전거 수리업을 시작했다. 이것이 오늘날 세계적인 브랜드로 성장한 기아자동차의 첫 출발이다. 약품 도매상을 하던 강중희는 동아제약을 설립하여 국내 최대의 제약회사로 키워냈다.

정크무역, 마카오무역이 활성화되는 것과 동시에 혼란스러운 경제계의 질서를 바로잡아야 한다는 자성의 목소리가 여기저기서 나오기 시작했다. 이런 목소리는 곧 전용순이 중심이 된 조선상공회의소, 김도연이 중심이 된 한국무역협회, 김용완이 중심이 된 대한방직협회 등 경제단체 설립으로 이어진다.

조선상공회의소는 1946년 5월 19일 창립총회를 거쳐 정식 출범했다. 초대 임원은 회두(회장)에 민규식, 부회두에 최순두, 이동선, 전용순, 이춘옥, 유일한 등이 선출됐다. 조선상공회의소의 창립 당시 설립 취지문은 다음과 같다.

'군국주의 일본의 가혹한 착취와 악독한 압박 아래서 우리 조선 3천만 민중은 경제적으로는 껍질만 남고, 정신적으로는 허수아비가 되어 버렸습니다. 그러나 패전 일본의 철쇄가 파괴되어 우리는 노예의 생활에서 해방되어 새로운 광명이 빛나는 위대한 희망을 가지고 자주독립의 새 조선을 건설하게 되었습니다. 과거 우리의 경제계를 대관하면 본래가 자주력 없는 경제라서 그것은 오로지 일본의 발전을 위한 것이었으며, 국민의 총력을 들여 오직 전쟁수행에만 일관하였던 것입니다. 그리하여 해방 이후 산업계가 혼란상태에 빠져 상공업계는 물자결핍으로 인해 극도로 부진상태에 있으며, 일반 대중은 일용 필수품 구득난과 물가고로 인해 그 생활의 고통은 날로 가중되어 이에 대한 적절한 대책이 시급히 요청되고 있습니다. 이러한 비상시를 당하여 군정당국의 시책에 아울러 민간총력을 망라한 유력기관으로서 상공회의소의 활동에 크게 기대하는 바입니다.'[181]

두 달 후인 1946년 7월 31일에는 한국무역협회가 발족했다. 해방 직후부터 대부분 외국인에 의해 진행되던 무역 분야에서 자주성을 찾기 위해 출범한 단체가 한국무역협회다. 한국무역협회 설립취지서의 내용 일부를 소개한다.

'우리에게도 광명한 천지는 왔다. 수동적 무역, 독점적 무역, 착취적 무역시대는 물러가고 우호적이요 자주경제적 무역시대가 왔다. 우리 민족은 일본 제국주의의 귀속으로부터 해방되어 완전 자주독립국가를 건설하려던 이때, 산업경제와 무역방침의 대계를 확립함이 목전의 긴급사이니 이에 우리 동지는 무역의 진흥에 각각 경험과 지식과 열의를 경주하여 신국가건설의 일부면을 담당하려는 바이다.'[182]

당시 무역업은 사회 혼란 속에서도 그나마 활발하게 움직이던 분야였기 때문에 무역업계 리더들이 재계를 대표하는 역할을 하게 된다. 뒤를 이어 1947년 4월에 대한방직협회가 출범했다. 이 단체는 GARIOA[183] 자금에 의한 원면 도입과 원면 배정의 필요성에 따른 실수요자들의 모임이라는 특성을 갖는다. 설립회원으로는 경성방직, 조선방직 등 10개 업체가 주축을 이루었다.

6·25 계기로 건설회사 난립

한국은 건설 기술이 고도로 발달한 나라 중의 하나다. 고속도로는 물론 초고층 건물, 초대형 교량, 바다와 육지를 잇는 연육교(連陸橋), 지하철과 고속철도 등 고난도 기술이 요구되는 프로젝트를 자체기술로 해결하여 외화 절약은 물론 오대양 육대주의 건설시장에 진출하여 외화 획득의 주요 수단이 되기도 했다. 지금도 한국의 건설회사 직원들은 중동과 아프리카, 중남미와 동남아 등지에서 건설사업에 뛰어들어 인류 역사에 길이 남을 대작(大作)들을 빚어내고 있다. 해외 건설은 한때 미국에 이어 세계 2위에 오른 바 있다.

1960년대 중반 동남아 진출로 막이 오른 해외건설은 1973년 삼환기업의 사우디아라비아 고속도로 건설을 시작으로 중동 진출에 성공하여 급격한 성장세를 타기 시작했다. 1970년대 후반에는 아프리카를 비롯한 세계 전역으로 활동무대가 확산됐다. 해외 진출 18년, 중동 진출 10년 만에 우리 건설업계는 해외 건설 분야의 연간 수주액이 100억 달러를 돌파했으며 1983년까지 해외건설 수주

누계는 678억 달러였다.

국내 건설업계의 선각자들은 근대식 건설분야에서 불모지나 다름없던 한국이 세계 건설업계의 무서운 강자로 급부상한 원동력을 6·25 전쟁에서 찾는다. 대부분의 건설회사들은 6·25를 전후로 태동했다. 한국 건설업의 간판 격인 현대건설도 1950년 1월에 처음 건설회사 간판을 내걸었다.

건설업 하면 떠오르는 이름이 정주영[184]이다. 1915년 강원도 통천군 송전면에서 장남으로 태어난 정주영은 아래로 동생을 여럿 두었는데, 그의 뒤를 이어 태어난 인영, 순영, 세영, 상영도 경영자로서 성공을 길을 걸었다. 소년 정주영은 여섯 살 때 동네 서당에서 천자문과 당시(唐詩), 고문진보(古文眞寶), 사략(史略), 소학(小學), 맹자(孟子), 논어(論語)를 뗐는데, 서당에서 종아리를 맞아가며 배운 삼강오륜이 기업을 일구는 데 큰 도움을 주었다고 한다.

그는 15세에 보통학교를 졸업하고 1년여 집안 농사일을 돕다가 16세 때부터 세 차례나 가출을 감행, 세상 쓴 맛을 경험한다. 집 떠난 그가 일거리를 찾은 곳은 서울 인현동의 삼창정미소로, 쌀 배달이 그의 업무였다. 정미소에서 경험과 신용을 쌓은 정주영은 서울 신당동에 경일상회라는 미곡상을 차려 직접 경영에 나서게 된다. 쌀장사가 제법 궤도에 오를 즈음 조선총독부가 미곡 통제정책을 실시하면서 정주영의 가게도 문을 닫게 됐다.

정주영은 귀속재산 기업이었던 조선제련에 취직해 독자적인 사업기회를 찾다가 1946년 미 군정청이 귀속재산을 불하할 때 중구

초동 106번지 부근의 200평을 불하받았다. 같은 해 4월 그곳에 현대자동차공업사 간판을 걸고 자동차 수리공장을 시작했다. 이것이 현대그룹의 출발이다.

자동차공업사가 나날이 발전하면서 그는 건설회사 간판까지 함께 내걸게 되었다. 정주영이 건설회사를 차린 사연이 흥미롭다. 당시 자동차수리업은 관청과 미군에서 나오는 일거리가 대부분이었다. 그런데 수금할 때 보니 자동차 수리비는 고작해야 30~40만원 정도인 데 비해 건설업자들은 한 번에 1000만원 씩 받아가는 모습을 보고 정주영은 정신이 번쩍 들었다.

정주영은 "업종이 다를 뿐 들이는 노력은 같은데 기왕이면 나도 큰돈을 받는 일을 해야겠다"고 작심하고 현대자동차공업사 건물에 '현대토건사'라는 간판을 하나 더 내걸었다. 이것이 현대건설의 출발이다.[185]

당시 국내 건설업계는 일류업체 15개 외에는 도토리 키재기 식의 군소업체가 3000여 개나 난립해 있었다. 공사는 일류업체들이 차지해서 군소업체들에게 하청을 주는 방식이었다. 정주영은 공업학교 교사 출신을 기술자로 채용하고 기능공 10명을 모아 수많은 하청업체의 하나로 출사표를 던졌다.

"무엇이든 할 수 있습니다"

1948년은 북한이 남으로 보내던 전기를 끊는 송전 중단, 제헌 국회의원을 선출하는 총선거, 제헌헌법 제정, 정부수립 등 어수선한 시국이었다. 정주영은 포천, 인천, 대전 등지에서 미군 숙소와 부대시설 신축, 개수공사 등 소규모 공사를 진행해 체면치레를 했다. 1950년 1월 정주영은 회사 규모 확대를 위해 현대자동차공업사와 현대토건을 합병하여 현대건설주식회사로 이름을 바꾸고 사무실도 중구 필동 1가 41번지로 옮겼다.

이제 제대로 일 좀 해보자고 작심하고 벌인 합병이었는데, 그만 합병 5개월 후 6·25 전쟁이 터졌다. 정주영은 동아일보 외신부 기자였던 동생 정인영과 피난길에 나섰다. 일본 아오야마(青山)학원 출신으로 영어를 유창하게 구사했던 정인영은 부산 피난지에서 미군 공병대 맥칼리스터 중위의 통역으로 배치됐다.

부산은 유엔군 병력과 전시 군수물자들이 쏟아져 들어오느라 정신이 없었다. 특히 부산항에 상륙한 유엔군이 일선으로 배치되기 전에 잠시 머무르는 숙소가 턱없이 부족했다. 공병장교 맥칼리스터는 복잡한 문제를 해결하기 위해 자신의 통역인 정인영에게 의지했다. 정인영의 연락을 받은 정주영은 당장 맥칼리스터에게 뛰어갔다. 당시 정황을 정주영은 이렇게 회고한다.

'내가 달려가자 맥칼리스터가 물었다.

"당신은 할 수 있는 게 무엇이오?"

"무엇이든지 할 수 있습니다."

자신 있게 대답했다. 그렇게 하여 맡은 일이 한꺼번에 들이닥치는 미군 병사 10만 명의 하룻밤 숙소를 만드는 일이었다. 휴교 중인 학교 교실을 소독해서 페인트칠을 하고, 바닥에 길이 36자 폭 18자짜리 널빤지를 깔아 그 위에 천막을 쳐 교실을 숙소로 만들어 내는 동안, 제대로 잠 잘 시간은 물론 눈코 뜰 새 없이 바빴다. 하루 3시간 겨우 잘까 말까였다. 한 달 동안 불철주야 그렇게 일해서 번 돈이 커다란 가방에 가득이었다.'186)

6·25 전쟁에 참전하기 위해 수송선을 타고 부산항에 도착한 미군과 유엔군 병사들은 정주영이 지은 숙소에서 이국의 첫 날 밤을 지내고 일선 전투부대로 배치됐다. 전쟁이 치열해지면서 유엔군을 위한 간이숙소는 날이 갈수록 늘어났고, 이 공사를 통해 정주영은 미8군 군납 건설업자로 도약의 날개를 달게 된다.

미군의 주문을 받는 공사는 전선을 따라 이동하면서 시공을 해야 했다. 유엔군이 서울을 탈환하자 정주영은 선발대로 미군 군용차를 타고 서울로 올라왔다. 정주영은 서울대 문리대와 법대 건물을 미8군 전방기지사령부로 개조하는 공사, 아이젠하워 대통령의 숙소 공사, 유엔군 묘지 단장공사 등 미군 발주공사를 거의 도맡다시피 하는 실력 있는 건설업체로 성장했다.

3년간 계속된 전란으로 산업시설과 도로, 항만, 철도 등 사회간접시설 대부분이 파괴됐다. 1950년대 전후복구 과정에서 정부는 각종 시설물 공사를 발주했고, 도시 재건사업 과정에서 막대한 건설 수요가 창출됐다. 또 주한미군의 기지와 막사, 숙소, 군 주둔에 필요한 각종 시설 등이 한꺼번에 발주되면서 건설시장은 활기를 띠게 됐다.

미국 정부는 1957년부터 주한미군 증강정책 프로그램을 실시하면서 미 제2공병단, 24공병단 등을 통해 인천 제1도크 복구공사, 오산비행장 활주로 공사, 의정부 저수지공사를 비롯해 도로와 교량, 병영, 막사, 창고, 휴전선 지대 작전시설 등 대규모 공사를 우리 건설회사에 발주했다.

미군 공사로 건설 기술 크게 발전

당시 우리나라 건설업계는 근대식 건설 기술이나 대규모 공사 시공경험이 거의 없었다. 그들은 미군 공사에 참여하는 과정에서 선진 건설기술을 가진 미국의 엔지니어와 감리자들과 접촉하면서 지금까지와는 차원이 완전히 다른, 세계 최고 수준의 건설문화와 접하게 된다. 우리 건설업계가 미군 공사에 참여하면서 얻은 이득은 다음과 같다.

'미군 공사는 건설 기술과 경험의 축적을 가져왔으며 국제 계약에 익숙해질 수 있는 기회가 되었다. 미군 공사는 국제 표준규격의 시방서와 설계도를 요구했으며, 단순한 공사라도 계약과 감리는 영문을 사용하고 미군 기관에 의해 시행됐기 때문에 국내 건설업자들이 국제표준 시방서의 해득 능력을 갖추게 되었고, 국제 표준 시방서에 따른 시공 및 품질관리 등을 경험함으로써 해외 건설 진출의 길을 여는 데 크게 도움이 됐다. 또 시공 기술면에서 미군 공사는 어느 정도의 기계화 시공을 의무화했던 까닭에 장비 획득

과 운용이 강행됨으로써 종전의 인력 의존 공사 수행에서 탈피, 건설업의 선진화를 앞당기게 되었다.'

주한미군 공사 수행을 통해 우리 건설업계는 공사수주, 계약, 시공기술 등에 있어 국제 건설시장에서 요구하는 높은 수준의 경험과 훈련을 쌓는 기회가 되었으며, 여기서 실력을 갈고 닦은 국내 건설회사들이 1960~70년대에 해외진출을 선도하며 대표적인 건설업체로 성장했다. 이런 모습은 중동 진출의 기수였던 삼환기업의 사사(社史)에서도 발견된다.

삼환기업 30년사에는 '창업 이래 주로 미군시설공사를 시공해옴으로써 두각을 나타내 온 삼환은 1960년대 초반까지 미군 공병단을 통해 선진 건설기술 도입의 선도 역할을 맡아왔다'고 밝히고 있다. 삼환기업은 1950년대 초 미군 공병단을 통해 익스포즈드 콘크리트 공법을 도입하여 1960년대에 조선호텔, 3·1로 빌딩, 동방생명 빌딩, 호텔신라, 프라자호텔 등 고층빌딩 건설을 주도했다.

승승장구하던 정주영의 현대건설은 1953년 고령교 복구공사로 큰 시련을 겪게 된다. 대구와 거창을 잇는 이 다리는 지리산 공비 토벌을 위해 복구가 시급했다. 총공사비 5478만 환, 공기 26개월로 계약한 고령교는 당시 정부 발주공사로는 최대 규모였다. 그런데 시작부터 일들이 꼬이기 시작했다. 장비가 부족해 거의 모든 작업을 인력에 의존한 데다가, 간신히 설치한 교각이 홍수에 쓸려가는 등 악전고투의 연속이었다. 공사 중에 자고 일어나면 물가가 폭등하는 바람에 정주영은 엄청난 빚을 떠안게 된다. 당시 상황에 대한 정주영의 회고다.

'노임을 못 줘 공사장 인부들은 노임을 내놓으라고 파업을 하고, 사무실이고 집이고 매일 빚쟁이들로 지옥이었다. 내 아들 몽준이는 지금도 어렸을 때라면 제일 먼저 생각나는 게 빚쟁이들이 집에 와 도끼로 마루를 쾅쾅 찍으며 돈 내놓으라고 아우성치던 것이라고 하는 모양이다. 한 달에 100불에서 150불 보내던 아우 세영이의 유학비도 못 보내고 이 녀석이 굶고 있지나 않은지, 병은 안 나야 할 텐데 하면서 나의 매일은 빚을 얻으러 미친 듯이 뛰어다니는 것이 일이었다.'[187]

막대한 손해를 보았지만 정주영은 끝까지 고령교 공사를 완수하여 신용을 쌓는 데 성공한다. 현대건설이 국내에서 주목받기 시작한 것은 1957년 9월 착공한 한강인도교(현재의 한강대교) 복구공사다. 한강인도교 공사는 정부가 발주한 단일공사로는 전후 최대 규모인 2억 3000만 환이었다.

이 공사를 현대건설이 수주하게 된 과정이 흥미롭다. 입찰 과정에서 흥화공작소가 단 돈 1000환에 응찰하면서 기부공사를 하겠다고 나섰다. 당시 시내에서 한강까지 택시요금이 4000환일 때의 일이다. 입찰서를 개봉한 내무부장관이 '1000환'을 써낸 흥화공작소는 입찰 의사가 없는 것으로 보고 "정부가 기부공사를 받을 수 없다"고 선언했다. 이로써 응찰가격 2위였던 현대건설이 낙찰됐다. 한강인도교 공사를 계기로 현대건설은 국내를 대표하는 '건설 5인방'에 꼽히게 된다.

해외진출

휴전과 함께 한 동안 저조했던 미군 공사는 1957년 7월부터 주한미군 증강정책에 따라 다시 크게 늘었다. 미군 공사는 최저금액만 써내면 됐던 우리 정부의 최저낙찰제와 달리 전체 금액은 물론, 세세한 내역에 대한 견적서도 일일이 작성해야 했다. 정주영은 오산비행장 활주로 공사, 1959년 6월에는 건국 이래 최대 공사였던 미 극동군 공병단이 발주한 인천 제1도크 복구공사를 연이어 진행했다. 이 공사와 관련된 정주영의 회고.

'당시의 미군 공사는 말이 안 통해서 애먹고, 시방서대로 장비를 확보하는 데도 고충이 많았다. 나는 이 두 공사를 현대 직원들의 실무 교육장으로 최대한 활용하기 위해 가능한 한 많은 직원이 이 현장을 거치게 만들었다….

이 두 공사를 하는 동안 우리는 정말 진지한 자세로, 배울 수 있는 것은 모조리 배우겠다는 자세로 미국인 기술자들에게서 많은 것을 배웠다. 1950년대 후반부터 1960년대에 이르는 동안 현대뿐만 아니라 모든 건설업체들이 미군 공사를 하면서 겪어야 했던 고충은 이루 말할 수가 없다. 그러나 우리는 모두 다 고통과 시련을 통해서 배우고 발전하고 성장한다.

그 후 모든 설계를 미국식 시방에 의해서 작성하고, 품질관리에 보다 엄격해지고 하는 것 등등. 이런 것들은 모두 미군 공사를 하면서 그들에게 배운 것이다.'[188]

미군 공사는 1960년대에 들어서면서 하강 국면에 돌입한다. 1962년 연간 1400만 달러를 넘어섬으로써 국내 공사 시공실적의 12.6%를 차지했던 미군 공사는 1965년을 고비로 격감했고, 대신 경제개발 5개년계획 진행 과정에서 국내 대형 건설사업이 잇따라 발주되면서 건설업은 한국의 근대화를 견인하는 산업으로 각광받기 시작한다.

미군 공사와 국내 공사를 통해 경험과 기술을 쌓은 건설기업들은 1960년대에는 해외 주둔 미군의 군납공사를 통해 활동 영역을 미군 주둔지인 괌과 알래스카, 베트남으로 넓혀 갔다. 이 과정에서 현대건설이 1965년 11월 한국 건설업계로는 최초로 태국에 진출하여 시공을 맡은 파타니-나라티왓 고속도로는 후에 경부고속도로 건설의 귀중한 경험이 된다. 현대건설의 태국 진출에 이어 경남기업이 태국에서 중앙방송국탑 건설공사에 참여했으며, 공영토건이 1965년 3월 일본 요코다 미군기지 공사를 수행했다. 이 시기는 한국 건설업계의 해외 진출 여명기에 해당한다.

국내에서는 경제개발계획에 따라 정유공장, 비료공장, 시멘트 공장 등 대규모 기간산업 시설이 연이어 건설되기 시작했다. 소양강댐, 대규모 발전시설, 공업단지 조성, 항만과 주택, 도시 토목사업, 서울 지하철 등이 동시다발적으로 진행되면서 우리 건설업체들은 미군 공사를 통해 습득한 경험과 기술을 마음껏 활용할 수 있는 기회를 얻었고, 경제적 부를 축적했다.

특히 경제개발 5개년계획의 상징이었던 경부고속도로 건설은 국가의 역사를 뒤바꾸는 초대형 프로젝트였다. 경부고속도로는 국내 유수의 업체들이 총동원되어 최신 장비와 현대적 공법을 동원해 군 장교들의 감리 감독 하에 군사작전 하듯 공사가 진행됐다. 그 결과 길이 428km의 4차선 고속도로를 2년 5개월 만에 완공함으로써 국내 건설업계의 역량을 국내외에 과시하는 기회가 됐다.

중산층 확대에 결정적 기여

건설업은 업종의 특성상 철근과 시멘트, 엔지니어링, 유리, 목재, 건설 원부자재와 고도의 노동력이 결합된 종합산업이다. 한국의 건설회사가 외국에 진출하면 이런 모든 요소들이 함께 수출되기 때문에 해외 건설업은 부가가치가 높은 산업이자 국내에서 건설기자재 생산, 인력 송출 등으로 인한 고용 창출에도 결정적 기여를 해 왔다.

만성적인 경상수지 적자에 허덕이던 우리의 산업구조에서 해외 건설을 통한 외화 획득은 경제개발계획 추진으로 막대한 외화 자금이 요구되던 국가경제 운영에 숨통을 트게 했으며, 특히 1970년대 두 차례 걸친 석유파동의 충격을 60% 이상 흡수한 것으로 연구되고 있다.

해외 건설을 통한 외화 수입은 국민소득 증대는 물론 투자 재원 조성 등을 통해 다른 산업의 육성 발전에도 크게 기여함으로써 경제 발전의 주도적 역할을 한 것으로 평가된다. 해외에 파견되는 기능공들의 임금은 국내보다 3배 정도 높아 몇 년만 해외에서 고생하면 집을 마련하고 안정된 중산층 생활을 보장하는 길을 열어 주었다. 해외 건설이 중산층 확대에도 결정적 기여를 한 것이다.

또 우리 건설회사들이 중동 건설 시장에서 세계적인 선진 업체들과 경쟁하는 과정에서 기술혁신, 경영합리화 등을 통해 기업의 국제화, 선진화를 촉진시키는 기회가 되었다. 이라크, 리비아, 수단 등 미수교국에 진출하여 국교 수립의 길을 연 것은 물론, 우리의 문화를 해외에 알리는 역할도 한 것으로 평가된다.

1978년 9월 해외건설협회가 주최한 심포지움에서 한승조, 반병길, 박승, 고영복 등은 우리나라 해외 건설의 성과를 다음과 같이 평가했다.

'건설업의 중동 진출이 없었다면 막대한 해외 자본을 도입하여 수출 주도형 공업 위주 정책을 추구해 온 한국 경제가 원자재 가격 급상승과 세계적 경제 불황 때문에 경제적 파탄과 사회적 혼란이 심각했을 것이며, 강력한 유신체제도 그 위기를 극복하기 어려웠을 것이다. 해외건설 수주의 획기적인 증대는 국제수지를 크게 개선함은 물론, 1974년 적자로 반전된 무역외수지를 다시 흑자로 바꿔 놓는데 결정적으로 기여했다.

해외 건설은 ①우리나라의 국부를 축적시키는 가장 큰 파이프라인으로 1977년 한국 경제 성장에 3할을 기여했고, 1978년에도 비슷할 것이며, 1979년에는 기여도가 7할에까지 이를 것으로 추정된다. ②1974년의 오일 쇼크를 거의 단독으로 흡수함으로써 그 충격으로부터 우리 경제를 지켜주었으며 ③산업구조 고도화에 전략적 무기가 되고 있다. 자본집약적인 경쟁력 강화와 중화학공업으로의 구조 개편은 막대한 신규 투자를 필요로 하는데 해외 건설은 이를 위한 가장 큰 자금원이 되고 있으며, 기술축적 인력양성, 그리고 산업 국제화의 창구가 됨으로써 우리 산업의 구조적 확대 개편을 이끌어 가고 있다.'

5

위기는 기회다

상업자본의 산업자본화에 앞장선 선각자들

한국은행의 금·은 비상대피

전쟁은 걷잡을 수 없는 혼란을 몰고 왔다. 6·25가 터지기 직전 서울 시내 곡가(穀價)는 쌀 한 가마에 2300원이었으나, 인민군 남침 하루 뒤인 6월 26일에는 5000원으로 두 배 이상 폭등했다.

6월 25일은 일요일이라 은행이 문을 닫았다. 6월 26일 은행 문이 열리자마자 예금 인출 인파가 몰려들어 대혼잡을 이루었다. 은행에는 1인당 10만원까지만 지불하라는 긴급 지시가 내려졌다. 6월 26~27일 이틀간 은행을 빠져나간 돈은 총 77억 3000만 원으로, 전체 화폐발행액의 13%에 달하는 규모였다.

정부는 6월 28일, 예금인출 현상을 수습하기 위해 대통령 긴급 명령 제1호로 '금융기관 예금 등 지불에 관할 특별조치령'을 공포했다. 그 요지는 ▲비상사태 하에서 필요한 경우에는 은행, 신탁

회사, 무진회사, 보험회사 등 금융기관의 예금 및 기타 자금의 지불을 제한 ▲제한의 정도를 초과하는 지불은 사전에 정부의 승인을 받아야 한다는 내용이었다.

그 동안은 조선은행이었다가 중앙은행인 한국은행이 설립되어 정식으로 업무를 개시한 날이 1950년 6월 12일이었다. 6월 26일, 출범 2주도 안 돼 국난을 당한 한국은행은 국고금을 수령하기 위해 몰려오는 군대 및 정부기관의 차량으로 하루 종일 붐볐다. 당시 한국은행에는 막대한 현금과 금·은괴가 보관되어 있었다.

인민군이 미아리 고개를 넘어 서울로 진격해 오자 6월 27일 오후 2시 국방부는 김일환 대령(후에 상공부장관)의 인솔 하에 한국은행 금고에서 금괴 1070kg, 은괴 2513kg가 든 상자 89개를 극비리에 긴급 호송했다. 이 금·은괴는 진해 해군통제부에 임시 보관했다가 그 해 8월 1일 부산항을 경유하여 샌프란시스코로 이송했고, 이어 뉴욕 연방준비은행에 기탁했다.[189] 이 금·은괴는 우리나라가 국제통화기금(IMF)과 세계은행(IBRD)에 가입할 때 담보로 기금불입에 사용됐다. 당시의 긴박했던 상황에 대한 김정렴의 회고다.

'6월 27일 오후 2시 가까이 1개 중대가량의 헌병이 와서 지하금고에서 지금은(地金銀)을 실어내기 시작했다. 전 직원에 대해 1개월 치 봉급이 지급되었다. 이 모든 것이 긴박을 알리는 징조였지만 나는 비상사태에 있어서 당연한 예비조치로 생각했다. 오후 4시쯤 서무 출납 국고관계 이외의 직원들은 퇴근시키라는 연락이 왔다.'[190]

한국은행 금고에 보관 중이던 금·은괴는 무사히 대피시켰으나 급박한 정세와 수송력 부족으로 소량의 금·은괴와 미발행 한국은행권을 미처 대피시키지 못한 상황에서 서울이 인민군에게 점령됐다. 인민군들은 이 때 탈취한 미발행 은행권을 남한 점령지에서 마구 사용해 경제 교란작전을 펼쳤다. 이를 막기 위해 정부는 1950년 9월 부산에서 통화 교환을 실시했다.[191]

6·25 당시 조흥은행장이었던 김교철의 회고에 의하면 서울 점령 당시 어찌나 사태가 급박했던지 조흥은행 관계자들은 본점에 비치되어 있던 예금 현찰이나 장비 등 일체의 자산과 비품을 하나도 수송하지 못하고 몸만 빠져나왔다고 한다.[192]

북한은 남한 점령지역에서 북한 화폐를 강제로 통용시키고, 불법 조선은행권을 남발했다. 그리고 약탈한 은행권을 '워커 라인'이라 이름 붙여진 낙동강 방어선 안쪽으로 반입하여 우리 경제를 파탄 내려 했다. 이런 경제교란작전을 봉쇄하기 위해 정부는 1950년 9월 15일 워커 라인 이내 지역에서 제1차 통화 교환을 실시했다. 통화 교환은 10월 25일과 11월 11일 두 차례 더 실시됐다. 제3차 교환부터는 남한 전역에서 조선은행권의 유통을 금지시키고 피난지 대구에서 처음 발행한 한국은행권을 대한민국의 유일한 법화(法貨)로 통용하도록 했다.[193]

유엔군 대여금 받아내기 작전

전쟁 과정에 정부는 막대한 전비 조달에 큰 어려움을 겪었다. 무기 공급 등 직접적인 군사비는 유엔군 측이 부담했지만, 이를 제외한 간접 군사비는 우리 정부 몫이었다. 6·25 발발 직후 유엔은 한반도의 유일 합법정부로 승인한 한국이 공산군의 기습 공격을 받자 즉각 전투부대 파병을 결정했다. 이 결정에 의해 미군을 선발대로 한 유엔군이 한국전에 참전하면서 전쟁 수행을 위해 한국의 원화가 필요했다.

유엔군은 한국 주둔 유엔군에 필요한 원화 경비를 조달하기 위해 1950년 7월 26일, '유엔군 경비지출에 관한 협정'(이른바 대전협정)을 체결했다. 이 협정에 의해 우리 정부는 유엔군 측의 요구가 있으면 금액의 과다에 관계없이 무조건 한화(韓貨)를 제공하게 되어 있었는데, 이것이 유엔군 대여금이다.[194] 그런데 공산군의 기습 남침으로 경황이 없는 상황에서 체결된 협약이라 대여금 상환 방식이나 기한, 대여한도, 이자 등에 관한 중요 사항이 협정서에 명시되지 않아 나중에 큰 곤란을 겪게 된다.

문제는 대여금 액수가 워낙 엄청나 전쟁 중에 세입이 거의 없었던 정부가 감당할 방법이 없었다. 결국 유엔군 측의 요청이 오면 한국은행에서 돈을 마구 찍어서 내줄 수밖에 없었다. 사정이 이러다보니 통화량이 급팽창하여 극심한 전시 인플레가 발생했다.[195] 1951년 재무부장관을 지낸 백두진은 "어떤 때는 하루에 60억 원이나 나간 때도 있어 6·25 동란 직전에 650억 원이었던 화폐 발행고가 3200억 원까지 늘었고, 물가는 동란 전보다 무려 6배나 올랐다. 일선에서 참호를 파는 노무자에게 노임을 주고, 유엔군이 휴가 때 쓸 한국 돈을 모두 한국 측에서 댔기 때문에 유엔 대여금이 총 발행고의 9할에 달했다"고 회고했다.[196)]

이대근의 연구에 의하면 1950년 7월부터 1954년 6월까지 약 4년 간 222억 환이 유엔군 측 전비로 제공됐다. 1951~52년에는 통화량 증가 요인의 70%를 유엔군 대여금이 차지했다. 덕분에 통화량도 급격히 늘어 1950년에는 전년 대비 2.8배, 1951년 3.1배, 1952년 1.6배, 1953년 2.5배로 급팽창했다. 이대근은 6·25 전쟁을 미국이 주도한 것이 사실이지만 한국도 막대한 유엔군 대여금 공여를 통해 전비부담의 한 축을 담당한 사실을 기억해야 한다고 지적한다.[197)]

문제는 대전협정의 협정문에 유엔 대여금을 언제까지 어떤 방식으로 갚아준다는 조항이 없었다는 점이다. 우리 정부 입장에서 유엔군 대여금을 받아내는 문제는 국가 존망과 연결된 중대사였기 때문에 이를 받아내기 위해 총력전을 펼쳤다. 백두진 재무부장관이 미국 측 인사들과 만날 때마다 "대전조약에 대여금을 상환한다는 조항이 없다. 그것은 전쟁의 황망 중에 그렇게 된 것이니, 협정이 부실하더라도 봐줘야 하는 것 아니냐"며 수차에 걸쳐 강력 항의했다. 그러자 유엔군사령관이 "유엔군이 휴가 때 한국 돈으로 바꿔 쓴 것을 적립해 놓은 게 있으니 그것은 갚겠다. 그러나 노무자 임금이나 다른 비용으로 쓴 것은 돌려줄 수 없다"면서 1215만 달러를 우리 정부에 갚았다.

이승만은 유엔군 대여금을 상환해 달라는 대단히 강경한 내용의 각서를 유엔군사령관 앞으로 보냈다. 이런 우여곡절을 거친 끝에 1951년 11월 하순, 밴 플리트 미8군 사령관이 참석한 가운데 대여금 상환 회담이 열렸다. 1952년 3월 하순, 대여금 상환을 협의하기 위해 마이어를 단장으로 하는 사절단이 내한하여 회담을 한 결과 1952년 5월 우리 정부와 유엔군사령부는 '경제조정에 관한 협정'(일명 마이어 협정)을 체결하게 된다.[198]

한미 갈등 생기면 석유공급 중단

3주간에 걸친 치열한 교섭 끝에 미국 측은 대여금 상환액으로 9000만 달러를 제시했다. 교섭 결과를 이승만에게 보고하자 이 대통령은 "다시 한 번 그들과 절충해서 좀 더 받아내라"고 지시했다. 그리하여 재무부와 한국은행은 부산에서 가장 시설이 좋은 호텔을 빌려 성대한 파티를 준비했다. 김유택의 회고담이다.

'이 파티의 격조로 보나 중요성으로 보아 각별한 배려를 하지 않을 수 없었다. 그래서 이화여대 총장 김활란 박사에게 부탁하여 영어를 잘하는 여대생과 모윤숙 씨가 하고 있던 낙랑구락부라는 민간 여성 외교단체의 협조를 받아 그들로 하여금 파티 시중을 들게 했다. 파티는 성공적이었다. 미국 대표단 일행은 물론 파티에 참석한 모든 인사가 기분 좋게 마시고 환담하며 분위기가 무르익어갔다.

그런데 백두진 장관과 마이어 일행이 무어라고 소곤대는가 싶더니 갑자기 미국 대표들이 냉랭한 표정으로 일어서는 것이었다. 그리고는 그만 돌아가겠다는 것이다. 아마 백 장관이 미국 대표들에게 9000만 달러 가지고는 부족하니 좀 더 내놓아야겠다고 말하자 기분이 상했던 모양이다.

다음날 바로 떠나겠다는 미국 대표단을 하루 이틀 더 붙들어놓고 절충한 끝에 700만 달러를 더 받아내는 데 성공했다. 그리고 향후에는 종래와 같이 일방적으로 원화를 대여하는 것이 아니라 달러화를 가지고 와서 원화와 교환해 가도록 타결했다.'[199]

그리고 마이어협정에 의해 한미합동경제위원회[200]가 창설되었다. 그 후 대여금 상환 환율에 대한 한미 간의 의견 차이로 상환이 부진하게 되고 인플레 수습도 어렵게 되자 1953년 10월 1일, 우리 정부는 이미 지급한 유엔군 대여금의 조속한 상환을 요구하며 유엔군에 원화 대여금 지급을 중단했다. 유엔군 측은 이에 대한 보복으로 한국에 석유 공급과 유통을 맡고 있는 대한석유저장회사(KOSCO)를 통해 석유류 공급 중단 조치로 맞섰다.

1954년에도 환율 문제로 마찰이 일어나자 미국 측은 사전통고도 없이 유류 공급을 중단했다. 이승만은 이중재 당시 재무부장관에게 "한국은행에 설정되어 있는 미국 측의 모든 예금계정을 당장 동결하여 한 푼도 내주지 말라"고 엄명을 내렸다.

이승만 정부 시절 우리나라에서 유통되는 모든 석유의 수입과 저장과 판매는 대한석유저장회사(KOSCO)를 통해서만 할 수 있었다. 스탠더드 오일, 칼텍스, 쉘 등 3대 메이저 회사가 우리 정부와 용역계약을 맺고 석유 수입과 판매를 담당했는데, 이 회사가 코스코다. 그런데 실질적으로는 미국의 원조기관에서 코스코의 석유 공급과 판매를 장악하고 있어 우리 정부에 대한 압박수단으로 종종 이용되곤 했다. 오원철의 회고다.

'1950년대의 일이다. 어느 날 느닷없이 미국 원조기관이 기름 공급을 중단한다. 그러면 전 교통기관이 두절되고 아우성이 난다. 출퇴근하는 사람이 뛰어야 하고, 지각하고, 약속 시간을 어기게 된다. 공장에서는 기계가 서고, 우리나라 경제가 마비되기 시작하는 것이다. 신문에 대문짝만한 기사가 난다. 정부에서는 이승만 대통령에게 정책 수정을 손을 모아 애원해야 했다. 국민은 피지배국의 서러움에 한탄을 하게 된다. 한마디씩 욕설을 퍼 붓고, 백발의 대통령을 불쌍히 여기게 된다.'[201]

"기름 없이 달리는 자동차 개발하라"

미국이 석유 공급으로 우리 정부를 압박하자 석유에 한이 맺힌 이승만은 "누구든 기름 없이 달리는 자동차를 개발하면 온갖 특혜를 다 주겠다"고 공언했다. 국내 기술진들은 석유가 아닌 다른 연료로 움직이는 자동차 개발을 위해 별별 기상천외한 방법들이 다

동원됐다.

김유택이 한국은행 총재 시절 타일러 우드라는 유솜(USOM)[202] 처장이 부임해 왔다. 그는 경제 원조를 3억 달러로 증액해주는 조건으로 환율 인상을 요구했다. 이승만이 이 요구를 거절하자 미국은 즉각 석유류 공급을 중단했다. 이 대통령은 거리로 나와 군중을 모아놓고 "미국이 기름 공급을 중단하겠다고 하니 전 국민은 자동차를 타는 대신 자전거를 이용하고, 구두도 신지 말고 짚신을 신자"면서 인도의 간디가 부르짖던 식과 비슷하게 국민운동을 전개했다.

전쟁 기간 중 유엔군 대여금으로 풀려나간 화폐로 인해 발생한 인플레를 진정시키고 부동자금 흡수, 산업자금 공급 증대를 위해 정부는 1953년 2월 통화개혁을 단행했다. 종전의 원을 환으로 개칭하면서 구권 100원을 신권 1환으로 맞교환하는 100 대 1의 액면 절하(denomination)를 단행하여 겨우 인플레를 수습했다. 이승만 대통령은 통화개혁 '긴급통화조치에 관하여'라는 담화문을 손수 써서 발표했는데, 그 내용을 일부 소개한다.

'국가에 금융은 사람의 신체의 혈맥이니 그 피가 너무 많아도 변이요 너무 적어도 변인 것은 변할 수 없는 이치이다. 우리나라 화폐는 본래 금편으로 원위를 삼아 지폐로 통화를 쓰던 것을 일인들이 전장하기에 지폐와 은행권을 많이 박아서 통용시키고 원화인 금편은 다 가져간 고로 지폐가 값없고 종잇조각인데 임시로 이것을 이용하여서 원화를 교정할 때까지 통화로 쓰게 된 것이다….

유엔군이 통용할 지폐를 우리가 대여하기로 이 전쟁을 시작할 때 한미협약이 있어서 대략 매일 지폐를 15억~16억 원의 액수를 박아서 내어주기를 지금까지 2년 반이 넘게 하고 있으니 전쟁이 되기 전에 전국에 유행하던 총 액수보다 18배가 되기에 이르렀으나 물품은 나지 않고 돈만 흔하여진즉 전에 1원 가지고 사던 물건은 지금은 18원을 주어도 사기가 어렵게 되니 먹을 것, 입을 것, 쓸 것 등 백 가지가 다 이렇게 되고 본즉 월급을 받는 사람이나 노동자의 임금을 받는 사람이나 살 수가 없이 되었은즉 이 형편에 이러고도 우리 경제기관이 파괴되지 않는 것은 전혀 우방들의 원조물자가 종종 들어온 공로이다.

얼마 전부터 미국 친우들이 이 정형을 깨닫고 극히 노력한 결과로 이 차대조(借貸條 : 유엔군 대여금)를 청산하기로 하고 얼마 아니면 미국 금화로 보상하기로 상약하매 이것을 받으면 전국 생산기관을 확장하여 금전이 해외로 나가지 말고 국내에 유행하도록 할 것이니 이것이 곧 경제를 조장시켜서 모든 사람이 다 살 수 있게 만드는 계획에 설 것이다.'[203]

반공포로 석방 단행

현대사 연구가들은 이승만 대통령이 휴전을 담보로 미국으로부터 한미상호방위조약을 이끌어냄으로써 우리나라는 국방과 안보에 대한 부담을 덜고 산업화에 매진할 수 있었다고 말한다. 이완범[204]의 연구에 의하면 미국은 상호방위조약 체결에 관심이 없었다. 초대 주한 미국대사 무초는 1949년 5월 7일 기자회견에서 "내가 아는 한 미국은 토머스 제퍼슨 대통령 시대이래 어느 국가와도 상호방위조약을 체결한 일이 없다"고 말할 정도였다.

이승만은 휴전문제가 본격 논의되자 '북진통일'을 외치며 휴전회담을 적극 반대했다. 이승만의 '북진통일' 주장은 어쩔 수 없이 휴전을 하더라도 미국으로부터 가급적 많은 원조와 지원을 이끌어내기 위한 고도의 외교적 책략이었다. 즉 한국군의 확실한 전력 증강을 통한 군비확충, 미국과의 상호방위조약 체결과 군사원조를 목표로 한 것이었다.[205]

이 대통령은 "약소국 입장에서 미국에 순응해 휴전에 협조하면 비록 칭찬 받을지 모르나 그것은 한국의 자살을 재촉하는 행위"라고 주장했다. 그러나 미국과 유엔은 휴전으로 방향을 잡고 공산군 측과 포로 문제 해결을 위한 회담에 나섰다.

휴전회담의 중요한 안건 중 하나는 포로 처리문제였다. 무조건 송환을 주장하는 공산 측 주장과 자유의사에 의해 결정하자는 유엔군 측 주장이 대립하여 난항을 거듭하다가 1953년 6월 8일 '귀환불원(不願) 포로처리에 관한 협정'을 맺기에 이른다. 이렇게 되자 이승만은 비장의 카드를 꺼낸다.

남정옥[206]의 연구에 의하면 이승만은 휴전협상의 마지막 관문인 포로문제가 타결되기 이틀 전인 6월 6일 원용덕 장군(국군헌병총사령관)을 호출했다. 이 자리에서 이승만은 원용덕에게 "나의 명령이니 반공 한인 애국청년들을 석방하라"는 명령을 내린다. 국군최고 통수권자의 명을 받은 원용덕은 국방부장관과 육군참모총장에게도 비밀로 한 채 6월 18일 자정을 기해 논산, 상무대, 부평 등지에 분산 수용되어 있던 유엔군 관리 하의 북한 송환거부 반공포로 2만 7000명을 석방했다. 이승만은 반공포로 전격 석방에 즈음하여 다음과 같은 성명을 발표했다.

'제네바 협정과 인권에 관한 원칙에 따른다면 한국의 반공적인 전쟁 포로는 지금보다 훨씬 오래 전에 이미 석방되었어야 마땅한 것이다. 이들 포로들을 석방하려는 우리의 뜻을 전달받은 대부분의 국제연합 당국자들은 우리를 동정하고 원칙에 찬성하고 있는 것이다. 그러나 국제적인 복잡한 사정으로 인하여 우리는 너무나도 장기간 이 사람들을 부당하게 억류시켜 왔다.

지금 국제연합이 공산당과 맺은 협정은 사태를 그 어느 때보다 더욱 복잡하게 만들고 있으며, 이로 말미암아 심각한 결과를 빚어 적에게는 만족을 주고 우리 국민들에게는 오해를 자아낼 중대한 결과를 초래하게 될 것이다.

앞으로 빚어질 이 중대한 결과를 피하기 위하여 나는 1953년 6월 18일, 이 날에 나 자신의 책임 하에 반공적인 한국인 포로들의 석방을 명하였다. 내가 유엔군 사령부와 기타 당국자들과 충분한 협의 없이 이 조치를 취하게 된 이유는 설명을 안 해도 너무나 명백한 것이다.

각 도의 도지사와 경찰 책임자들에게는 자기들의 능력을 다하

여 이들 석방된 포로들을 돌봐 줄 것을 훈령하였다.'

이승만은 미국에 한미상호방위협정을 휴전 이전에 체결할 것을 요구했으나 미국이 이를 피해가려 하자 반공포로 석방을 단행해 "한국이 마음만 먹으면 언제든 휴전협정을 깰 수 있고, 국군 단독으로 북진을 개시할 수도 있다"는 결의를 행동으로 보여주었다.

이승만 제거 위한 에버레디 작전

이승만이 유엔군과 아무런 상의도 없이 독자적으로 반공포로를 석방했다는 뉴스가 전 세계로 타전됐다. 아침 면도를 하다 이 소식을 접한 윈스턴 처칠 영국 수상은 깜짝 놀란 나머지 면도날로 얼굴을 베었다. 덜레스 미 국무장관은 잠들어 있던 아이젠하워 대통령을 깨워 "이렇게 되면 최악의 경우 전면전이 불가피하고, 자칫 확전으로 인해 원자탄을 사용할 지도 모른다"고 할 정도로 충격적인 뉴스였다.[207]

상황이 급박하게 돌아가자 미국은 로버트슨 국무부 차관보를 대통령 특사로 한국에 급파하여 이승만을 설득하기 위한 회담을 열었다. 회담은 6월 24일 로버트슨 특사가 서울에 도착한 이래 무려 2주 동안 계속됐다. 후에 이 회담에 합류한 로버트 올리버는 "사실상 획기적이며 성과 있는 회담이었다"고 평했다.

회담 첫날 로버트슨 특사는 "한국은 많은 유엔군 병력의 생명과 피의 대가로 확보하려는 휴전을 방해할 권리가 없다"는 덜레스 미국무장관의 항의서한을 전달했다. 이에 이승만은 다음과 같이 반박했다.

"우리는 미국을 확고히 신임했지만 과거에 미국으로부터 두 번씩이나 배반당했습니다. 즉 1910년 일본이 대한제국을 병합했을 때와 1945년 한국이 분단되었을 때입니다. 현재의 상황은 다른 하나의 배반 같은 것을 시사합니다. 만약 우리가 이제부터 우리 친구들에게 지금까지 품고 있던 무조건적인 신뢰를 의심하기 시작한다면 당신들은 우리를 탓하겠습니까?

우리가 미국과의 협력을 계속하다간 우리도 또 하나의 자유중국이 되어버리든가, 그렇지 않으면 또다시 40년 전 한국의 모습으로 전락할 것입니다. 우리가 어제의 적들에게 팔릴 바에야 차라리 한국이 통일될 때까지 전쟁을 계속할 것입니다."[208]

회담이 난항을 거듭하자 로버트슨은 공개석상에서 "차라리 다음날 귀국하는 것이 좋겠다"는 푸념을 할 정도였다. 이때로부터 22년이 지난 1975년 8월 3일 뉴욕타임스 지는 새로 공개된 기밀문서를 근거로 아이젠하워 대통령, 덜레스 미 국무장관, 합동참모본부 각 군 참모총장들이 휴전회담 진행 당시 이승만 체포와 남한을 다시 미 군정 하에 두는 문제를 심각하게 고려했었다는 사실을 보도했다. 관련 내용에 대한 로버트 올리버 박사의 기록이다.

'이 계획은 워싱턴 당국이 그 필요성을 확신하게 될 때에 즉각 실행에 옮길 수 있는 하나의 예비 계획임을 알리고 에버레디 작전이라는 암호명이 붙었다. 같은 문서들에 따르면 대통령 선거를 국회로부터 유권자인 국민에게 이양시키려는 정치파동 기간 동안에도 이와 비슷한 계획이 1952년 7월에 이미 준비되었던 일이 있었다.

이 문서들에 따르면 미국이 이 박사의 승낙에 보답하여 남한과의 상호방위조약을 체결하고 중요한 경제 원조를 제공키로 합의했을 때 비로소 1953년의 위기가 마지막으로 해결을 보았다고 쓰여 있었다.'[209]

미국 측이 준비했던 에버레디 계획의 주된 내용은 ▲반항적인 지도자를 제거하고 미군에 충성하는 지휘관으로 교체할 것 ▲불응하는 한국군에 대한 연료와 탄약 공급을 중지할 것 ▲포와 공군 지원을 철수할 것 ▲유엔군사령부 명의로 계엄령을 선포할 것 ▲유엔군사령부에 의한 군사정부 수립을 선포할 것 등이었다.

그러나 미국이 에버레디 계획을 실천에 옮기지 못한 것은 한국에 이승만의 리더십 정도를 갖춘 반공 지도자를 찾을 수 없었기 때문이었다.

한미상호방위조약 이끌어내

2주간의 밀고 당기는 치열한 회담 끝에 미국은 이승만에게 "휴전협정에 반대하지 않겠다"는 약속을 받아내기 위해 다음과 같은 보따리를 테이블에 올려놓았다.

1) 정전 후 한미 양국은 상호방위조약을 체결한다.

2) 미국은 한국에 장기적인 경제 원조를 제공하며 1단계로 2억

달러를 제공한다.

3)미국은 한국군의 20개 사단과 해공군력을 증강시킨다.

4)양국은 휴전회담에 있어 90일이 경과되어도 정치회담에 성과가 없을 경우 이 회담에서 탈퇴하여 별도의 대책을 강구한다.

5)한미 양국은 정치회담을 개최하기 이전에 공동목적에 관하여 양국의 고위회담을 개최한다.

미국 측이 제시한 조건을 이 대통령이 받아들임으로써 7월 27일, 3년 넘게 진행됐던 전투가 끝나고 휴전이 이루어졌다. 8월 10일, 이승만은 휴전에 관한 자신의 입장을 밝히는 다음과 같은 성명을 발표했다.

'휴전협정은 전쟁을 줄이는 것이 아니라 더 큰 전쟁의 준비 행위이고 더 많은 고난과 파괴를 의미하며, 전쟁과 내란에 의한 공산당의 더 많은 침략행위의 서막이 된다는 나의 확신 때문에 나는 휴전협정 서명에 반대하였습니다.

이제 휴전이 서명된 이 마당에 나는 그 결과에 대한 나의 판단이 틀렸던 것으로 나타나기만 기원할 뿐입니다. 정치 회담이 한국의 해방과 통일의 문제를 평화적으로 해결하기 위해 노력을 기울이는 동안 우리는 휴전을 방해하지 않을 것입니다.

미국과 우리가 양해한 사항은 우리 상호간의 이해가 얽힌 이 지역의 안보를 유지함에 있어 우리 양국 간에 효과적인 협력을 다짐하고 있습니다. 남한의 재건사업은 신속하고도 효과적으로 진척될 것입니다. 공산당도 북한에서 우리만큼의 노력을 기울일 것인지 아무도 모릅니다. 공산 학정 속에 당분간 그대로 남아 있게 되는 우리의 불쌍한 동포들에게 나는 이렇게 외치는 바입니다.

"절망하지 마시오. 우리는 결코 당신들을 잊지 않을 것이며 져버리지 않을 것입니다. 우리의 잃어버린 이북 5도와 북한의 우리 동포들을 다시 찾고 구출하려는 한국 국민의 근본 목표는 과거와 같이 장차에도 그대로 남아 있습니다.'"[210]

한미상호방위조약은 1953년 10월 1일 워싱턴에서 변영태[211] 외무부장관과 덜레스 미 국무장관이 서명함으로써 이루어졌다. 델레스 장관은 "한미상호방위조약은 우리 청년들의 피로 봉인되었다"고 선언했다. 서명 직후 이승만은 '전 국민에게 보냄'이라는 성명에서 "우리 후손들이 앞으로 누대에 걸쳐 이 조약으로 인해 많은 혜택을 누릴 것이다. 이 분야에 있어서 한미 양국의 공동 노력은 외부 침략자들로부터 우리의 안보를 오랫동안 보장할 것이다"라고 밝혔다.

한미동맹의 가치

유영익은 한미상호방위조약이 우리에게 준 혜택은 그 값을 따지기 어려울 정도로 엄청난 것이었다고 말한다. 그는 한미상호방위조약의 이점을 다음과 같이 밝혔다.

1)한반도 및 그 주변의 장기적 평화가 유지되었다.

2)한미동맹에 따른 미국의 확고한 대한(對韓) 방위보장에 힘입어

한국은 1970년대 전반기까지 GNP의 4%라는 비교적 적은 국방비만 쓰면서 경제개발 우선정책으로써 경이적인 경제성장을 이룩할 수 있었다.

3)한미동맹은 국군의 비약적인 팽창을 이루었다. 대한제국이 일본에 병탄되었을 때 보유병력이 8000명 정도였던 데 비해 한미동맹 조약에 따라 한국은 20개 사단을 현대화했고, 70만 대군을 갖게 되었다.

4)한미동맹은 한국의 민주화를 도왔다. 미국은 남한의 정치적 안정이 동북아권의 안정에 필수적이라고 인식했기 때문에 남한의 민주화에 관심을 가질 수밖에 없었으며, 실제로 장기적으로는 정치적 민주화를 후원했다. 물론 미국은 단기적으로는 1961년 이후 쿠데타 세력의 집권을 용인했으며 1980년 이후 신군부의 등장을 묵인하는 등 격동기에는 안정 때문에 민주화 대신 권위주의를 지지했다. 그러나 정기적으로는 한국의 제1공화국과 제3~4공화국 당시 이승만 제거작전과 박정희 제거작전이라는 권위주의 정권 견제책을 구상했으며, 정권 교체기에는 그때까지 육성했던 반대 세력을 배후에서 은근히 후원해 4·19와 10·26으로 우회적 결실을 맺었다고 할 수 있다. 1987년 6·29 선언도 1980년 1월 말~2월 초 이래로 구상된 전두환 제거작전의 우회적 결실이었다.

5)한미동맹으로 미국의 지원을 받게 된 한국은 외교망을 확대했다.

6)한미동맹으로 과거 동양에 가장 폐쇄적이었던 은둔국 한국은

'팍스 아메리카나'를 구가하는 미국과 맹방이 됨으로써 서구문명에 완전히 개방되었다. 원래 대륙 국가였던 한국은 이 과정에서 해양 지향의 태평양국가로 탈바꿈했다.[212]

이승만은 반공포로 석방 등 초강수 카드를 동원하여 미국을 상대로 한미상호방위조약이라는 요구사항을 관철시킴으로써 다시는 공산군의 침략을 받지 않도록 군비를 갖추는 데 성공했다. 남정옥은 6·25 전쟁 기간 이승만의 역할을 이렇게 정리하고 있다.

'그는 노구를 이끌고 총탄이 퍼붓는 전선을 누볐고, 통일완수를 위해 국군 단독 북진명령을 내렸고, 소득 없는 휴전을 저지하기 위해 반공포로를 석방했고, 자력으로 막을 수 없는 휴전을 앞두고는 전후 안전보장대책으로 한미상호방위조약, 국군 전력증강(20개 사단 증편), 경제원조 등을 얻어내기 위해 유엔군에서 국군을 철수하여 단독북진을 외치며 이를 성취했던 진정한 국권수호자이자 국가지도자였다.

전후에는 전후복구와 함께 북한군의 현존 위협 앞에서 국군의 전력증강을 위해 매진했다. 6·25 전쟁 이전 10만 명에 불과했던 국군을 70만 대군으로 성장하게 했고, 8개 사단이던 육군을 30여 개 사단으로 증편시켰고, 해군은 함대사령부를 보유하게 됐고, 공군도 전투 비행기를 보유한 전투비행단을 갖춤으로써 3군 합동체제를 유지하며 주한미군과 함께 한반도의 전쟁억지세력으로 발전하게 되었다.'[213]

전 국민의 2년 치 소득 날아가

3년여 밀고 밀리는 전쟁이 휩쓸고 간 상처는 처참했다. 인명피해는 그 무엇보다 가혹한 것이었다. 김영모[214]의 연구에 의하면 6·25 전란의 와중에 현역 국회의원 중 서울을 빠져나와 남쪽으로 피난을 떠난 남하의원이 148명, 남하하지 못한 채 적 치하에서 숨어살았던 의원이 32명, 납치 및 행방불명자 27명, 사망 및 피살자 8명으로 모두 35명의 의원이 피해를 당했다.[215]

당시 주한 미국대사관의 1등서기관으로 근무했던 헤럴드 노블의 기록에 의하면 6월 27일 새벽 국회에서 특별회의가 열렸다. 회의에서는 한 시간 동안 격론 끝에 "정부가 어떻게 하든 상관없이 국회는 서울을 떠나지 않을 것이며, 국민들과 함께 서울에 남는다"는 결의를 했다. 그러나 결의와는 달리 이날 저녁까지 대다수 의원들은 한강을 넘었으며, 38명의 의원들은 서울 사수 결의에 의해 그대로 남았다가 대부분 공산당의 포로가 되었다.[216]

이홍탁의 연구결과 한국전쟁이 발발한 지 1년 9개월이 지난 1952년 3월 말 인구분포를 보면 서울의 20~24세 인구가 2만 4437명으로 15~19세 인구 5만 7452명의 절반이 안 되는 모습을 보이고 있다. 서울뿐만 아니라 경기도, 충남, 경남, 제주지역 등에서도 한결같이 20~24세 인구가 15~19세 인구에 비해 격감했다.

더욱 심각한 것은 남성 인구만 따로 비교할 경우다. 서울의 20~24세 남성인구는 6670명으로 15~19세 2만 5276명의 26%에 불과해 전쟁으로 인한 인명 피해가 얼마나 심각했는지를 단적으로 보여주고 있다. 한국전쟁 초기에 20~29세 연령층의 남성 인구가 가장 극심하게 전쟁의 피해를 입었다.[217]

군경 전사자와 실종자, 북으로 납치된 사람과 전쟁 부상자는 199만 8900여 명으로 집계됐다. 이 수치를 1949년 5월 당시 남한 총인구 2016만 명과 비교하면 전체 인구의 10%, 즉 10명 중 한 명 꼴로 전쟁으로 인한 사망 또는 부상의 피해를 입었다는 계산이 나온다.[218]

인명피해 뿐만 아니라 주택과 학교 피해도 심각했다. 공보처 조사에 의하면 1953년 7월 휴전까지 총 61만 3000호, 면적으로는 1191만 2000평의 주택이 파괴됐다. 이는 전 국민의 12.4%가 전쟁으로 자기 집이 파괴돼 거리로 나앉은 셈이다. 학교의 경우 전체 초등학교의 27.3%, 중등학교는 전체의 35.6%가 피해를 입어 정식 수업을 못하고 임시 가건물이나 야외에서 수업을 진행했다.

파괴의 대열에서 산업시설이라고 예외가 될 수는 없었다. 3년간의 전쟁이 우리에게 가져다 준 피해는 어느 정도였을까. 1950년 10월 서울 수복 직후 ECA 원조당국은 전쟁피해 복구를 위한 소요자금 조사를 위해 산업시설피해 실태조사에 나섰다. 이 조사결과에 의하면 방직공업과 화학공업이 가장 큰 피해를 입었는데, 두 분야는 원상의 70% 정도 피해를 입은 것으로 집계됐다.

이밖에도 섬유공업의 67%, 인쇄업 75%, 기계공업 32%, 식품공업 30%, 화학 24%, 금속공업 26%가 폭격을 맞거나 부서져 가동

불능 상태가 됐다. 6·25 이전에 남한 유일의 경제적 규모를 갖춘 산업 분야였던 면방직 분야는 전쟁 1년 만에 방직기의 67%인 22만 추, 직기는 47%인 5300대가 완전 파괴되어 고철로 변했다. 사회간접자본과 공업시설의 60%, 주택의 16.9%가 파괴돼 한국은행은 전쟁으로 인한 총 피해액을 30억 달러로 추산했다. 이대근은 이 수치는 1952~53 회계연도 2년 치의 국민소득 규모에 달한다고 계산했다.[219] 말하자면 전 국민의 2년 치 소득이 전쟁비용으로 사라진 셈이다.

글로벌 경제 회복에도 큰 역할

6·25 직전 남한의 3대 공업지역인 삼척공업지대에는 정부 관리하의 귀속사업체인 삼척탄광, 북삼화학, 삼척시멘트, 동양화학, 삼화제철, 삼화광산 등 6개 기업이 가동 중이었다. 여기에 근무하는 종업원이 전쟁 전에 1만 1256명이었는데, 전쟁이 쓸고 간 1951년 9월에는 겨우 2697명만 남아 있을 정도로 전쟁피해가 극심했다.[220]

발전시설 피해도 극심했다. 1951년 8월 기획처 조사에 의하면 기존 발전능력의 80%가 전쟁 피해를 입었다. 남한의 주요 전력공급원이었던 발전함 일렉트라 호는 적에게 넘어갈 상황이 되자 자폭시켰다. 전쟁 발발 1년 전인 1949년 6월 준공된 목포 중유발전소(5000kW)도 크게 부서졌다. 결국 종전 직후 남한의 발전능력은 부산 앞바다에 떠 있는 발전함 자코나 호를 제외하고는 거의 대부

분이 파괴된 셈이다.[221]

전쟁은 신생 정부의 경제안정 노력을 물거품으로 만들었고, 빈약한 산업 기반마저 붕괴시켰다. 경인공업지대가 인천상륙작전과 수도권 탈환 공방전의 전장(戰場)이 되어 쑥대밭이 됐다. 덕분에 전란의 참화를 면한 영남지역 기업가들이 전시경제를 등에 업고 성장 가도를 달리게 된다. 6·25로 인해 전통적 갑부로 행세하던 호남 지주계급이 몰락하고 영남세가 등장하면서 영남 권력 전성시대가 개막된 것이다. 김대환은 당시의 상황을 이렇게 설명하고 있다.

'1953년 휴전이 성립되자 미국은 한국의 경제재건을 위해 막대한 원조를 투입하였으며, 한국 정부도 공업화를 위한 제반시책을 수립하기에 부심하였다. 휴전 직후 아이젠하워 미 대통령은 2억 달러의 FAO 원조를 한국에 공여하겠다는 발표를 통하여 한국경제 재건을 제창했으며, 한국 정부도 경제부흥 3개년계획(타스카 3개년 대한원조계획)을 수립하고 이를 기초로 상공부는 공업부문 종합계획을 비롯한 부흥계획을 마련하였다.'[222]

그렇다면 3년여에 걸쳐 인명과 재산상으로 막대한 손실을 안겨준 한국전쟁은 어떤 결과를 가져왔을까. 이대근은 경제적 관점에서 다음과 같이 정리했다.

첫째, 식민지 체제 하에서 물려받은 상당한 수준의 물질적 축적기반이 전쟁으로 인해 파괴 단절돼 경제건설에 도움을 주지 못했다.

둘째, 토착 중소공업이 자생적으로 일어나 한국이 나아갈 공업화의 새로운 가능성을 제시했다.

셋째, 휴전과 더불어 복구용 미국 원조가 들어와 파괴된 산업기반을 복구했으나 한편으로는 신흥 토착공업의 발달을 저지했다.[223]

한반도에서 진행된 한국전쟁은 글로벌 경제에도 큰 영향을 주었다는 것이 학자들의 연구 결과다. 육지수[224]는 6·25 전쟁이 국제무역을 증진시켜 세계경제 회복에 활력을 불어넣었다고 분석했다. 한반도를 강타한 전쟁이 '무역풍' 역할을 하여 세계경제 회복에 크게 이바지했다는 것이다. 이대근은 육지수의 주장에 대한 구체적인 수치를 제시하고 있다. 즉 1947년 세계수출(공산권 제외)은 469억 달러였는데, 1950년에는 555억 달러, 1951년 745억 달러로 급증했다는 것이다.[225]

한일 무역회담으로 복구물자 도입

전쟁의 포성이 멎고 부산 임시정부가 서울로 환도하면서 사회 각 분야에서는 전후복구의 망치질 소리가 그치질 않았다. 경성방직은 6·25로 인해 30여 년 이루었던 모든 결과물이 송두리째 날아갔다. 영등포의 방직공장을 비롯해 시흥의 염색공장, 쌍림동의 피복 공장 등이 불타고 폭격을 맞아 폐허로 변했다. 전쟁 전에는 일부 노동자와 엔지니어들이 좌익계 노동 단체인 전평(조선노동조합 전국평의회)의 영향으로 파업과 태업에 앞장서는 등 질서가 잡히

질 않았다. 그러나 전쟁을 겪으면서 직장이 얼마나 소중한지를 절실히 깨달은 노동자들은 자발적으로 '경방'의 깃발 아래 모여들어 전후 복구 작업에 참여했다.

그들은 잿더미에 묻혔던 기계를 끌어내고 파괴된 기계를 분해하여 쓸 만한 기계로 다시 조립하는 작업에 몰두했다. 밤이면 전기가 없어 횃불을 켜 놓고 작업을 진행했다. 종업원들에게 줄 임금도 없었지만 그들은 무보수를 자원하여 폭격 맞은 다른 공장의 잿더미에서 뒹구는 철판과 부품을 주워다 철공소를 만들고 기계를 조립했다.

이처럼 처절한 자력 복구 작업에 감동한 미국 보도진들이 몰려와 사진을 찍고 그 현황을 '미국의 소리(Voice Of America)' 방송을 통해 세계에 알렸다. 경방은 고된 복구 작업 끝에 1953년 4월 11일 공장 가동식을 가졌는데, 전 임직원들은 서로를 끌어안고 기쁨의 눈물을 흘렸다.

1950년대 초반 한국 사회 곳곳에서는 눈물겨운 고군분투로 전쟁의 상처를 씻어내는 작업들이 감동적으로 전개됐다. 국가지도부와 정부 관료, 기업가들은 우리 경제를 산업화로 방향을 잡는 노력을 시작했다. 그 단서는 1950년 3월과 1951년 3월 도쿄서 열린 두 차례의 한일무역회담에서 찾아볼 수 있다.

극심한 물자부족에 시달리던 정부 관계자들은 가까운 일본에서 부족한 물자를 수입하는 방법이 가장 현실적이라고 판단했다. 문제는 반일감정으로 똘똘 뭉친 이승만을 설득하는 일이었다. 이승만은 일본과 교역을 하는 것은 민족의 수치라는 입장이었다. 그러나 더 이상 일본과의 교역을 미뤘다가는 나라가 당장 주저앉을 판이라 미국을 중재자로 내세워 이승만을 설득해 한일무역회담이 열리게 된 것이다.

6·25 남침이 개시되기 3개월 전인 1950년 3월 도쿄에서 열린 제1차 회담에는 우리 측에서 한통숙 상공부차관을 단장으로 하여 송인상 재무부 이재국장, 박충훈 상공부 무역국장, 김용진 기획처 물동국장, 김진형 한국은행 도쿄주재원 등이 참석했다. 한일무역회담은 영어로 진행됐는데, 한국이 일본으로부터 필요한 물자를 들여오는 것에 두 나라 관계자들은 이견이 없었다. 다만 문제는 대금 지불을 어떻게 할 것인가 였다.

일본은 패전국으로서 미국 점령 하에 있었기 때문에 수출 대금을 제대로 요구할 처지가 아니었다. 우리 측은 이 점을 활용해 협상을 유리하게 이끌어갔다. 결국 '오픈 어카운트 협정'이라 불리는 청산계정협약이 체결되었다. 당장 한국이 대금을 지불할 형편이 못 되니 200만 달러를 일본으로부터 빚진 것으로 계정을 만든다. 이 계정에 의거하여 200만 달러어치의 물자를 먼저 들여온 다음 이후 물량이 200만 달러를 넘어서면 초과분에 한해 대금을 지불한다는 내용이었다. 200만 달러어치까지는 물자를 외상으로 들여오게 된 셈이다.[226]

이런 청산계정을 주요 내용으로 하여 송인상 이재국장과 일본 은행국장 아이치가 한일무역협정서에 서명했다. 아이치 국장이

문서에 서명을 하면서 송인상에게 물었다.

"이 돈 갚을 수 있겠습니까? 남미 국가들도 청산 계정으로 했는데 한 푼도 못 갚았습니다."

송인상 국장은 "걱정 마시오. 반드시 갚겠소"라고 다짐했다.[227]

중공군의 개입으로 부산으로 정부가 다시 옮겨간 1951년 3월 제2차 한일무역회담이 열렸다. 두 번째 회담도 한국 측에 유리하게 진행됐다. 한국이 전쟁 중임을 내세워 청산계정 지불 시기를 늦추기로 합의한 것이다.

경사(傾斜)생산방식에 신선한 충격

당시 도쿄에 파견된 우리 대표단은 일본에서 많은 것을 보고 느꼈다. 그 중에서도 가장 강렬했던 인상은 일본이 패전국임에도 불구하고 제반 분야의 기술은 물론, 자금을 만드는 시스템이 살아 있었다는 점이다. 일본은 패전국이지만 태도가 당당했는데, 그것은 일본의 막강한 산업력에서 나온다는 사실을 알게 됐다.

일본은 패전으로 경제순환체제가 붕괴되었을 때 자신들이 보유하고 있던 유일한 동력원인 석탄 증산에 경제역량을 총 투입했다. 이것이 유명한 '경사(傾斜)생산방식'이다. 김정렴은 전후 일본이 채택한 경사생산방식을 이렇게 설명하고 있다.

'패전으로 일본의 경제 순환체제는 붕괴되었다. 마비상태에서 벗어나 생산을 재개하기 위해서는 특수하고 강력한 대책이 필요했다. 이런 배경 하에서 경사 생산방식의 구상이 생겼다. 당시 인플레의 기본적 요인은 물자의 절대부족에 있었으므로 인플레를 극복하기 위해서는 우선 생산수준을 높여야 했다.

그러나 그때의 일본 실정으로는 전면적으로 생산수준을 높이는 것은 해결하기 어려운 난제이므로 일본이 보유하고 있고, 처리할 수 있는 유일한 기초소재인 석탄증산에 모든 경제정책을 집중시키고, 그 석탄을 철강부문에 집중 투입하여 기초부문의 생산을 조속히 증대시켜 이것을 지렛대로 생산수준을 높이는 계기를 만들 필요가 있었다. 이리하여 모든 시책을 석탄, 철강의 증산에 집중시키는 획기적인 경사 생산방식이 결정된 것이다.'228)

일본은 수입이 허용된 중유의 전량과 일본 국내에서 생산된 석탄을 철강부문에 중점 투입하고, 증산된 철강을 다른 자재와 더불어 석탄분야에 집중 투입했다. 이로써 증산된 석탄을 다시 철강산업에 투입하는 등 양 부문 간의 투자교류를 정책적으로 확대시켜 경제 전체를 부흥시킨다는 구상이었다. 이것이 곧 '일본 산업의 부흥은 석탄으로부터'라는 슬로건으로 집약되어 거리에 나부끼고 있었다.

일본 유수의 재벌기업인 미쓰이(三井), 미쓰비시(三菱)도 초기엔 석탄 산업에서 시작해 중공업, 제철로 사업영역을 확장하여 항공기와 항공모함을 만들어 미국과 전쟁을 벌이지 않았는가. 이런 모습에 감명을 받은 우리 대표단은 귀국 직후 일본에서 보고들은 내용을 토대로 경제정책, 산업정책에 대한 청사진을 마련했고, 이런 내용을 토대로 상부에 보고서를 제출했다.

당시 한일무역회담 요원으로 도쿄에 가서 일본 대표단과 협상에 임했던 송인상은 이렇게 밝힌 바 있다.

"한일무역대표단은 도쿄에서 돌아와서 장관께 도쿄에서 보고들은 내용을 토대로 이런 설명을 드렸습니다. '지금 우리 정부는 토지개혁 문제로 실랑이를 벌이고 있는데, 그 좁은 토지를 들여다보면서 경제부흥을 꾀한다는 것은 시대에 맞지 않는다. 우리도 일본처럼 빨리 산업화를 해야 한다. 경제 개발을 서두르기 위해서는 국가 전반을 리드할 수 있는 경제계획 같은 것을 만들어 통일된 지도력을 발휘해야 한다'는 요지로 보고를 드린 기억이 나는군요."[229]

당시 정부 관료들도 송인상과 비슷하게 산업화, 공업화의 필요성을 절감하고 있었다.

네이산 보고서의 파장

우리 정부 관료들이 산업화, 공업화에 대한 의지를 가다듬게 된 계기는 '네이산 보고서' 때문이다. 1950년 12월 유엔총회는 한국경제 부흥을 위해 유엔한국재건단(UNKRA)[230]을 결성하고 1951년 7월부터 활동을 개시했다. 운크라로 불린 유엔한국재건단은 전쟁 중 긴급한 구호사업을 벌이는 동시에 우선적으로 착수해야 할 공업시설로 판유리, 연탄공장, 시멘트공장, 비료공장, 전력시설 등을 내정하고 기초조사를 벌였다.

1952년 전선이 휴전선 부근으로 교착되자 운크라는 전후 한국 경제의 재건 방안을 모색하기 위해 네이산협회를 운영하고 있던 로버트 네이산에게 연구용역을 맡겼다. 네이산협회는 1952년 12월 '한국경제 재건계획'이란 예비보고서[231]를 제출했는데, 이것이 그 유명한 '네이산 보고서'였다.

그러나 보고서 내용은 이승만을 비롯한 우리 정책 당국자들 의견과 크게 달랐다. 공업화를 국가 최대의 목표로 설정한 우리와는 달리 네이산 보고서의 핵심은 '한국은 쌀 품종을 개량해 생산량을 늘려 농업강국이 되어야 한다'는 것이었다.

즉 한국은 우선 농업에 집중 투자하여 농업부문의 생산성을 높이고, 증산된 쌀을 해외에 수출해서 얻은 외화로 긴급물자를 조달하는 방식으로 공업기반을 구축해야 한다는 것이었다. 말하자면 농업 근대화를 선행해야 한다는 것이 핵심이었다. 구체적인 계획은 1953~54년 미국 회계연도를 제1차 연도로 하여 1959년까지 5년간 1억 2000만 달러를 투자, 매년 국민총생산을 5000만 달러씩 증가시켜 목표연도인 1959년 국민총생산액을 25억 1000만 달러로 높이자는 것이었다.

이 보고서가 제출되자 논란이 제기됐다. 이승만을 비롯한 정부 관리들은 네이산 보고서에 적극 반대하는 한편, 한국 사람의 높은 교육수준과 풍부한 노동력을 이용하여 공업화로 산업발전을 이루어야 한다고 주장했다. 네이산 보고서와 관련된 논란에 대해 송인상은 다음과 같이 밝혔다.

'네이산 보고서는 여러 각도에서 논란이 되었지만 나는 반봉건적인 동양식의 영세농업구조와 관련, 농업 중심의 투자계획에 대해서는 찬성할 수 없다는 뜻을 여러 차례 전달했다. 그러나 네이산 씨는 자본의 축적정도나 기술수준, 경영능력에 비추어 볼 때 한국 경제의 공업화를 지금 시작하는 것은 부적당하다고 고집을 부렸다. 이 네이산 보고서는 결국 채택되지 못한 채 사문화(死文化)되고 말았다. 역사를 거꾸로 읽어갈 수는 없지만 당시 네이산 보고서가 그대로 정책으로 채택되어 우리가 농업국가로 되었다면 오늘의 우리 경제가 어떤 모습을 취하고 있을지 흥미로운 일이다.'[232]

송인상은 네이산 보고서와 관련, "나는 그 때 농업에 의해 한국경제를 발전시킨다는 구상에 대해 알레르기 반응을 일으키곤 했다"고 말할 정도로 부정적 입장이 강했다.[233] 이승만 정부에서 송인상의 후임으로 부흥부장관을 지낸 신현확은 "그 시절 대부분의 정부 관료들은 우리나라가 산업화로 나가야 한다는 점을 확고하게 인식하고 있었다"고 증언했다.[234] 그것은 이승만의 확고한 원칙이기도 했다.

"우리 돈으로 철강공장 지어라"

정부가 안정을 찾아가기 시작한 1955년부터 사회 각 분야에서 산업화에 눈을 뜨기 시작했다. 그러나 그 이전, 피난수도 부산에서는 한국 산업사의 진행과정에서 중대한 의미를 갖는 두 가지 작업이 추진됐다. 하나는 전후 복구사업에 긴급한 철강공장 건설이요, 다른 하나는 수입대체산업의 상징이랄 수 있는 제일제당 부산공장 건설이었다.

이승만은 산업문명의 핵심이 철강공업에 있으며, 철강이 '산업의 쌀'이라는 사실을 미국에서 오랜 망명생활 과정에서 깨달았다. 6·25 전쟁의 휴전 문제가 흘러나오던 무렵, 부산 임시정부는 전후 복구를 위한 그랜드 디자인을 준비하기 시작했다. 이승만이 철강산업에 대한 의지를 피력한 것은 1953년 4월 4일이다. 이날 이승만은 내각에 다음과 같이 특별 지시를 내렸다.

"전쟁이 끝나면 하루 빨리 부흥 사업을 펼쳐야 할 것이니 그 기초가 되는 철강 산업 진흥책을 마련하라. 특히 주택건설사업을 위한 함석, 철판 등의 공급을 담당할 제강사업 건설계획을 우선적으로 강력히 추진하라."

관계부처는 철강 산업에 대한 기본 대책을 검토한 끝에 대통령령으로 인천의 대한중공업공사[235]를 국영기업으로 출범시키고, 파괴된 공장 복구를 위해 연산 5만 톤 규모의 평로(平爐 구식 용광로)를 건설하여 제강공장과 압연공장을 재건하기로 결정했다.

당시 우리 경제는 전적으로 미국 원조에 의존하고 있을 때다. 미국으로부터 오는 무상원조가 국가 예산의 절반을 차지할 정도였다. 그만큼 미국 원조당국의 입김이 세서 우리나라의 모든 경제계획은 미국의 경제고문관에 의해 좌우되던 시절이다. 정부는 철강공장 건설계획을 수립한 후 미국 원조기관에 철강공장에 필요한 자금 지원을 요청했다.

미국 원조당국은 "지금 수백만의 피난민들이 굶주리고 있는데 무슨 철강공장인가. 시급한 민생문제부터 해결하라"면서 우리 측 요구를 거절했다. 보고를 받은 이승만은 "못이나 양철이라도 만들어야 판잣집이라도 지을 것 아닌가" 하면서 "미국이 돈을 못 내겠다면 정부가 보유한 자체 보유 달러로 공장을 지으라"고 내각에 지시했다.

극심한 달러 부족으로 장관이 외국 방문을 할 때면 손수 달러를 세어 주었던 이승만이 외환사정이 지극히 어려운 전시에 철강공장 건설을 위해 140만 달러를 투자키로 결정한 것은 역사적 결단이었다.

이승만은 전쟁 부상자 치료를 위해 부산에 와 있던 서독 적십자 병원장 후버 박사에게 한국의 철강공장 건설에 서독이 기술지원을 해 달라고 도움을 요청했다. 이승만이 서독과 교섭에 나선 이유는 미국이 철강공장 건설에 비협조적이었기 때문이다.

그 무렵 서독은 2차 대전 패전 후 전후복구가 한창이었다. 서독 기업들도 해외 공사를 수주하여 달러를 벌어들이는 일에 전력을 기울이고 있었다. 이승만의 부탁을 받은 후버 박사는 한국의 철강공장 건설계획을 서독 정부에 보고했고, 서독 정부는 일본에서 활동하며 유엔군에 물자를 공급하던 유태인 중개상 아이젠버그를 교섭 상대로 내세워 적극적인 수주 활동을 벌였다.

포항제철 신화의 시작

1954년 실시된 대한중공업공사의 5만 톤 규모 평로 제강공사 국제입찰에는 미국, 스위스, 서독의 전문회사가 참여하여 경합을 벌였다. 그 결과 서독 최대의 제철시설 제조회사인 데마그 사가 공사를 수주했다. 이어 1956년 2단계로 실시한 380만 달러의 압연공장 건설사업도 데마그 사에게 돌아갔다.

이승만은 제강공장 건설공사가 진행되는 인천의 대한중공업 현장을 수시로 방문하여 작업을 독려했다. 마침내 1956년 하반기에 평로 제강공장 건설이 완공되어 첫 출강식(出鋼式)이 거행됐다. 평로 제강공장에 이어 압연공장 건설이 완료되면서 본격적인 생산이 개시된 것은 1959년이다. 이것이 우리나라 철강 산업 발전의 결정적 전기가 된다.

정부는 철강공업육성 5개년계획을 수립하고 연산 20만 톤 규모의 제철소 건설안을 마련하여 미국 국제원조처(ICA)[236]에 건설자금 지원을 요청했다. 동해안에 건설하려 했던 이 제철공장은 코크스를 쓰는 용광로 제철이 아니라 우리나라에서 생산되는 무연탄을 활용하는 전기제철공장 건설안이었다. 문제는 이 공장에 소요되는 전력을 공급하려면 신규 발전소를 새로 건설해야 하는 문제 때문에 진전을 보지 못했다.

1958년 들어 대한중공업공사의 압연공장 건설공사가 진전되자 김일환 상공부장관이 서독을 방문하여 데마그 사와 연산 20만 톤

규모의 제철소 건설문제를 협의하고 서독, 미국, 프랑스, 오스트리아, 노르웨이 등이 힘을 합쳐 국제차관단 조직 문제를 협의했다.

우리 정부가 6·25 직후에 외국 차관 한 푼 안 들이고 순수한 우리 자본으로 제강공장을 건설한 것은 2차 대전 종전 후 후진국에서 벌어진 최초의 중공업 프로젝트였다. 이승만은 미국의 강력한 반대를 물리치고 자체 보유 달러로 철강공장 건설이라는 결단을 내릴 정도로 국가 근대화에 모든 것을 걸었다.

철강공장 건설과정에서 수많은 한국의 기술자와 관리자들을 선발하여 국비로 서독에 유학을 보냈다. 김재관이 당시 국비 유학생으로 독일 유학을 다녀왔는데, 그의 증언에 의하면 이승만 대통령이 선발된 유학생들을 경무대로 불러 일일이 장학증서를 주면서 "열심히 공부하고 오너라. 우리가 참다운 독립국가가 되려면 제철공장이 있어야 돼. 여러분들이 그걸 해 내야 한다"며 어깨를 어루만져 주었다고 한다.[237]

이 유학생들이 현대식 철강 산업을 배우고 돌아와 대한중공업 철강공장을 건설하는 주역이 됐고, 박정희 정권 시절 포항제철(포스코) 건설에 대거 참여하여 '포항제철 신화'를 만드는 주인공이 된다. 이런 이유 때문에 산업계 인사들은 "이승만이야말로 우리나라 중공업의 기초를 닦은 인물"이라고 평한다.

부산 중심으로 전시(戰時)무역 성행

위기는 곧 기회의 다른 말이다. 포탄은 철통같은 방위선을 뚫지 못해도 상인들의 이재(理財)는 그것을 뚫고 들어가 물자를 교역한다. 물자가 교역되는 곳에서 경제가 싹트고 산업이 개화한다. 전쟁은 기존의 체제와 질서를 허물고 새 질서를 창조하는 기회가 되었다. 졸지에 인민군의 남침으로 산업의 터전을 잃은 기업가들은 부산으로 피난을 와 해외 무역을 통해 물자를 조달하면서 새로운 사업의 기초를 닦기 시작했다.

전쟁 상황이던 당시 우리의 주력 수출품은 고철과 탄피였다. 전장에서 수집된 고철과 탄피 등 파철은 일본이나 홍콩으로 수출되어 귀중한 달러 수입원 역할을 했다. 전시 무역업은 황금알을 낳는 거위였다. 훗날 재벌 반열에 오른 당대의 기업가들은 대부분 부산에서 무역업을 통해 거부(巨富)를 축적한 사람들이다. 임시수도 부산은 해외에서 선적된 각종 무기와 탄약, 트럭과 전차, 중장비는 물론 한국 주둔 유엔군이 먹고 마시고 입고 쓰는 막대한 전쟁물자가 상륙하는 생명선이었다.

전란으로 고통 받는 국민들에게 가장 시급한 것은 생필품과 의약품, 식량과 의복이었다. 6·25 전의 정크무역, 마카오 홍콩 무역은 물물교환 형태의 원시적 형태인 데다가 규모도 빈약했다. 시장도 홍콩과 마카오, 중국, 일본 등으로 한정되어 있었다. 6·25를 계기로 전후복구를 위한 무역이 본격화되면서 거래선도 미국과 유럽으로 확대되는 등 본격적인 글로벌 무역이 개시된다.

무역을 통해 자본을 축적한 기업가들 중 선각자들은 더 높은 단계로 도약하기 위한 아이디어를 궁리했다. 즉 외국에서 물건을 사다가 국내에 파는 데 그칠 것이 아니라, 아예 기계를 들여다 국내에 공장을 짓고 값싸고 질 좋은 소비재를 생산하자. 그리하여 국민들 의식(衣食) 문제를 해결하고 실의에 빠진 국민에게 일자리를 제공하여 산업부흥에 일조하자는 발상이었다. 그것은 무역을 통해 축적된 상업자본이 산업자본으로 이행하는 길이기도 했다. 그 상징적 변모의 첫 작품이 이병철의 제일제당이다.

6·25 때 '서울 사수'라는 정부의 말을 믿고 피난을 떠나지 않았다가 적 치하에서 3개월 동안 갖은 고생을 했던 이병철은 1·4 후퇴를 맞아 일찌감치 대구로 피난을 떠났다. 대구에서는 그 동안 자신이 설립한 양조장을 운영하던 사람들이 사업자금으로 3억 원을 내놓았다. 이병철은 이 돈으로 1951년 1월 11일 부산에서 삼성물산주식회사를 차리고 무역업을 시작한다. 고철과 탄피를 수출하고 생필품과 의약품을 수입해다 팔았는데, 1년 후 결산을 해 보니 자산이 66억 원으로, 출자금의 20배로 불어났다.[238]

선각자 이병철

엄청나게 불어난 돈으로 생산업에 진출한다는 결심을 굳힌 이병철은 여러 업종을 검토한 끝에 제당공장을 짓기로 했다. 그가 제당공장 건설에 착수한 1953년은 6·25 전란의 포성이 멎지 않은 때였다. 참모들은 전황이 어떻게 전개될지 모르는 불투명한 전시 상황에서 가장 안전하고 수지맞는 사업을 팽개치고 제조업을 위한 공장 건설을 하는 것은 무모한 모험이라고 반대했다. 그러나 이병철은 온갖 반대를 무릅쓰고 제당공장 건설에 나섰다. 그것은 상식의 파괴요, 자신의 모든 것을 건 모험이자 값비싼 투자였다.

이병철의 제당공장 건설과 관련된 비화가 또 하나 있다. 부산 임시정부 시절 국내에서 공장을 건설하려면 정부 부처의 국장급 회의에서 논의 과정을 거쳐 참석한 모든 국장들의 동의가 있어야 가능했다. 허가 과정의 비화를 신현확의 증언을 통해 들어본다.

'6·25 사변 중에 정부가 부산에 있을 때야. 내 삼촌이 대구 사람인데, 삼촌하고 잘 아는 사람이 삼성에 일하고 있어서 상공부에 찾아왔단 말이야. 그 사람들이 찾아와 "삼성이 제당회사를 해야겠다. 그 계획을 세워 추진한다" 하더라고.

그 당시 내가 공업국에서 공정과장으로 일하면서 아이디어가 전쟁 중에 나라가 다 파괴된 상황인데 제일 급한 게 뭐냐. 의식주를 주로 해서 산업을 해나가야겠다. 전쟁으로 전부 황폐화됐으니까 제일 급한 게 의식주다. 내가 안을 전부 그런 방향으로 세웠던 말이야. 그래서 식(食) 중의 한 계통으로서 제당회사도 좋다. 설탕 수입하는 것보다 원당 수입 해다가 제당하는 것도 좋다. 그 공장 하자 이렇게 됐단 말이야.

그 때 공장 계획 추진하려면 기획처에서 관계부처의 국장회의를 열어가지고 합의를 해서 결정을 하면 정부가 뒷받침을 해나가고 이렇게 했어. 당시 기획처 담당 기획국장이 누군가 하면 신선호의 장인 부완혁 씨였는데, 부완혁 씨는 나보다 서울대 2년 선배고, 일제 강점기에 우리 고향의 선산군수를 했어. 내가 군수 할 때도 놀러가고 잘 아는 사이란 말이야. 그런데 그 회의에서 그 양반이 반대한 거야.

그래서 내가 부완혁이를 만나가지고 "여보시오. 당신 이론은 다 글렀다고 말 안 한다. 그런 이론도 세울 수 있다. 그러나 나는 나대로 의식주를 주종으로 해서 복구를 해나가야겠다. 그러니 당신 이론 굽히라고 안 한다. 하루 결근을 해라. 결근하는 날 내가 통과시키겠다" 그래가지고 통과가 되었지.

그래서 제일제당이 설립되었지. 그 때 나는 이병철 씨 만난 일도 없고 자기도 날 알지도 못했지만, 나중에 삼성이 점점 커지는 과정에서 이병철 씨 만날 일도 여러 번 있고 해서 가까워졌단 말이야.'[239]

당시 설탕은 국내 생산이 안 되어 100% 외국에서 수입되고 있었는데 국내에 설탕공장을 건설하여 생산하면 수입품보다 월등히 싼 가격으로 대량 공급할 수 있다. 이런 확신이 이병철을 제당공장 건설이라는 길로 내몬 것이다. 제당공장 건설을 결심하게 된 정황에 대해 이병철은 이렇게 밝히고 있다.

'국민이 일상적으로 사용하는 소비 물자를 수입에만 의존하고 있다가는 언제까지나 거기에서 벗어날 수 없다. 외화는 귀중하다.

우리 국민이 소비하는 것은 우리나라에서 만들어야 한다. 그뿐만이 아니다. 인적 자원 외에는 자원다운 자원을 갖지 못한 한국으로서는, 원자재를 수입하여 그것을 다양한 상품으로 가공하여 수출해야 한다. 이것이야말로 한국이 사는 유일한 길이다. 그러기 위해서는 우수한 기술과 가공 생산시설을 갖춘 제조업이야말로 불가결의 것이 아니겠는가.'[240]

제일모직 설립, 외제 양복지 몰아내

제일제당이 본격 가동되면서 이병철은 돈벼락을 맞게 된다. 아침에 설탕 한 트럭을 싣고 나가면 오후에 한 트럭의 돈을 싣고 올 정도로 제당업은 수지맞는 장사였다. 1953년 우리나라 설탕 수입량은 2만 3800톤이었다. 수입가격은 톤 당 35달러 선. 그때까지 수입의존도 100%였던 설탕은 제일제당의 가동으로 인해 수입의존도가 1954년 51%, 1955년 27%, 1956년 7%로 급격히 떨어졌다. 제일제당이 승승장구하자 다른 기업가들도 덩달아 제당사업에 뛰어들어 동양, 삼양, 대한 등 7개 업체가 난립하게 된다.

이병철이 다음으로 도전장을 낸 분야는 의복사업이다. 국민에게 질 좋은 양복지를 값싸게 공급하여 의(衣)생활을 해결하고, 수입에 의존하던 양복지를 국산화함으로써 외화를 절약한다는 사업구상이었다. 제일모직 건설과정은 우리나라 기업사뿐만 아니라 산업사에 새로운 면모를 보여주는 계기가 되었다.

당시 마카오에서 수입한 영국제 복지 한 벌에 7만 환이었는데, 제일모직이 선보인 골덴텍스는 그 5분의 1 값인 1만 2000환이었다. 품질이 외제 못지않다는 소문이 나면서 골덴텍스는 이 땅에서 마카오 밀수복지를 몰아내기 시작했다. 유완창 당시 부흥부장관은 "장관에서부터 운전수에 이르기까지 모두 마카오 양복이 판을 치던 시절에 이병철 씨가 대구에 제일모직 공장을 건설한 것은 참으로 기업인다운 탁월한 착상"이라고 말한다.[241]

제일모직도 제일제당처럼 대단한 성공을 거두면서 전후의 산업질서는 상업자본의 산업자본화에 누가 빨리 선착하느냐의 경쟁으로 이어졌다. 이병철의 제일모직 성공에 자극받은 기업가들은 앞을 다투어 대한모직, 한국모방, 경남모직 등의 회사를 창업했고, 다른 기업가들은 전시무역으로 축적한 상업자본을 투자하여 락희화학, 한국유리, 대한양회 같은 근대적인 산업시설 건설에 도전했다.

양말공장으로 일어선 정재호

이병철의 뒤를 이어 거부의 반열에 오른 사람은 삼호그룹의 정재호다. 경북 예천이 고향인 정재호는 소학교를 마친 직후 맨주먹으로 집을 뛰쳐나왔다. 그는 대구에서 양말과 포목을 팔기 위해 봇짐장사를 시작했다. 그는 등짐을 지고 하루 90리 길을 부지런히 걸어 다니며 물건을 팔았다. 이 와중에 양말 공장 직공으로 취업한 정재호는 남들이 쉬는 짬을 내어 양말 제조기술을 익혔다. 차츰 자신이 붙자 그는 대구 한 모퉁이에 기계 몇 대를 구입하여 삼호공업사라는 양말 공장을 차려 직접 운영에 나섰다.

25세 되던 해 정재호는 일본을 드나들면서 일본의 근대화 된 방직공장을 견학했고, 일본의 앞선 시스템을 열심히 배워 삼호공업사를 한 단계씩 발전시켜 나갔다. 해방이 될 무렵 정재호의 삼호공업사는 국내 굴지의 메리야스 공장으로 성장해 있었다. 그 시절 정재호의 메리야스 공장 바로 옆에는 삼성상회를 창업한 이병철이 양조장과 제분공장을 운영하고 있었다.

6·25로 인해 부산으로 밀려간 정재호는 무역업으로 착실하게 부를 축적하는 한편, 방직업에 도전장을 내밀었다. 6·25의 전화로 공장들이 부서지거나 불에 타 정상 가동이 어렵던 시절, 피난지 부산에서 쏟아내는 삼호방직의 제품들은 전국 시장을 휩쓸다시피 했다. 정재호는 폭격을 맞아 잿더미가 된 대전방직을 인수하여 복구에 성공했고, 운영자금 부족으로 위기에 처한 조선방직을 인수하여 한국 제일의 방직 왕에 올랐다.

그는 격동의 와중에 수출이 살 길이라는 점을 예견하고 섬유제품 수출에 나섰다. 정재호는 해외시장 개척을 위해 엄청난 경비를 들여 뉴욕, 함부르크, 도쿄, 오사카 등지에 해외지사를 설립하고 30여 명의 주재원을 파견해 시장 개척에 나섰다. 드디어 국내 최초로 미국에 '메이드 인 코리아' 상표가 찍힌 면포 수출에 성공한다.

정재호의 삼호그룹은 1964년 수출실적 1위에 오르는 등 해외

36개국에 우리 섬유제품을 수출하기에 이른다. 이런 노력 덕분에 정재호는 천우사의 전택보와 더불어 보세 가공무역을 개척한 선구자라는 평을 듣게 된다.[242]

개성상인의 후예

삼호그룹의 뒤를 이은 풍운의 기업가는 개풍그룹의 이정림이다. 1912년 개성 근처의 개풍군에서 태어난 이정림은 개성 송도보통학교를 졸업한 후 선친의 유훈에 따라 개성의 송래상회라는 도매상의 점원으로 들어갔다. 어린 시절부터 개성상인 수업을 시작한 것이다. 당시만 해도 개성에선 유복한 가정에서도 자손들을 타인의 상점에 견습 점원으로 들여보내는 일이 흔했다고 한다.

개성은 고려 시절부터 예성강을 중심으로 상업이 번창했던 도시다. 고려는 원나라의 지배를 받는 속국이자 고려의 왕들이 원나라 황제의 공주들과 혼인하여 부마국(사위의 나라) 대접을 받고 있었다. 세계제국을 건설한 원나라의 국제교역망이 예성강 하구까지 이어져 있어 개성 일대에는 세계 각국의 상인, 학자, 관리들의 왕래가 빈번했다. 예성강 일대에는 이슬람 사람들이 집단촌을 이루어 거주했는데, 학자들의 연구에 의하면 이슬람 사람들이 최소 4만, 최대 7만 명 정도 모여 살 정도로 국제화 된 항구였다.

고려왕조가 멸망하면서 고려조의 지배계층은 조선왕조와의 타협을 거부하고 상업에 종사하며 망국의 한을 달랬다. 개성상인들은 신용을 중시했고, 이탈리아에서 발명된 복식부기보다 200여 년 앞서 사개부기법이라는 고도로 발달된 부기법을 사용했다. 송도사개부치법, 사개송도치부법, 개성부기법이라고도 불리는 이 부기법은 금속활자에 맞먹는 우리의 자랑스러운 문화유산이라는 평을 듣기도 한다.

개성상인들 사이에 전해져온 이 부기법은 근본원리가 현대의 복식부기법과 완벽하게 일치하고, 장부 하나에 현재의 거래 기록은 물론 미래의 채권, 채무까지 표시할 수 있어 중세기 서양의 것보다 우수하다는 평을 듣는다. 그들은 국내 인삼을 매점하여 왜관을 통해 일본에 수출하고, 수출대금으로 받은 은으로 중국과 무역을 하여 막대한 이윤을 창출했다. 말하자면 국제 중개무역으로 실리를 챙긴 것이다.

도매상에 근무하며 상리(商理)를 터득한 이정림은 21세 되던 해 고무신 가게를 차렸다. 그의 가게는 직물 분야로 사업 영역을 확장했는데, 손대는 사업마다 번창하여 25세 때인 1937년에는 거상(巨商) 대접을 받기에 이른다. 8·15 해방이 되자 개성 출신 기업인들 중 전용순, 김익균, 전항섭, 이세현 등이 서울로 활동무대를 옮겼다. 마카오 무역 붐이 일자 이정림도 서울에 개풍상사라는 수출입 전문기업의 문을 연다.

6·25로 부산에 터를 옮긴 개풍상사는 전시 무역업으로 큰 부를 축적했다. 그는 이렇게 모은 자본을 바탕으로 동생 이정호, 동향 출신의 이회림과 힘을 합쳐 운크라 자금으로 건설된 문경시멘트

공장을 인수, 대한양회를 설립한다. 전후복구 붐을 타고 시멘트 수요가 폭증했다. 대한양회는 물건이 없어서 못 팔정도로 호황을 구가했다. 덕분에 이정림은 국내 다섯 손가락 안에 꼽히는 갑부 대열에 올랐다.

이북 출신의 월남 기업가 등장

대한전선의 설경동도 당대에 주목받던 기업가다. 평안북도 철산이 고향인 그는 아홉 살 어린 나이에 아버지를 잃고 홀어머니를 모셨다. 나무를 베어 팔아 생계를 이어가던 설경동은 신의주로 나가 압록강을 넘나들며 쌀장사를 시작했다. 자전거로 쌀이나 잡곡을 수십 리 떨어진 곳에 배달을 해 주는 것이 일이었는데, 신기하게도 그는 두 번만 가면 그 집 주인 이름은 물론, 아이들의 이름까지 다 외웠다고 한다.

어느 정도 돈이 모이자 그는 함경도 청진으로 이주하여 두만강을 넘나들며 쌀장사에 도전했다. 5년이 채 지나지 않아 그는 함경도 일대를 장악한 미곡상으로 이름을 올렸다.

당시 동해 일대에선 정어리가 무진장으로 잡혔다. 일본인들은 정어리를 삶아서 기름을 짜고 찌꺼기는 비료로 사용하느라 엄청난 정어리를 잡아갔다. 학교 공부를 한 적이 없는 설경동이지만 틈 날 때마다 책을 구해 읽었는데, 그 무렵 그의 서가에는 정어리에 대한 책이 계속 쌓이기 시작했다.

설경동은 26세 되던 해 어선 세 척을 구입해 직접 정어리를 잡는 동해수산회사를 설립했다. 잡아온 정어리로 비료를 만들어 팔기 시작했다. 세 척으로 출발한 동해수산은 해방이 될 무렵엔 어선 70척에 어군 탐지용 경비행기 두 대를 보유한 대선단을 이루었다. 그는 동해안 북부지역의 으뜸가는 거부로 등장하게 된다. 이때 번 돈으로 그는 경기도 여주와 이천에 1만여 평의 농장을 구입했다.

호사다마랄까. 38선이 그어지면서 청진에 사업기반을 두고 있던 설경동은 대선단과 기업들을 고스란히 청진에 남겨둔 채 빈 몸으로 월남했다. 사업 밑천을 다 잃은 그가 기댈 언덕은 큰 자본이 없어도 도전이 가능했던 무역업이었다. 그는 여주와 이천의 농장을 매각한 대금으로 대한산업이란 무역회사를 차려 해산물과 인삼을 수출하고 일용잡화를 수입하여 재기에 나섰다.

설경동은 중석 수출, 밀가루와 비료 수입으로 마련한 재산으로 방직공장을 인수, 대한방직이란 이름을 내걸었다. 이어 1954년 대한전선을 불하받아 전선(電線) 전문기업의 길을 걷게 된다. 독점이나 다름없던 전선 제조 사업은 전후복구사업의 영향을 받아 탄탄대로를 달려 재벌 군을 이루는 모태가 되었다.[243]

설경동은 자유당 재정부장으로 정치에 참여했는데, 자유당의 수많은 정치자금이 그의 손을 통해 흘러 들어오고 나갔다고 한다.

여기서 우리의 기업사에서 흥미로운 특징이 발견된다. 부산에서 일어선 이병철, 박흥식, 정재호, 김성곤, 설경동 등 훗날 재벌의 반열에 오른 기업가들은 대부분 방직업이나 모직업으로 부를 쌓았다는 점이다. 당시 방직업은 전란의 여파로 다른 산업들의 기반이 대부분 파괴된 상황에서 부산과 대구를 중심으로 고용 창출은 물론 기계공업의 기반이 되는 등 국가 기간산업 역할을 톡톡히 해 냈다.

게다가 경성방직 등 민족기업에서 배출한 다수의 한국인 엔지니어들이 존재했고, 일본인들이 운영하던 방직회사들이 일인 기술자들의 철수로 휴업 위기에 처했을 때 남만방적에 근무하던 한국인 엔지니어들이 귀국하여 일본 기술자들의 빈자리를 메워줌으로써 대한민국의 대표산업 자리에 오른 것이다. 이런 산업적 기반이 1950년대에 닦여 있었기에 박정희 시절 섬유와 의류 봉제업이 수출산업으로서 외화 벌이의 효자 노릇을 할 수 있었다.

남들 피난 준비할 때 시설투자 한 구인회

오늘날의 LG, GS 그룹을 일군 구인회도 포목상으로 사업의 길에 들어선 인물이다. 구인회는 경남 진주에서도 부촌으로 이름난 진양군 지수면 승내리에서 1907년 장남으로 태어났다. 그 아래로 다섯 형제가 더 태어났는데 철회, 정회, 태회, 평회, 두회 모두 경영인으로 성장하게 된다.

구인회 가문은 대부분 기업 활동에 참여하여 가족회사의 전형을 이루었다. 특이한 것은 구인회 가문과 선대로부터 집안처럼 지내 온 허준구 가문과의 동지 관계다. 국내에서 동업은 성공하기 힘들다는 것이 정설인데, 구인회 가문과 허준구, 허학구, 허진구로 이어지는 허 씨 가문과의 동지 관계는 우리 기업사에서 화제가 될 정도로 화합의 모범사례로 꼽힌다.

구인회는 마을에 있는 지수보통학교(현재의 초등학교) 2학년에 편입했는데, 같은 반에서 후일 삼성그룹의 총수 이병철과 만나게 된다. 고향에서 보통학교를 졸업하고 상경하여 중앙중학교 2학년에 다니던 중 집안을 돌봐야 한다는 엄명으로 낙향했다. 그는 낙향하여 시골 풍습대로 17세 때 조혼(早婚)하고 농사에 전념한다. 그러나 서울 물을 먹은 신식 청년이 농토를 일구며 살아가기에는 가슴이 너무 뜨거웠다. 그는 고향에서 협동조합을 운영하면서 상리(商理)에 눈을 뜨게 된다.

"물건을 사다 보면 마산보다 부산이 헐코(싸고), 부산보다 서울이 헐코, 서울보다 일본이 더 헐해서 상업의 진리가 무궁무진하구나 하고 생각했습니다. 일본에서 직접 사다 팔자는 생각에서 스무 살 되던 해에 진주에 나가 포목 도매상을 냈습니다. 운이 좋았던지 얼마 안가 일약 진주에서는 일류대상(大商)이 됐습니다."[244]

청년 구인회는 포목 도매로는 성이 차지 않았는지 청과물, 수산물, 식료품 도매까지 발길을 넓혔다. 그의 나이 24세 때인 1931년, 그는 주식회사 구인상회의 사장 자리에 오른다. 해방이 되면서 구인회는 진주에서의 사업을 정리하고 부산으로 진출한다. 부산 서대신동에 적산 가옥 한 채를 구입한 그는 조선흥업사란 무역회사를 차리고 무역에 나섰으나 첫 사업에서 허탕을 치고, 대신 일본 사람들이 만들어 놓고 떠난 '구리무'(여성 화장용 크림) 장사에 나선다.

이 '구리무'가 동이 나자 구인회는 부산 대신동에 락희화학공업사를 창립하고 여성용 크림 제조에 나섰다. 그가 화장품에 도전한 것은 "당시로서는 그다지 큰 시설자금이 필요치 않고, 또 부녀자를 상대로 하는 물건의 생산이 가장 알맞다고 판단했기 때문"이다. 밀수품이 범람하던 시절, 락희화학의 제품에는 '메이드 인 코리아'라는 글자가 선명하게 새겨져 있었다.

락희의 국산 화장품은 짧은 기간 내에 전국을 휩쓸면서 국산이 외제 수입품을 대신할 수 있다는 자신감을 얻게 된다. 이를 계기로 국내 재계에 수입대체산업이란 말이 나돌기 시작했다. 화장품 제조로 성공한 구인회는 플라스틱 분야로 눈을 돌렸다. 일본, 홍콩, 마카오 등지에서 밀수로 흘러오는 칫솔, 비눗갑, 빗 등을 국산화하자는 생각을 실천에 옮긴 것이다.

때는 6·25 전쟁이 터져 낙동강 방어선에서 혈전이 벌어지고 있을 때다. 언제 부산이 함락될 지 모르니 제주도나 일본으로 피난을 상상하던 시절에, 구인회는 가진 돈 3억 원을 다 털어 미국에 최신형 플라스틱 사출성형기 두 대를 주문했다. 그것은 인생의 모든 것을 건 일생일대의 모험이었다.[245]

주문한 기계가 부산에 도착하자 구인회는 부전동의 놀고 있는 공장을 인수하여 비눗갑, 세숫대야, 식기류를 찍어내기 시작했다.

제품은 날개 돋친 듯 팔려나가 구인회는 사출성형기 넉 대와 칫솔 제조기를 긴급 도입했다.

일용잡화에 이어 이번에는 산업용 플라스틱 제품으로 사업영역을 넓혀 선풍기 날개, 기어, 전기기기, 자동차 핸들, 농업용 비닐, 호스, 인조피혁 등을 생산하는 공장으로 탈바꿈하게 된다. 구인회는 돈을 벌면 즉시 새로운 시설을 도입하는 등 공장 확장에 전력했다. 급기야 칫솔을 만들 때부터 구상했던 치약 제조시설을 들여와 국산 치약 붐을 일으켰다. 럭키치약은 국내에서 치약의 대명사로 통할 정도로 인기가 하늘을 찔러 외제 치약을 이 땅에서 몰아내고 시장점유율 85%를 기록하게 된다.

전후복구와 산업발전 붐이 일면서 플라스틱 수요도 폭증하기 시작했다. 구인회는 수도용, 전선관용 PVC 파이프, 비닐피복 전선 등 산업용 자재를 개발해 국내에 공급했다. 사업이 걷잡을 수 없이 확장되는 와중에 구인회는 또 한 번의 변신을 시도한다. 전자제품을 만드는 금성사를 창업한 것이다.

1959년 금성사는 국산 라디오를 스타트로 선풍기, 모터 전축, 전기냉장고, 텔레비전 등을 연이어 개발해 냈다. 5·16 이후 전원개발사업이 본격화되면서 농어촌 라디오 보급운동이 일어났다. 덕분에 사세가 번창했고 금성사는 전화기, 교환기 제조분야로 진출하여 오늘날 LG, GS그룹의 뼈대를 형성한다.[246]

'오사카 상인'의 제자 이양구

　동양그룹을 일으킨 이양구는 소년 시절 일본인이 경영하는 회사의 사환으로 출발하여 대기업을 일군 입지전적 인물이다. 함경남도 흥남 근처 함주군 출신인 이양구는 어린 시절 아버지를 잃고 행상을 하여 학비를 마련해야 했다.

　가정형편이 어려워 중학 진학을 포기한 이양구는 1931년, 16세의 나이에 함흥에서 일본인이 운영하는 함흥물산이라는 식료품 도매상 사환으로 입사한다. 일본 모리나가(森永)제과의 방계회사인 함흥물산에서 그는 8년 간 근무하며 사장인 시노자키(篠崎)로부터 배운 오사카 상인의 기본 자질을 뼈 속 깊이 담게 되었다.

　어린 시절 부친의 여읜 이양구에게 시노자키 사장은 아버지 같은 존재였다. 시노자키 사장은 성실한 조선 청년 이양구에게 "상인으로 대성하려면 정직을 자기 목숨처럼 알아야 한다. 상인의 생명은 신용이며, 정직과 신용은 정비례한다"고 가르쳤다. 시노자키 사장은 오사카 상인 정신을 바탕으로 한 여러 교훈들을 낱낱이 이양구에게 전해주었다.

　이양구가 23세 되던 1937년 대양상회라는 자신의 가게를 차려 독립을 한다. 자신의 회사에서 일하던 이양구가 창업을 하겠다고 나서자 시노자키 사장은 1만 원이란 거금을 빌려주면서 "나는 사람을 볼 줄 압니다. 8년간 내가 눈여겨 본 결론이오. 그간 내가 일러준 것들을 잘 실천해 나가기만 하면 이 군은 반드시 성공하고야

말 거요" 하고 격려를 해주었다.[247]

사업이 번창하여 자리를 잡을 즈음 기업 정비령이 내려 상회의 문을 닫고 징용을 피할 겸 함흥식량영단에 취직하여 경리직을 맡는다. 해방 직후 함흥에서 소련군의 약탈을 적나라하게 체험한 이양구는 1947년 5월 모든 것을 버리고 맨주먹으로 월남한다.

피붙이 하나 없는 남한 땅에서 이양구는 자전거 한 대를 구입해 과자 행상으로 출발했다. 사업이 점차 커지면서 도매상을 차렸고, 취급상품도 설탕, 과자원료, 밀가루 등 식료품으로 확대됐다. 1949년 함흥에서 함께 일하던 고향 선배와 동업으로 동양식품회사를 차렸고, 일본인이 남기고 떠난 영등포의 모리나가제과 영등포공장을 불하 받아 새 출발을 하려는 와중에 6·25가 터졌다.

부산으로 피난을 간 이양구는 국제시장에서 설탕 도매업을 시작했다. 1951년 부산에 삼양물산이란 회사를 차린 이양구는 설탕, 밀가루 수입과 도매업에 뛰어들었다. 그는 자신의 신용을 바탕으로 이병철의 제일제당 판매권을 얻었고, 당시 제과업계 최대 메이커인 풍국제과의 주식을 인수하여 사명을 동양제과로 바꾸었다. 그리고 한국정당 판매회사 설립, 1954년에 삼양제당공업을 설립하여 생산 분야까지 업무영역을 확대했다.

이양구의 사업 행로에서 설탕은 빼놓을 수 없는 인연이 닿아 있다. 그가 함흥에서 일하던 시절 야마다(山田)상회라는 경쟁업체가 있었다. 그 집 주인이 8·15 직후 일본으로 가게 됐는데, 하루는 이양구를 자기 집으로 초대했다. 당시 장면에 대한 이양구의 회고다.

'야마다 씨는 나에게 장차 어떤 설계를 가졌냐고 물었다. 나는 별다른 재간도 없고 지금까지 해온 일이니 앞으로 상인으로 일생을 바치겠다 했더니, 그럼 내가 큰 선물을 하나 주지. 자네 인생에 장차 좋은 일도 있을 것이나 어려움도 많을 것이다. 그때를 위해 자네에게 인생의 노자를 주는 셈치고 하는 말인데, 지금부터 설탕 장사를 해라. 이유는 묻지 마라. 하는 도중에 참뜻을 깨닫게 될 것이다. 내 말을 허술하게 듣지 말고 꼭 지켜다오. 반드시 재미를 보게 될 것이다. 그리고 야마다 씨는 떠났다.'[248]

폐허가 된 삼척시멘트 일으켜 세워

그는 제과와 설탕으로 번 돈을 부지런히 모아 운영난에 허덕이던 삼척시멘트를 인수하게 된다. 이양구가 인수한 삼척시멘트는 1942년 일본의 시멘트 재벌인 오노다(小野田)시멘트가 건설한 것이다.

이양구가 삼척시멘트를 인수할 당시는 태백산 너머 동해 산기슭에 위치한 폐허화 된 공장에 불과했다. 일본의 오노다 시멘트 회사가 전쟁 중 물자가 결핍할 때 무리하게 건설한 것이라서 시설 자체가 구식이거나 노후화 된 상태였다. 해방 후 상공부 직할기업체였던 이 공장은 1956년 강직순(체신부 차관 역임)에게 불하됐다가 경영부실로 손실이 누적돼 직원들 월급도 몇 개월씩 지급하지 못하는 상태였다. 《동양시멘트 10년사》는 '정치자금으로 거금이 헌

납되었으며, 총 주식의 30%가 자유당의 손에 있는 실정이었다'고 기록하고 있을 정도로 엉망인 상태에서 1957년 이양구가 인수하게 되었다.

주한 미 원조처의 고위 당국자가 이양구에게 "왜 제당업을 버리고 시멘트공업을 하게 되었는가" 하고 물었을 때 이양구는 이렇게 답했다.

"설탕 원료는 외국 것이지만 시멘트 원료는 우리나라 것이다. 나는 다른 나라보다는 국내 자원에 관심이 많다."[249]

이양구는 자신의 말처럼 원료에 주목했다. 공장 옆의 산에 무진장으로 매장되어 있는 석회석과 점토, 삼척 주변의 무연탄, 해변의 무진장한 바닷모래, 삼척 화력발전소의 동력 등을 활용하면 생산원가 절감이 가능하다는 점을 동물적 직감으로 파악한 것이다. 게다가 국내 유일의 바다를 낀 시멘트공장이라서 해운을 활용하면 항구 지역의 시장을 장악할 수 있다는 계산도 섰다.

이양구는 삼척시멘트란 사명(社名)을 동양시멘트로 바꾸었다. 사명만 바꾼 게 아니라 노후한 설비를 대대적으로 교체하고 시설 확장을 하여 공장의 면모를 일신했다. 직원들의 사기도 일신했다. 회사 직원들은 1967년 2월 다음과 같은 맹세문을 발표했다.

'우리는 우리 회사를 황폐한 공장으로부터 재건하여 훌륭한 우리 일터로 만들어서 국가 부흥에 이바지하고자 일어섰습니다. 우리들은 힘과 마음을 합하여 제반 규율과 질서를 잘 지켜서 우리 일터를 훌륭하게 건설할 것을 다짐하며 희망에 벅차고 명랑한 분

위기를 만들며, 피차 안전에 힘써서 우리들의 건강과 행복을 우리들 자신이 보장합시다.'[250]

이후 사업은 시멘트 분야의 수요폭발로 승승장구하면서 대기업의 반열에 오르게 된다.[251]

시멘트공업은 다른 산업과는 달리 원료의 국내 조달이 가능한 특성이 있다. 게다가 석회석, 철광 등의 전방 연관효과, 그리고 사회 간접자본 건설을 중심으로 한 후방 연관효과, 수송혁명과 도시화 등의 측면 연관효과를 불러오는 산업이다. 우리나라는 전후복구 과정에서 시멘트를 국내에서 공급하지 못하고 주로 일본에서 수입해다 쓰는 바람에 일본 시멘트공업을 부흥시키는 역할을 했다.[252] 이 와중에 동양시멘트의 정상 가동으로 막대한 수입 대체 효과를 거두기 시작한다.

이 시기에 등장한 기업가들은 대부분이 전시 임시수도인 부산에서 무역업이나 도매업을 통해 축적한 상업 자본을 산업 자본화하는 데 성공한 사람들이다. 또 일제시대 호남 지주들이 대부분이었던 재계의 주도권이 영남지역 재력가, 혹은 이북에서 월남해 온 사람들에게 넘어가는 모습이 발견된다. 전국 대부분 지역이 6·25 때 공산군에게 점령되거나 전장으로 변해 산업시설이 파괴되고 재산이 상실됐으나, 영남지역은 그나마 파괴를 면했기 때문이다.

이처럼 전후에 '상업자본의 산업자본화'라는 시류를 탄 기업들은 훗날 한국에서 대기업군 형성의 선두로 나서게 되었다. 제일제당과 제일모직은 삼성그룹의 모태가 되었고 대한모직은 신일그룹, 경남모직은 한일합섬 그룹으로 발전해 나갔다. 락희, 개풍, 삼호, 삼양사, 대한전선, 금성방직, 동양제당, 대한제분 등 초창기 대기업군은 모두 이 시기 절묘한 흐름에 편승하여 성장의 무한가도를 질주했다.

이러한 트렌드의 변화가 진행된 현장은 피난수도 부산이었고, 대부분의 제조업이 부산을 중심으로 한 경상도 지역에 밀집했다. 따라서 대한민국 산업화의 첫 토대는 부산에서 닦였다고 보는 것이 정설이다.

현실안주한 기업가는 낙오

반면, 변화의 흐름을 읽지 못하고 현실안주를 택한 기업가는 경쟁의 대열에서 낙오했다. 대표적인 낙오자 중의 한 사람이 백범 김구에게 경교장을 헌납해 화제가 됐던 광산재벌 최창학이다. 최창학은 1923년 가을 평안도 구성의 조악동 광산에서 금광을 발견, 불과 5년 만에 조선 8도를 풍미하는 거부로 등장했다. 그는 벼락부자가 된 후 사회사업에 헌신하여 운영난에 빠진 정주의 오산학교를 비롯하여 경동학교, 무학여자학교에 거금을 희사하여 학교의 명맥을 잇도록 도움을 주었다.

금광으로 일가를 이룬 최창학의 재산은 해방 되던 1945년에 약 2600만 원 정도로 알려졌다. 이를 달러로 환산하면 1400만 달러. 그러나 최창학은 지속성장이란 차원에서 한계를 노출했다. 적당한 투자처를 찾지 못한 그는 무역업자를 상대로 사채업을 시작했다. 당시 유행하던 정크무역, 마카오무역 등 무역업에 손 댄 사람치고 최창학의 돈을 빌려 쓰지 않은 사람이 없을 정도였다는 것.[253]

그러나 인플레가 극심해지면서 돈의 가치가 폭락했다. 그가 사채로 벌어들이는 이자보다 몇 배나 빠른 속도로 돈의 가치가 떨어지면서 앉은 자리에서 재산이 줄어드는 현상에 직면했다. 적당한 산업자본화의 찬스를 살리지 못한 최창학은 끝내 재기하지 못하고 역사의 뒤안길로 사라졌다.

우리나라는 뿌리 깊은 신분질서로 인해 공업이나 상업이 발달하기 어려운 사회구조를 가지고 있었다. 그런데 해방과 6·25, 1950년대의 격동기에 다수의 기업가들이 엇비슷한 시기에 연이에 등장하는 모습이 발견된다. 해방 전 한국에서 부자 소리를 듣는 사람은 지주나 술도가, 정미소 소유자 정도였다. 소규모 형태의 가내수공업 수준이었던 기업들은 해방과 전쟁, 전후복구 4·19와 5·16을 관통하면서 자산가치 수 조 원대의 거대기업군 위용을 갖추게 된다.

이런 격렬한 성장을 근거로 비판론자들은 당시 기업가들의 자본축적 과정이 떳떳하지 않다고 이의를 제기한다. 즉 귀속재산 불하, 외국 원조가 정권과 유착된 일부 기업인에게 특혜적이고 특권적으로 베풀어졌고, 특혜를 받은 기업들은 물자난과 인플레이션에 편승하여 손쉽게 이윤축적을 거듭하며 재벌로 성장했다는 주장이다. 권력의 비호 아래 형성 성장한 재벌들이기에 서구와 달리

정치권력 의존적이고, 권력에 종속적인 지위에 머물 수밖에 없었다는 것이다.[254]

이런 비판은 상당 부분 사실에 근거하고 있다. 1953년 12월에 산업은행이 설립됐다. 당시 시중 사채 금리가 연 48%, 일반은행 대출 금리가 18.25%일 때 산업은행의 대충자금 금리는 연 3~10%였다. 당시의 상상을 초월하는 인플레를 감안할 때 산업은행의 융자는 엄청난 혜택이었다.

게다가 미국에서 제공한 원조물자의 판매와 할당이 실세 시세보다 훨씬 싸게 이루어졌으며, 공정 환율과 시중환율의 격차가 커서 원조물자를 제공받는 것 자체가 큰 혜택이었다. 임영태는 원조물자 배당에 사활을 걸 수밖에 없는 기업가들은 권력과의 결탁 혹은 유착 관계를 형성하게 되어 한국경제가 미국에의 예속, 정경유착에 의한 관료자본주의, 천민자본주의로 갈 수밖에 없었다고 지적한다.[255]

기업가 정신이 기업의 성패 좌우

그러나 일반에 불하된 수많은 귀속사업체들이 망해서 흔적도 없이 사라진 것도 역사적 사실이다. 아무리 특혜적이고 시혜적으로 귀속재산을 불하받고, 은행 융자나 원조물자를 배정받았어도 흥한 기업은 흥하고, 망하는 기업은 망했다. 따라서 기업의 성패 여부는 다른 무엇보다 기업가들의 확고한 기업가 정신이 핵심이라는 사실을 우리는 쉽게 이해할 수 있을 것이다.

그 시절은 자본주의와 시장경제가 도입된 역사가 일천한 때였다. 따라서 갖가지 경경유착과 협잡, 비리가 판을 쳤다. 특히 정치적 반대파에 자금을 댄 것으로 의심을 받으면 온갖 압력과 불이익을 각오해야 했다. 자유당 정권 하에서 경방은 정적(政敵)인 한민당의 돈줄이라 하여 세무사찰을 1년에 몇 차례씩 받았고, 미국의 원조물자로 들어오는 원면 배정을 받지 못해 공장 가동이 중단되기도 했다. 은행 융자는 아예 생각할 수도 없었다고 한다.[256] 이런 악조건에도 불구하고 기업이 건재한 것은 경영자들의 각고의 노력이 있었기에 가능했다.

아울러 정부 차원에서 기업에 대한 지도도 기업 발전에 한 몫을 했다. 한미합동경제위원회를 통해 우리 정부가 대충자금이나 원조자금을 사용할 때면 미국 관계자들은 늘 시장경제 원칙을 주문했다. 또 정부 관료들에게 기술과 자본을 가진 외국 기업을 적극 유치하라고 조언했다. 미국 전문가들에게 선진국의 최신 동향을 배운 정부 관리들은 우리 기업가들에게 이 사실을 전수하여 성공으로 향하는 길 안내를 한 셈이다.

기업가들은 선진국으로부터 사업에 필요한 자재와 산업설비들을 적기에 도입했고, 무역이나 외국 기업과의 교섭을 통해 선진 제도와 문물이 유입되어 시장경제의 원리가 뿌리내려 갔다. 정부 정책을 현장에서 실천하는 것은 기업인들이다. 정부가 아무리 훌륭한 정책을 수립해도 이를 실물경제로 연결시켜 이윤을 창출하고, 기업체를 성장시키지 못했다면 우리 경제는 퇴보를 면치 못했을 것이다.

6

4년 만에 전후복구 마무리

원조는 결코 공짜가 아니었다

미국의 대한(對韓) 원조 개시

　대한민국의 산업화는 전쟁과 전후복구라는 급격한 변화과정을 거치며 시동이 걸렸다. 우리는 3년 여 전쟁을 치르는 과정에서 38선을 중심으로 전선이 세 차례나 오르내리면서 산업시설이 큰 피해를 입었다. 변변한 기술이나 전문경영인, 기업가가 부재한 시기였기에 전후복구는 쉽지 않은 과제였다. 이 와중에 전후복구와 한국경제 부흥을 도운 결정적 요인은 미국의 원조였다.

　미국은 1945년 9월 8일 한반도 진주와 함께 점령지역 행정구호원조(GARIOA)[257]를 제공했다. 점령지역 행정구호원조는 미국이 2차 대전 종전 후 독일, 이탈리아, 일본 등 적국에 점령되었던 지역에 대해 전쟁으로 인한 재해로부터 신속한 복구를 돕기 위해 제공한 구호 성격의 원조다. 이런 특성 때문에 원조물품도 주로 식료품, 피복, 의약품, 연료, 석유류가 주를 이루었다. 이 원조는 1949년에 종료됐다.

1949년 1월부터는 경제부흥 성격의 미국 경제원조처(ECA)²⁵⁸⁾ 원조가 제공되기 시작했다. ECA 원조는 주로 비료와 원면 같은 원자재 공급과 시설재 공여에 역점을 두었는데, 1951년까지 계속됐다. 1950년 1월에는 한미상호방위원조협정이 체결되면서 원조담당기구가 ECA에서 상호안전보장처(MSA)²⁵⁹⁾로 바뀌어 군사원조가 개시된다. 6·25 전쟁이 발발하자 유엔은 안전보장이사회와 경제사회이사회를 열어 유엔군의 한반도 파병과 함께 유엔 한국민간구호원조(CRIK)²⁶⁰⁾를 제공키로 결정했다. CRIK은 식료품과 의류, 의약품을 제공했다.

1950년 10월, 유엔군의 북진으로 통일 기운이 무르익어갈 무렵 유엔은 통일한국의 경제재건을 위한 목적으로 2억 5000만 달러의 기금을 갹출키로 합의했다. 당시 유엔한국재건단 프로젝트에 기금을 제공한 나라는 40개국이었다. 이 기금의 모금과 집행을 담당할 기구로 유엔 한국통일부흥사절단(UNCURK)²⁶¹⁾과 유엔한국재건단(UNKRA)²⁶²⁾을 결성하고, 이 두 기구를 통해 한국에 원조를 제공했다.

휴전협정이 본격화되기 시작한 1953년 4월, 타스카 사절단이 한국에서 조사활동을 벌인 후 돌아가 미국 정부에 '타스카 보고서'를 제출했다. 이 보고서가 휴전 후 미국의 대한(對韓) 원조정책의 기본 방향이 된다.

휴전협정이 체결된 후인 1953년 12월 한미 양국은 '경제재건과 재정안정계획에 관한 합동경제위원회 협약'을 체결했다. 이 협약으로 휴전 후 미국 원조에 의한 전후복구사업이 본격 시동이 걸리게 된다.

타스카 사절단은 한국의 전후복구와 경제 재건을 위해서는 기존의 운크라(UNKRA) 원조와는 별도의 원조가 필요하다는 요지의 보고서를 아이젠하워 대통령에게 보고했다. 백두진에 의하면 타스카 박사가 한국 재건계획을 아이젠하워 대통령에게 보고한 날 이승만이 반공포로 석방을 했다는 소식이 전해졌는데, 아이젠하워는 묵묵히 브리핑을 끝까지 들었다고 한다.[263]

이 보고서에 의해 아이젠하워 대통령은 1953년 8월, 지금까지 진행되어 왔던 MSA 원조를 전후 산업부흥을 위한 경제원조로 바꾸기 위해 대외활동본부(FOA)[264]를 창설하고 미국의 대외 원조기관을 일원화했다. 그리고 원조에 대한 감독 책임을 주한 유엔군사령관에게 위임했고, 주한 미 경제조정관실(OEC)[265]을 설치했다. 경제조정관실은 1957년 7월 유엔군사령부로부터 주한 미 대사관 산하의 미국경제협조처(USOM)[266]로 바뀌게 된다.

원조자금이 세입의 50~60% 차지

미국 정부는 1955년 6월 대외활동본부(FOA)를 폐지하고 국무성 내에 국제협조처(ICA)[267]를 설치하여 군사원조는 국방성이, 비군

사원조는 국제협조처(ICA)가 담당하도록 업무를 조정했다.

1961년 국제협조처(ICA) 원조가 중단될 때까지 미국은 한국에 13억 달러 상당의 원조자금을 제공했다. 홍성유는 1945년부터 1961년까지 미국의 이런저런 단체나 민간을 통해 31억 달러 이상의 원조가 한국에 제공되었으며, 이밖에도 3~4억 달러 상당의 군사원조도 받은 것으로 밝히고 있다.

우리 정부는 미국이 제공한 원조물자를 기반으로 대충자금 계정을 설치하고, 원조로 도입된 물자의 판매대금을 사전에 합의된 환율에 의해 원화로 환산하여 대충자금 계정에 넣었다. 이 자금 중 일부는 한국에 주둔한 미군과 유엔군의 경비로 사용했고, 나머지는 한국 정부 예산으로 충당하기 위해 세입에 편입됐다.

대충자금은 한때 정부 세입의 50%를 차지할 정도로 정부의 중요한 세출 원천이었다. 대충자금의 한미 간 사용 비율은 수시로 변동했으나 1955년에 미국 측이 60%를 사용했고, 이후 1961년까지는 평균 14%를 사용했다. 이는 미국이 유럽 지역에서 사용한 대충자금 비율이 평균 5%였던 것과 비교하면 현저히 높은 수치다.

대충자금의 관리는 한미경제조정협정에 의해 설치된 한미합동경제위원회가 주관하게 되어 있어 한국 측이 항상 수세에 놓일 수밖에 없었다. 이 위원회는 대충자금의 관리뿐만 아니라 한국의 외환과 무역정책, 그리고 종합경제정책의 통제 및 조정기능까지 수행하는 막강한 권한을 보유하고 있었다. '마이어 협정'에 의하면 우리 정부가 보유하는 공사(公私)의 모든 외국환과 상환불은 한미

합동경제위원회의 건의에 의해서만 사용할 수 있도록 규정하고 있었다. 사실상 외화자금이 미국과 공동 관리 상황에 놓이게 된 것이다.

대충자금은 산업분야에 융자 혹은 투자 방식으로 방출되기도 했다. 예를 들면 중소기업 지원 자금 2700만 달러와 대충자금을 묶어 400여 개가 넘는 중소기업에 대출을 해 주어 중소기업 발전의 토양을 마련했다. 1950년대만 해도 우리 기업들은 금속제 똑딱단추나 벽시계 만드는 기술이 없어 이런 사소한 물품들도 수입에 의존하고 있었다. 정부는 대충자금 프로그램으로 신진자동차 같은 기계공업을 지원했고, 종로 3가에서 안경점 하던 사람이 플라스틱 안경테 제조를 신청하여 자금을 대주기도 했다. 이처럼 대충자금이 경제 각 분야에 투입되어 산업 근대화의 불씨 역할을 했다.[268]

이밖에도 원조자금으로 식량 유류 생고무 목재 등 산업용 원자재를 수입했고, 디젤기관차를 도입하여 철도 수송혁명을 가져왔다. 또 독일제 전화시스템을 도입하여 통신 서비스를 개선했으며, AID[269] 주택을 건설하여 오늘날 주택사업의 선구자 역할을 했다. 1955년 9월 체신부장관을 맡은 이응준의 회고에 의하면 당시 전화 관련시설이 전쟁으로 인해 80%나 파괴되어 전화를 한 번 걸려면 한참 동안 전화통을 붙들고 씨름을 해야 했다. 그래서 전화기를 정신수양기라고 부를 정도였다. 게다가 교통사정도 좋지 않아 편지를 부치면 보통 일주일 만에 배달되곤 했다.[270]

1958년에 체신부장관을 맡은 곽의영의 회고에 의하면 이승만 대통령이 진해 별장에서 요양 중 서울에서 국무회의가 열렸다. 국무회의 토론 결과를 이 대통령에게 보고하기 위해 대통령 비서실에서 진해의 대통령 별장으로 전화를 걸었는데 전화가 불통이 되어 통화가 안 되는 사건이 벌어졌다. 다음날 상경한 이승만은 곽의영에게 "만물의 영장인 사람도 실수가 있는데, 기계인들 실수가 없겠는가" 하고 불문에 부쳤다.[271]

미국은 상품 원조 외에도 각 분야에서 최신 기술을 보유한 엔지니어와 테크노크라트들을 한국에 파견해 산업화를 측면 지원했다. 미국에서 파견 나온 인재들에게 우리나라 관리와 기술자, 기업가들이 교육을 받고 계몽도 당하면서 산업화, 근대화에 눈을 뜨기 시작한다.

전시에도 학교 운영

이승만 정부는 교육부문에 대대적인 투자를 하여 문맹을 퇴치하고 고급 인재를 육성하는 등 산업사회에서 요구하는 인력을 대량 배출하는 시스템을 구축해 나갔다. 이승만 정부가 총력을 기울인 것은 교육이었다. 산업화의 시발을 교육으로부터 시작한 것이다. 국가 지도부는 초등학교에서 대학까지 교육시설의 건설과 복구와 개선을 국가운영의 최우선과제로 삼았다.

로버트 올리버는 이승만 정부가 직면했던 갖가지 어려움에도 불구하고 새로운 교육제도와 교육행정체제를 수립하여 모든 국민에게 교육의 기회를 제공했다면서 이렇게 회고했다.

'정부는 1949년에 교육법을 제정하여 초등학교 의무교육을 실시하도록 했다. 교육발전을 신속하고 효과적으로 이룩하기 위하여 미국식의 지방 자율적인 모델보다는 중앙 집중적인 모델을 추구했다. 즉, 문교부(오늘의 교육부)가 교육내용과 교육정책에 상당한 권한을 행사했다. 6·3·3·4제 학제가 채택되었고, 국어를 비롯한 중요과목에 대한 국가 공통교재가 채택되었다. 이러한 노력의 결과로 6·25 전쟁 이전까지 각 급 학교와 학생 수가 크게 늘어났다.

그러나 전쟁은 많은 학교를 불태웠고 교사들도 많이 죽었으며 국민의 사기도 땅에 떨어져 있었다. 그럴수록 이승만 정부는 국민 정신력을 살리는 것이 무엇보다도 중요하다고 보고 어떠한 어려움이 있더라도 교육은 포기하지 않았다. 피난지의 산언덕이나 공터 어디든지 천막을 치고 추위에 떨면서도 교육을 계속했다. 대부분의 학생들은 교과서도 없었고 임시교사도 모자라 교사 한 사람이 수백 명을 한자리에 모아 가르쳤다. 학생들은 영양부족과 감기에 시달리면서도 배움의 열정에 불탔다.'[272]

이승만은 전쟁 중 부산 영도에 전시(戰時)연합대학을 설립했다. 대학이래야 천막을 치고 칠판 하나 걸어놓은 것이 전부였다. 6·25 당시 서울대 문리대 재학생이었던 소설가 한말숙의 증언에 의하면 부산 피난 중이던 1951년 2월, 전시연합대학법이 만들어져 남한 전체의 모든 대학생 수백 명이 뒤섞여 부산 임시수도의 전매청 창고에서 강의를 했다고 한다.[273] 한말숙의 회고다.

'텐트가 산기슭에 흩어져 서 있었는데 그것이 강의실이다. 책상은 세로 약 20cm, 가로 1m 70~80cm, 두께 3cm쯤 되는 얇은 판자고, 의자 역시 영화의 옛날 선술집 세트로나 볼 수 있는 책상과 똑같은 길이, 같은 두께의 판자였는데 학생들이 네댓 명이 끼어 앉았다.

간단히 말하면 여름에는 더워 죽겠고, 겨울에는 추워 죽을 지경이었다 할까. 1952년 가을 무렵 부산 항구의 무서운 바람이 몰아치면서 텐트 째 날아갈 것 같은 교사 대신 그 자리에 판자 교실이 세워졌으나 사정은 마찬가지였다.

피난 중이라 목숨만 부지해도 감지덕지하던 시절이니, 교수며 학생들의 의복이나 생활은 대부분 형편없었다. 특히 남학생 중에는 밤새워 미군부대나 부두에서 노동을 하는 사람도 많아 꾸벅꾸벅 조는 사람도 있었다. 꼼꼼하게 출석을 챙기던 이희승 교수, 음성학의 명강의 김선기 교수, 손우성 교수의 말라르메 원시(原詩) 강의도 잊을 수 없다….

피난 중에는 국문 교재가 거의 없고 영·독·불어 원서가 교재고, 그것도 흔치 않아 대부분 복사한 것인데 상태가 흐려서 읽는 데 애를 먹었다. 지금 생각하니 전쟁 중의 향학열에도 감탄하나 당국의 조치에도 경의를 표하고 싶다. 학문이 없는 국가란 상상도 할 수 없기 때문이다. 전시(戰時)대학 출신자들이 6·25 전쟁 후 국가 재건에 큰 몫을 했다는 것은 언급할 필요도 없을 것이다.'[274)]

대학생들 군 입대 면제시켜

이승만은 전시연합대학이 개교하여 국내 대학 재학생들을 다 등록시킨 후 내각에 지시하여 "무슨 일이 있어도 대학생들을 보존해야 한다"며 군에 입대시키지 않았다. 사방에서 "못 배운 핫바지들만 전쟁터에 나가 총알받이가 되란 말이냐" 하는 비난이 쏟아졌지만 이 대통령은 끝까지 물러서지 않고 이렇게 말했다.

"조금만 더 견디면 전쟁이 끝난다. 전쟁이 끝나면 우리는 나라를 새로 건설해야 한다. 전후 복구와 나라를 발전시키려면 고급교육을 받은 인재가 필요하다. 그 때를 위해 대학 재학생들을 보존시켜야 한다. 아무리 욕을 먹더라도 이것만은 양보할 수 없다."

그의 혜안은 그대로 적중했다. 교육보급율은 경제발전에 직결된다는 것이 입증되어 몇 년 후부터 그 성과가 서서히 나타나기 시작했다.

전쟁이 끝난 후 정부는 의무교육 6개년 계획(1954~59)을 수립하고 문맹퇴치 5개년 계획(1954~58)을 추진했다. 그 결과 초등학교 진학률이 60%에서 86%로 높아졌고, 문맹률은 26%에서 4% 수준으로 떨어졌다. 1955년 교육부는 2000여 명을 선진국으로 유학을 보냈으며 100만 권 이상의 도서를 외국으로부터 구입하여 도서관 시설과 장서를 확장했다.

그리고 각 급 학교 교과서를 한글로 개정했다. 중등교육도 크게 늘어났고 대학은 1960년까지 73개, 학생 수는 8만여 명에 이르게 되었다. 이와 같은 교육의 착실한 발전은 다른 개발도상국에서는 찾아보기 어려운 것으로 1960~70년대의 급속한 경제발전의 바탕이 되었다.

이승만은 공공 투자를 통한 교육시설 확충이 속도를 내지 못하자 사립학교를 대대적으로 허가했다. 이 조치로 뜻 있는 재산가들이 설립한 사립학교가 전국 곳곳에서 설립되면서 전체 사립학교 숫자가 공립학교를 능가하게 된다. 임영신이 중앙대학교를 세우고 건물 등 시설을 짓기 위해 기자재를 외국서 수입할 때 정부는 무관세로 통관시켜 학교시설 확장을 지원했다. 이런 노력으로 이승만 시대에 이미 교육 분야에서 선진국에 육박하는 수준까지 올라갔다.

1950년대 정부 예산 구성비를 보면 국방비가 전체 예산의 50%, 문교 예산이 20%를 차지했다. 국방비를 제외하면 전체 예산 중 문교 예산 비중이 가장 클 정도로 교육을 강조하고 중시한 시대였다.

이승만의 교육 분야 투자는 당대에는 별다른 혜택을 보지 못했지만 국가의 백년대계를 위해 결정적인 역할을 했다는 평가를 받는다. 만약 이승만 시대에 교육적 토대가 마련되지 않았다면 박정희 시절의 고도성장이 가능했을까?

기술원조

미국의 원조 중에서 우리 정부 관계자들이 유효적절하게 사용하여 큰 성과를 낸 분야가 '기술원조'였다. 이것은 원조를 제공받는 나라의 경제 사회 발전에 필요한 인재양성이나 기술습득, 행정 능력의 효율성을 높이는 작업, 혹은 그 나라가 필요로 하는 산업 기술 인력의 해외 파견 등에 사용할 수 있는 예산이었다.

미국은 1955년부터 59년까지 5년 간 ICA 기술 원조를 통해 총 1억 9800만 달러를 제공했다. 이 자금은 국내 기술자들의 선진기술 습득을 위해 해외파견이나 연구경비로, 그리고 국내에서 활동하는 외국인 기술자나 직원의 인건비와 용역비로 사용됐다. 같은 기간 동안 기술원조 자금을 받아 국내에서 해외연수를 떠난 인원은 총 1421명이었다.[275]

송인상은 "미국의 원조계획이 한국에 남긴 것 중에서 가장 성공한 것이 무엇이냐고 묻는다면 나는 서슴지 않고 기술원조 계획이었다고 답변하는데 주저하지 않을 것이다"라고 말할 정도다.[276]

제1공화국의 정부 관료들은 대부분 일본식 교육을 받았기 때문에 미국인들과 대화가 잘 통하지 않았다. 그래서 지도층 인사들은 "기술원조 자금으로 인재를 길러 사회 각계에 진출시켜야 나라 운영이 제대로 되겠구나" 하는 생각을 하게 됐다. 그 시절 기술원조 자금으로 이루어진 인재육성 사례는 다음과 같다.

우선 서울대와 미네소타대학의 공대 의대 농대 간에 계약을 체결하여 교수를 상호 교류하고, 우리 학생들을 미네소타대학으로 유학을 보냈다. 이런 교류사업에 700만 달러가 투입됐다. 그리고 연구와 관련된 많은 기계와 설비들이 미네소타대학을 통해 들어

오기 시작했다. 오늘날 국내 박사 중에 미네소타대학 출신이 가장 많은 이유는 이승만 시절 체결된 상호 교류협력 계약의 결과다. 중고등학교 교육 프로그램은 피버디사범대학과 연계해서 개선작업을 시작했다.[277]

또 워싱턴대학과 연세대, 고려대 간에 협정을 맺어 경영학과를 신설했다. 해방 후엔 화신의 박흥식, 경방의 김연수 정도를 제외하면 경영자다운 경영자가 드물었는데, 연세대와 고려대에 경영학과가 설치됨으로써 수많은 인재들이 국내에서 선진 경영기법을 공부할 수 있게 됐다.[278] 국내의 명문 사학 두 곳에 경영학과가 개설되어 훈련받은 고급 인력들이 배출됨으로써 우리나라 산업사와 기업사에 새로운 장이 열리게 됐다.

서울대 행정대학원, 국방부 산하의 국방대학원(현재는 국방대학교로 개칭)도 이 무렵 미국의 기술원조자금으로 설립됐다. 두 학교의 설립과 관련한 비화를 소개한다.

'하루는 이한빈[279]이 송인상을 찾아와 이런 얘기를 했다.

"한국에도 국방대학원을 만들면 어떻겠습니까."

"국방대학원이란 게 있소?"

"네, 미국에서는 CIA(중앙정보국)가 국방대학원을 개설하고 고위 공직자와 군 지휘관들을 모아 10개월 코스로 교육하고 있습니다."

"우리나라에도 그런 게 있으면 군대의 수준을 한층 끌어올릴 수 있을 것 같소. 어디 한 번 추진해 봅시다.'"[280]

이밖에도 정부는 AID 자금으로 행정부 관리, 기업체 사원, 기술자들을 외국에 파견해 3개월, 6개월, 1년 단위로 연수를 시켰다. 그 하나의 사례가 발전소 운영요원 연수였다. 이승만 시절, 전란 중에 부서진 당인리(10만kW)와 묵호(5만kW), 마산(5만kW)의 화력 발전소 복구 작업이 진행됐다. 이 발전소의 운영을 위해 기술원조 자금으로 이공계통의 젊은 엔지니어들을 디트로이트의 에디슨 전기회사에 연수를 보냈다. 이들이 귀국해 국내에 건설된 최신식 발전소를 차질 없이 운영했다.

기록에 의하면 당시 10만kW의 발전설비를 보유한 당인리 발전소 운영요원이 180명이었다. 미국이 파키스탄에 당인리 발전소와 동일한 규모의 화력발전소를 지어주었는데, 그곳 운영요원은 1500명이었다고 한다. 똑같은 발전소 운영 인력이 8배나 차이가 날 정도로 우리 엔지니어들은 외국에서 열심히 최신 기술과 운영법을 공부해 와서 최소 인원으로 발전소를 운영했다.

미 철도 고문단 맹활약

우리 정부가 각 분야에서 초빙한 미국 기술단 중 가장 큰 성공을 거둔 사례는 철도 분야였다. 국내에 파견된 미국 철도기술 고문단은 총 25명이었는데, 다른 분야와 달리 현장 기술자 위주로 구성된 것이 특징이었다. 드 그로 철도 고문단장은 텍사스 주의 철도기사 출신이었는데, 대단히 성실하고 업무를 불도저식으로 추진해 귀감이 됐다.

미국의 철도 고문단 요원들이 불철주야 노력한 덕에 서울-부산 간 정시운행 시스템이 확립됐다. 혼란한 사회 분위기, 부족한 정비력, 체계적이지 못한 운행 시스템 등으로 기차가 연착을 밥 먹듯 하던 시절에 정시 운행 시스템을 정착시켜 기차가 예정된 시간에 도착하게 된 것은 기적이나 다름없는 일이었다.

그 시절 국내 철도는 100% 증기기관차로 운행됐다. 그런데 기관차 연료인 유연탄은 국내 생산이 되지 않아 미국의 버지니아 탄, 일본의 와카마쓰(若松) 탄을 도입해 사용하고 있었다. 그런데 이 유연탄이 외부로 유출돼 명동 음식점 등에서 연료로 사용되는 등 문제가 대두됐다. 미 원조당국의 조사에 의하면 국철(國鐵)이 도난당한 유연탄이 20만 톤이 넘을 정도였다.[281]

고민 끝에 한미 양국의 철도 담당자들은 디젤기관차를 도입, 연료를 탱크에 넣고 봉인한 채 운행하면 연료 유출을 막을 수 있을 것이라는 의견에 합의했다. 게다가 증기기관차는 열효율이 5%에 불과한 데 비해 디젤기관차는 18%나 되어 철도 선진화에도 큰 도움이 될 수 있었다.

그리하여 제너럴 일렉트릭(GE)에서 도입한 디젤 기관차 27대가 태평양을 건너왔고, 이를 운행할 기관사 양성이 시작됐다. 이 과정에서 미국 철도 고문단은 한국인들의 천재적인 소질에 감탄을 금치 못했다.[282] 이런 노력 끝에 우리나라는 1960년대 초까지 철도 수송상의 애로를 완전 타개하는 데 성공했다.

반면에 수산 분야의 미 고문단은 실패 사례에 해당한다. 우선

미 고문단이 우리의 수산실정에 대한 이해가 부족했고, 또 AID의 수산업 담당관들이 보스턴 근방의 어장 경험자가 왔다가 노르웨이 연안의 원양어업 경험자로 바뀌면서 정책기저가 크게 흔들렸다. 미 고문단의 어떤 기술자가 부산 부두를 수산센터로 만들어서 어시장을 하자고 우겨서 수산센터로 만들었는데, 성과가 없자 얼마 안 되어 폐지하는 등 시행착오를 계속하는 바람에 실패로 끝난 것이다.[283]

산업지도자 이승만의 혜안

철도 분야 사례에서 보듯 미국의 기술원조는 우리 사회 전반에 다양한 영향을 주었고, 특히 교육에서 큰 성공을 거두었다. 박정희 시절의 경제개발계획에 참여한 엘리트들 가운데 상당수가 이승만 시절에 미국을 비롯한 선진국에 유학을 가서 공부하고 온 인재들이었다.

당시 한국에 파견된 미국 원조단은 높은 수준의 안목과 역량을 가진 인사들로 구성되어 있었다. 그들은 한국 관리들에게 "하루빨리 자립경제로 나가려면 수출을 적극 장려하고, 외국 회사의 자본과 기술을 유치하라"고 조언했다. 정부가 1959년에 외자도입법을 제정 공포한 것도 미국 전문가들의 조언 덕분이다. 이런 노력들이 1960년대에 수출드라이브 정책으로 꽃을 피웠고, 걸프 오일 등 석유회사, 영남화학을 비롯한 비료회사 등 외국기업이 한국에 진출하는 발판이 됐다.

그 시절 한국 정부의 관리들은 해외 출장을 나갈 때마다 그 지역의 한국 유학생들을 만나 "하루빨리 공부를 마치고 귀국해서 정부 일을 도와 달라. 정부는 당신들의 아이디어와 정열, 패기와 지식이 필요하다"고 요청하곤 했다.

이승만은 40여 년을 세계 최고 최대의 산업대국인 미국에서 망명생활을 하며 고급 교육을 받은 엘리트였다. 그는 선진국 생활을 통해 인재의 중요성, 산업화의 중요성을 절실히 깨달았고, 산업화를 달성하려면 기본이 무엇인지, 어떤 일부터 해야 하는지 본질을 꿰뚫고 있었다.

반면 중국에서 망명생활을 했던 대다수 독립운동가들은 산업적 통찰력 면에서 이승만의 상대가 되지 못했다. 또 미국이 세계전략 차원에서 한반도를 어떻게 다루고 있는지에 대한 인식이 부족했다.

해방과 건국, 글로벌 차원의 냉전 개시, 6·25 전쟁이라는 혼란기에 세계정세의 흐름을 정확히 꿰뚫어 보면서 미국 중심의 해양동맹에 편승하여 자유민주주의와 시장경제 체제라는 국가의 진로를 제시한 이승만을 지도자로 만난 것은 우리에겐 행운이 아니었을까.

백-우드 협약 조인

한국전 휴전 직전 아이젠하워 대통령은 미 의회에 ▲한국경제

재건을 위한 특별원조로 우선 2억 달러를 즉시 제공할 것 ▲타스카 보고서에 의거하여 장기적인 한국경제 부흥을 위한 원조계획을 실시한다는 내용의 특별교서를 보냈다. 이어 같은 해 8월 C. T 우드를 특사로 한국에 파견하여 백두진 국무총리와 4개월에 걸친 마라톤협상 끝에 1953년 12월, 한미 정부 간에 '경제재건과 재정안정계획에 관한 합동경제위원 협약'(백-우드 협약)이 조인됐다. 이 협약에 의해 우리나라는 재정금융의 균형, 단일환율 책정, 자유기업원칙, 대충자금 운영원칙 등 경제 재건의 기본 방향이 설정됐다.

1950~51년 미국 원조는 1억 달러 수준이었으나 백-우드 협약 이후부터는 연간 2억 달러 수준으로 늘었다. 미국 원조의 판매대전으로 조성된 대충자금이 정부의 투융자(投融資)에서 차지하는 비중은 1954년 41.4%, 1957년에는 68.4%에 이르렀다. 이런 원조자금을 통해 이승만 정부는 국가의 근본 뼈대를 만들어 나가기 시작했다.

1954년 2월에는 미국 원조자금을 정부 예산으로 하여 부흥 사업을 추진하기 위한 '대충자금 특별회계법'과 '경제부흥 특별회계법'이 제정됐고, 1954년 5월에는 운크라(UNKRA)와 '한국경제원조계획에 관한 협약'이 조인됐다. 7월에는 미국으로부터 군사, 경제 원조 확보와 원조물자 도입에 대한 절차상 문제가 해결됐다. 이듬해인 1955년 5월에 한미 잉여농산물협정(PL-480)이 체결되어 원조도입액이 급증하면서 전후복구를 통한 경제부흥의 시동이 본격적으로 걸리기 시작한다.

전후복구사업이 시작될 무렵 우리나라의 기본산업은 어느 정도였을까. 건국 당시 석탄 생산량은 17만 5000톤, 전기는 북한에서 송전해주는 것까지 합쳐 12만kW, 시멘트는 4만 톤에 불과했다. 전력은 북한에서의 송전 중단에 이어 발전소마저 전쟁 중에 파괴된 탓에 발전함에서 얻는 전력 2만kW가 우리나라 발전량의 전부였다. 시멘트는 삼척 시멘트공장이 전쟁으로 피해를 입어 전체 생산량은 2만 5000톤으로 급감했다.

더 큰 문제는 턱없이 부족한 각 분야의 이공계통 전문가와 엔지니어, 고급 과학기술 인력이었다. 일제가 엔지니어와 기술인력 양성을 철저히 통제한 탓이다. 이런 이유 때문에 6·25 직후 한국은 전형적인 농업 국가였다. 농업인구의 공업인구화는 하루아침에 실현되는 것이 아니다. 이런 열악한 제반 환경 하에 정부는 만난 고초를 무릅써가며 전후복구를 추진했다.

6·25 전쟁 이후 우리나라 경제정책과 산업시설 건설 이력을 살펴보면 이런 장면들이 눈앞에 펼쳐진다.

1954년 4월 1일 산업부흥을 지원하기 위한 산업은행이 발족됐고, 7월 21일엔 6·25 당시 혈전을 치르며 국군이 수복한 화천발전소의 2호 발전기 수리 복구를 끝내고 발전을 개시했다. 7월 28일엔 경제부흥 5계년계획이 발표됐다. 이 해 서울시 자동차 등록대수는 승용차 5017대, 화물차 7466대, 승합차 2542대였다.

1955년 4월에 '전원(電源)개발 5개년 계획'이 수립됐고, 8월 26일 IMF-IBRD에 가입했다. 10월 1일에는 디젤기관차 운행을 개시하여 수송혁명이 시작됐다. 10월 22일에는 충주비료공장 기공식이 열렸고, 이해 11월 23일 처음으로 발전량이 10만kW를 넘어섰다.

1956년 1월 16일, 영암선 철도를 이용해 태백 탄전지대에서 생산된 무연탄이 수도권까지 수송되기 시작했고, 2월 15일엔 당인리 화력발전소 화입식이 거행됐다. 4월 28일에는 전력사용 제한조치가 철폐됐으며, 9월 17일에 국내 최초로 원자력 전시회가 열렸다. 12월 17일부터 미국과 잉여농산물 협정에 의해 미국산 농산물 도입이 시작됐다.

1957년 2월 3일에 투자규모 23억 7500만 달러의 경제부흥 5개년 계획이 수립됐으며, 4월 30일에는 석탄개발 10개년 계획이 발표됐다. 8월 22일에는 우리나라 원양어선들이 인도양에서 첫 어로작업을 개시했으며, 9월 25일 대한양회 문경공장이 준공됐다.

1958년 5월 15일엔 6·25 전쟁 때 폭파됐던 한강인도교가 다시 건설되어 개통식을 가졌고, 6월 12일엔 부흥부에서 《부흥백서》를 발표했다. 10월 30일에 처음으로 텔레비전 수상기 보급 7000대를 돌파했다.

1959년 1월 10일에 충북선 개통, 4월 2일에는 조선(造船) 5개년 계획, 4월 8일엔 석탄개발 8개년 계획이 각각 발표됐다. 5월 13일엔 국산 판유리가 미국에 처음 수출됐다. 1960년 3월 24일에는 외자도입촉진법 시행령이 공포됐고, 3월 30일에는 부산 디젤 전기 기관차 공장 낙성식이 거행됐다.

IMF와 IBRD 가입

숨 가쁜 전후복구와 경제부흥의 와중에 우리나라가 글로벌 경제체제에 편입되는 중요한 전기가 찾아왔다. 1955년 8월 26일 국제통화기금(IMF)[284]과 국제부흥개발은행(IBRD)[285]에의 가입이었다. 우리나라는 1953년부터 IMF 가입을 위해 막후교섭을 펼쳤으나 그 때마다 번번이 거절 당했다. 송인상은 IMF와 IBRD 가입 노력을 이렇게 설명하고 있다.

'1953년 5월 초순, 우리나라가 IMF에 가입하고자 한다는 나의 말에 대한 IMF의 호은 전무이사의 냉정한 답변은 이랬다.

"IMF와 같은 국제기구에 가입하려면 우선 당신 나라의 인플레이션부터 막으시오. 그런 다음에 다시 이야기합시다."

1948년에 수립된 우리 정부가 그 기초도 닦기 전에 일어난 6·25사변으로 인해 전비(戰費) 지출이 걷잡을 수 없이 늘어나 인플레이션을 가져온 것을 생각해 보면 그의 답변이 당연한 것이었는지도 모른다. 그 때 국제적인 권위를 가진 경제잡지들은 흔히 칠레, 터키, 그리고 한국을 세계 3대 인플레이션 국이라 부르기도 했다.'[286]

당시 우리 정부는 전쟁으로 인한 전비 조달을 위해 매월 10억 원씩의 지폐를 찍어내고 있었다. 화폐 발행을 막기 위해 이승만은 1954년 2월 11일 경찰을 투입하여 부산 조폐공사의 인쇄기계를 봉인하라는 명령을 내리기도 했다.[287]

제2차 세계대전으로 세계 각국은 심각한 파괴와 무질서, 전란의 상처를 경험했다. 이러한 파괴와 고통의 질곡에서 벗어나 번영을 이룩하자는 차원에서 1944년 12월, 서방 45개국 대표가 미국 뉴햄프셔 주 브래튼 우즈에 모여 '브래튼 우즈 협정'을 발효시켰다. 이 협정의 결실로 탄생한 것이 국제통화기금(IMF)과 국제부흥개발은행(IBRD)이다.

IMF는 2차 대전 후 혼란한 국제통화 및 금융질서를 안정시켜 국가 간의 교역과 금융거래를 원활하게 하기 위해 미 달러화를 세계의 기축통화로 삼고, 달러의 금 태환(兌換)을 보장하며 환율을 고정시켰다. IBRD는 국제자본의 이동을 원활히 함으로써 전후 경제부흥을 촉진하기 위한 목적에서 설립된 기관이다. 이 기관은 전후(戰後) 국제통화와 금융질서의 회복과 안정에 큰 역할을 하게 된다.

국제무역의 확대와 편의증대를 위해 1948년 1월에는 '관세 및 무역에 관한 일반협정'(GATT)[288]이 발효됐다. GATT는 어느 국가든 제멋대로 관세를 인상하거나 수입을 일정 수준으로 제한하는 쿼터제 같은 제도들을 설치하지 못하도록 하여 국제무역질서가 자유무역주의를 기초로 할 것을 규정하고 있다. 이 협정은 1995년 세계무역기구(WTO)[289]가 설립되기 전까지 47년 동안 미국 주도하에 실시되면서 전 세계의 평균 관세를 40%에서 4% 이하로 크게 낮추는 결과를 가져왔다.[290]

이런 거대한 흐름을 IMF-GATT 체제라 부르는데, 이 시스템이 제2차 세계대전 이후 자유무역에 입각한 국제 경제 질서를 창출하는 기본축이 된다. IMF-GATT 체제는 1960년대 국제교역 확대를 통한 경제발전을 목적으로 한 '케네디 라운드'로 발전하게 된다.

이처럼 국제교역이 대대적으로 확대되기 시작한 것은 2차 대전 후 등장한 새로운 패러다임 때문이다. 대형 수송수단이 발달하지 못했던 2차 대전 전에는 자국의 공업발전을 위한 자원 확보를 위해 식민지화를 통한 블록 경제권을 형성할 수밖에 없었다. 식민지 확보를 통한 값싼 원료와 자원, 판매시장의 확보가 공업화의 필수 조건이었다. 독일의 제3제국이나 일본의 대동아 공영권은 이런 블록화 경제권의 상징과 같은 존재다.

2차 대전 이후 수송수단이 획기적으로 발전하기 시작했다. 10만 톤 이상의 대형 유조선, 5만 톤 이상의 석탄 철광석 운반선 등 대형 선단의 출현으로 식민지를 통한 블록화 경제권 개념은 더 이상 가치를 유지할 수 없게 됐다. 일본은 과거에는 엔화 블록 경제권이라 할 수 있는 만주나 한국에서 철광석과 석탄을 가져다 공업을 발전시켰다. 그런데 호주에서 대형 선단을 이용하여 철광석과 석탄을 실어오는 것이 식민지 유지비용보다 경제성이 높다. 때문에 기존의 배타적 경제 블록 대신 국제교역 확대가 선진 공업국들의 헤게모니 유지에 유리한 상황이 전개되기 시작했다.

"달러 시대를 대비하라"

이것은 국제질서의 거대한 변혁이자 새로운 패러다임의 출현이다. 이런 여파를 타고 그 동안 국제교역의 주요 결재수단이었던 금이 그 지위를 달러에게 내주었다. 미국은 제2차 세계대전 기간 중 연합군에 막대한 무기를 제공하며 중화학공업의 기반을 확실하게 다졌다. 게다가 전쟁기간 중 유럽으로부터 막대한 양의 도피성 자금과 금이 유입되어 종전 후 미국은 세계 전체 금 보유량의 3분의 2를 갖게 됐다.

이러한 금과 산업력이라는 막강 파워를 바탕으로 미국은 자국 통화 '달러'를 세계 유일의 기축통화로 만드는 데 성공한다. 미국이 금 1온스를 35달러로 묶는 금 달러 본위제를 수립하는 조건으로 세계통화로서 달러의 발권력을 향유하는 특권을 가지게 됐다.

미국은 IMF-GATT 체제 하에서 세계 경제 제패를 위해 '금본위 시대'를 마감하고 '달러 경제시대'로 선회함으로써 본격적인 달러 시대가 개막된다. 이런 글로벌 경제의 흐름을 간파하고 경제인들에게 "달러 시대를 대비하라"고 외친 사람이 송인상 당시 한국은행 부총재[291]였다. 금 시대에서 달러 시대로의 전환. 그것은 중대한 변화를 예고했다.

IMF와 IBRD 가입은 정부 수립 후 최초로 우리나라가 국제금융기구에 가입했다는 점에서 의미가 크다. 힘 있는 국제기구 가입을 통해 우리는 전재(戰災)로부터 부흥 발전하려는 우리의 노력을 국제적으로 알림과 동시에, 대외무역 및 외환 거래에서 갖추어야 할 국제적 신의를 물적으로 뒷받침하는 계기가 됐다. 두 금융기구에의 가입은 1억 달러의 원조를 받는 것보다 더 큰 도움이 되었다는 것이 당시 전문가들의 분석이다.

두 금융기구 가입 결의가 이루어진 직후 김유택[292] 한국은행 총재는 "회원국의 후의와 배려에 감사하며 3년씩이나 전쟁을 치른 나라이니만큼 협조와 성원을 기대한다"고 연설했다. 김 총재는 이 역사적인 날을 기념하기 위해 '미국의 소리(VOA)' 방송에 출연, IMF-IBRD 가입 소식을 본국 국민들에게 전했고, 많은 미국 교포들의 환영을 받았다. 그는 미국의 소리 방송에서 "우리는 아직 정치적 유엔에는 가입하지 못했다. 그러나 이번에 경제적 유엔에는 가입이 확정됐다. IMF-IBRD 가입 그 자체의 의의가 중대한 것이며, 앞으로 어떤 도움을 이들 기구로부터 받게 될지 모르나 우리의 경제재건과 부흥에 절대적으로 필요한 원조와 차관 등 외자를 도입할 수 있는 기초를 수립한 것"이라고 강조했다.[293]

우리나라는 이 기관에 가입하면서 1875만 달러의 기금과 2500만 달러의 은행 주식을 구입했는데, 이 기금은 6·25 때 진해를 거쳐 미국 뉴욕의 연방준비은행에 긴급 피난시켜 두었던 금괴를 담보로 대체했다.

IMF와 IBRD 가입의 일등공신인 송인상은 "당시 연방준비은행 금고에 있던 우리 재산은 금 1톤, 은 2톤 정도였는데, 우리가 IMF와 IBRD에 가입할 때 달러가 없어 금과 은의 가격을 따져 입회금을 낸 것"이라고 회고했다. 입회를 위한 담보라고는 했지만 그 양은 우리가 두 기관에 내야 할 돈의 1%도 안 되는 금액이었다고 한다.[294]

대한(對韓) 원조에 대한 미국의 속셈

1954년부터 본격 착수한 전후복구사업은 4년 만에 마무리됐다. 이처럼 짧은 기간에 전란의 상처를 수습할 수 있었던 것은 밤 잠 설쳐가며 고군분투한 정부 관료와 기업가들, 그리고 허리띠를 졸라매고 일어선 국민들 덕분이다.

그러나 전후복구 과정에서 우리 정부와 미 원조당국은 한국경제의 재건 방향에서부터 투자 우선순위 결정, 투자사업 선정, 원조물자 구성 등을 놓고 심각한 대립과 갈등을 빚었다. 미국이 제공하는 원조자금의 사용방법을 놓고 한미 양국 간에 의견 차가 컸기 때문에 빚어진 일이다.

우리 정부는 원조자금의 집행에 있어 소비재의 직접 도입보다는 공장 건설을 요구했다. 반면 미국은 소비재의 직도입을 줄기차게 추진했다. 이러한 견해차로 인해 초반부터 미국의 원조 프로그램이 제대로 진행되지 못했다. 이와 관련한 김대환[295]의 입장이다.

'미국은 이 기간 중 원조의 목적을 군사 면에 두고 국방비 부담을 보전하기 위해 원조를 제공함으로써 경제발전을 사실상 부차적인 것으로 생각하였으며, 한국의 공업화를 오히려 경계하기까지 하였다. 원조물자도 거의 전부가 소비제품과 원료에 집중되어 한국의 진정한 공업화를 저해하고 공업을 그들로부터 수입한 원료를 가공하는 데 불과한 수준에 머물게 하였을 뿐만 아니라, 막대한 원료 및 농산물의 도입으로 한국 농업과 원료산업은 한국경제의 재생산구조로부터 추방되고 말았다. 이러한 원조는 무역수지 적자의 81.1%를 보전시켜줌으로써 수출요구를 억누르는 역할도 하였다.'296)

미국 원조자금의 성격과 관련하여 흥미로운 자료가 발견됐다. 한국은행이 발표한 '미국 대한(對韓) 원조의 내용'이 그것인데, 이 자료에 의하면 미국이 한국에 제공한 31억 9900만 달러의 원조 중 소비재가 25억 3100만 달러로 전체의 81%를 차지한 반면, 시설재는 6억 80만 달러로 전체의 19%에 불과했다.

미국 원조자금 중 운크라(UNKRA)만이 시설재 70%, 소비재 30%로 한국경제 재건사업 지원이라는 당초 설립취지에 맞게 집행됐을 뿐 나머지는 소비재 도입 방식으로 원조가 이루어졌다.

《제국주의 시대》의 저자 해리 맥도프는 2차 대전 이후 미국이 제공한 대외원조의 목표와 성격을 ▲미국의 세계적 군사 정치적 목적의 보강 ▲미국 기업 진출을 위한 문호개방정책의 강요 ▲후진국 경제개발의 자본주의적 방식 추종 보장 ▲미국 기업의 직접적인 경제적 이익 확보 ▲수원국(受援國)의 미국 및 기타 자본주의 시장에의 의존체제 확립으로 규정하고 있다.

미국이 이런 목표를 염두에 두고 한국에 원조를 제공했기 때문에 이승만의 공장 건설 요구는 '미국 기업의 경제적 이익 확보와 대미(對美) 의존체제 확립'이라는 대명제와 충돌하는 것이었다.

미국의 대한(對韓) 원조의 내용

(단위 : 백만 달러)

자금별	시설재	소비재	합계
GARIOA	31(7%)	379(93%)	410
ECA	6(3%)	170(97%)	176
SEC	0.2(0%)	26(100%)	26
CRIK	-	457(100%)	457
UNKRA	86(70%)	36(30%)	122
ICA	485(28%)	1260(72%)	1745
PL 480	-	203(100%)	203
합계	608(19%)	2531(81%)	3199

자료 : 김태화 外 지음, 《1950년대의 인식》, 한길사, 1981, 187쪽

로버트 올리버는 미국의 원조가 빈곤과 질병의 해소에 그 목표가 있었으나, 보다 시야를 넓혀보면 미국은 '한국 지원에 쓰인 1달러로 2달러의 효과'를 거두려는 정책, 즉 일본 경제부흥정책과 맞물려 있었다고 지적한다. 당시 일본 주재 미국대사 로버트 머피는 자서전(《Diplomat among Warriors》)에서 '1951~53년 기간 중 미국은 특별조달명령을 통해 한국으로 보낼 원조물자 7억 4600만 달러어치를 일본으로부터 구입했는데, 이를 통해 일본은 놀라운 속도로 거대한 공급기지로 변모하게 되었다'고 밝히고 있다. 미국은 일본으로부터 물자를 구입하여 한국에 공급함으로써 한국과 일본을 동시에 돕는 1석2조의 효과를 거두고자 했던 것이다.

원조는 공짜가 아니었다

그러나 이승만은 한국이 일본제품의 소비처가 되어서는 안 되며, 한국도 자립경제의 바탕을 마련해야 한다고 강력 주장했다. 한국에 대한 원조자금 사용을 관장하던 미 경제원조처(ECA)는 이 대통령의 주장을 도외시하고 한국 경제정책을 좌우하고자 했다. 로버트 올리버의 회고다.

'이 대통령은 긴요한 원조자금을 받으면서도 자금의 용도에 대해 강한 불만을 토로하지 않을 수 없는 어려운 입장에 처하게 되었다. 그 당시 이 대통령은 "배고픈 사람에게 생선을 주면서 잘 먹으라고 말할 수 있겠지요. 그러나 그 사람에게 낚싯대를 사도록 해준다면 그는 계속해서 식량문제를 해결할 수 있습니다"라고 나에게 말하곤 했다. 그리고 불만에 찬 국민들을 향해서 "우리 모두가 더 많이 일하고, 더 적게 먹으며, 정말로 긴요한 생활필수품 이외에는 가진 것이 없더라도 참고 살아야 합니다. 우리는 지금 우리 후손들에게 더 나은 삶을 마련하기 위해 나라의 미래를 건설하고 있습니다"라고 설득했다.'[297]

전후복구가 본격화되면서 이승만과 미국 간에 원조자금 집행을 둘러싸고 논란이 끊이지 않았다. 로버트 올리버의 기록에 의하면 이승만은 전쟁 중에 파괴된 60만 호의 주택재건, 석탄 및 텅스텐 광산 재가동, 발전소 복구 및 신설, 방직공장 및 고무신공장 복구, 비료, 나일론, 시멘트, 유리 생산을 위한 공장신축, 통조림공장,

조선소 복구와 확장 등이 최우선의 목표였다. 나아가 장기 발전목표로 중공업, 기계공구 공장, 대형건물 복구 및 아파트 신축계획도 발표했다. 올리버의 회고다.

'미국 경제원조 당국은 이승만 정부의 우선순위는 외면한 채 전쟁 이전에 수립된 원조계획을 그대로 밀고 나갔다. 그것은 곧 식량 제공, 의료품 제공 등 주민들의 구호에 초점이 맞춰져 있었다. 이에 따라 미국은 값싼 농산물이나 소비재를 한국에 공급했고, 그 결과로 한국의 영세산업과 농업은 더욱 더 어려운 처지에 빠졌다.

미국 원조 당국은 이 대통령이 요구하는 사업들을 추진할 만한 관리자집단도 경험 있는 노동력도 한국에는 없다고 주장했다. 이 대통령은 비참한 지경에 빠진 주민들을 구호하는 것도 중요하지만, 그러한 고통과 희생을 감내하고서라도 미래를 위한 발전의 기초를 마련해야 한다는 주장을 굽히지 않았다. 그 결과로 사회간접자본과 기간산업 복구에 어느 정도 원조자금을 투입할 수 있었.

이 대통령은 한국의 우선순위가 받아들여지지 않는 한 한국정부는 참된 주권을 가지고 있는 것이 아니라고 보았다. 이 같은 이승만 대통령의 집요한 노력 때문에 비타협적이며 오만한 인물로 인식되었는지 모른다.'[298]

당시 미국의 대한(對韓) 원조정책이 일본 부흥의 목적을 내포하고 있었음을 확인해주는 또 하나의 근거가 있다. 차철욱[299]의 연구에 의하면 미 의회는 미국의 원조 부담을 줄이기 위해 한국으로 지출한 원조자금이 일본의 산업부흥에 사용할 수 있는 방향으로 원조계획을 세웠다. 그런데 원조자금의 사용을 둘러싸고 한국에 파견된 ECA 담당자와 일본에 있던 미 육군성 관료들 사이에 논쟁이 벌어졌다. 차 교수의 논문 중 관련 내용을 옮겨본다.

'ECA 담당자들은 한국을 일본과의 경제관계를 회복하면서도 자립경제를 건설할 수 있는 경공업 중심의 공업재건을 추진하려 했다. 반면 육군성은 일본을 아시아의 공장으로, 한국을 일본의 공산품 시장으로 만드는 지역경제 통합을 구상했다. 이런 논리를 배경으로 ECA 담당자들은 한국에 농업발전을 위한 비료공장 설립을 제안한 반면, 육군성 관료들은 일본에서 비료 구매를 강조하였다. ECA 담당자들의 한국 공업화 건설 계획에 불만을 품은 미국 의회는 1949년 원조 예산안을 거부하기에 이르렀다. 이러한 양자의 갈등은 1950년 초 원조자금 총액의 36%를 대일(對日) 구매에 사용할 것이라는 ECA 의장 번스의 약속으로 일단락되었다….

미국은 한국 정부의 경공업 성장 계획을 전혀 받아들이지 않았다. 1952년 5월의 '대한민국과 통일사령부간의 경제조정에 관한 협정', 1953년 12월 '경제재건 및 재정안정계획에 관한 합동경제위원회 협약', 1955~57년 합동경제위원회가 만들어낸 규정 등에서 경제안정론이 그대로 관철되었다. 미국이 이승만 정권의 경제성장 요구를 받아들이지 않은 것은 미국의 대(對)극동정책으로 자리잡은 일본 공업화와 맞물려 있었기 때문이었다.'[300)]

차철욱은 ECA 원조자금은 결국 미 의회와 육군성의 강한 요구로 한일 경제통합을 위해 사용됐다고 밝혔다. 그 결과 ECA 담당자와 이승만이 구상했던 경공업을 중심으로 하면서 중공업을 육성해 자급자족을 실현하려 했던 '경제성장론'은 폐기되고, 필요한 물자는 일본에서 수입하면서 긴축재정을 실시하여 산업자금 방출을 억제하는 '경제안정론'으로 선회했다는 것이다.

6·25 전쟁이 휴전으로 매듭지어진 이후에도 일본을 향한 미국의 짝사랑은 식을 줄 몰랐다. 한국전쟁의 특수(特需)라는 단물을 빨던 일본은 휴전으로 인해 심각한 불황에 빠져들었다. 이렇게 되자 일본 내에서 공산 중국과의 경제관계를 정상화하여 불황을 타개해야 한다는 여론이 형성됐다. 미국은 이를 견제하기 위해 대한(對韓) 원조자금으로 일본의 물자를 구입하여 한국에 공급하는 카드를 꺼내 든 것이다. 차철욱의 논문을 좀 더 인용해 본다.

'미국은 한국이 원조자금으로 대일(對日) 구매를 하도록 요구했다. 대일 구매를 위해서는 한국의 경제성장은 철저히 통제되어야 했다. 경제성장을 위한 재정투자는 인플레 억제를 이유로 통제되었고, 오히려 군사부문 투자를 장려했다. 군사비 투자로 인한 재정적자는 원조자금 판매대금인 대충자금으로 조달토록 하고, 대충자금의 대량 확보를 위해 환율 인상을 요구하였다. 결국 미국의 원조정책은 일본의 공업화 달성과 한국의 경제를 일본의 상품시장으로 만드는 것이었다.'[301]

비료 문제로 농림부장관에게 할복자살 권고

일제는 남한을 농업기지화하고 북한에 산업시설을 건설해 놓았다. 남한의 농업에 사활이 걸린 전략물자인 비료는 북쪽의 흥남에 세계적 규모의 질소비료공장을 지어 놓았다. 국토 분단으로 인해 남한의 주력산업이었던 농업은 비료가 공급되지 않아 위기를 맞는다. 농업국가 한국에서 비료가 생산되지 않으니 외국에서 수입해야 하는 절박한 상황에 몰린 것이다.

당시 운크라(UNKRA)가 한국 정부에 제출한 건의서에 의하면 1953년부터 1957년까지 국내 화학비료 소요량은 40만 톤, 이것을 해외에서 수입하는 데 드는 비용은 2억 8800만 달러, 연간 6000만 달러의 외화를 화학비료 도입을 위해 써야 하는 것으로 나타났다. 당시 미국의 대한(對韓) 원조규모가 연간 2억 달러 선이었던 점을 감안하면 전체 원조의 20~30%를 비료 구입비로 투입해야 할 판이었다.

오원철의 자료에 의하면 1955년부터 1965년까지 농업부문의 외국원조에 의한 총 수입액 17억 2399만 8000달러 중 비료부문 수입총액은 6억 9017만 9000달러로 전체의 40%를 차지했다. 비료 수입에 사용한 6억 9000만 달러는 현대식 비료공장 몇 개를 지을 수 있는 어마어마한 액수였다.[302]

비료가 없어 농사철이면 전국에서 묘판이 노랗게 시들어 죽으면서 사회문제가 되기도 했다. 농림부장관을 지낸(1951년 5월

~1952년 3월) 임문환의 회고다.

'국회에서는 비료 문제를 가지고 엊그제 취임한 나에게 할복자살을 권고하기에 이르렀다. 이때에 나는 자살 권고에 대한 답변으로 "죽으라면 죽을 용의는 있다. 그러나 죽는 방법까지 지시할 필요는 없지 않느냐"고 해서 만장의 폭소를 샀던 기억이 있다.'[303]

임문환이 농림부장관 재직 시절 정부 보유불이 1000만 달러 정도가 있었다. 이것으로 질소비료를 수입하는 것 외에는 방법이 없다고 결심하고 이승만 대통령에게 보고했다. 보고를 받은 이 대통령은 "정부 보유불을 전부 줄 터이니 빨리 가져오게" 하고 답했다. 임문환은 이 사실을 언론에 발표하고 일본과 미국 등에 오퍼 제공을 연락했다. 며칠 후 이 대통령의 호출이 왔다. 임문환의 회고다.

'대통령을 뵈었더니 이번에는 "여보게. 정부 외화를 다 써버리면 외교관 월급은 무엇으로 주지?" 하는 것이었다.

"일전에 다 쓰라는 말씀이시기에 저는 거기까지는 생각을 못하고 비료 사는 데에만 열중하고 있었습니다."

이 말이 끝나자 이 박사는 안면에 노기가 가득차면서, "여보게. 마흔 살이 넘은 사람이 내 말의 의미도 못 알아차려! 미국이 지금 우리 국민을 먹여 살린다고 세계가 다 믿고 있어. 비료를 안 주고 먹여 살린다는 건가. 자네는 정부 외자를 한 푼도 안 남기고 톨톨 털어서 비료를 사들인다고 신문에 발표하고 선전만 하고 있으면 돼" 하고 말했다.'[304]

이 박사의 예견은 적중했다. 그 다음날 미8군 농림담당 고문이

임문환을 찾아와 "정말 정부보유불을 전액 소비할 작정이냐"고 물었다. 임문환은 어려운 상황을 설명하고 만부득이한 응급조치라면서 양해를 구했다. 그 다음날 미8군 고문관이 일본으로 날아가 극동군사령부와 담판을 지은 결과 미국에서 무상 원조 비료를 보내왔고 그것으로 그 해 벼농사를 지을 수가 있게 되었다.'[305]

원조재원별 비료수입액(1949~1965)

(단위 : 천달러)

원조재원별	농업부문 총반입액	비료반입액	농업 전체에 대한 비료 비중(%)
GARIOA	52,290	43,481	83.2
ECA	37,307	26,060	69.9
CRIK	214,297	49,746	23.2
UNKRA	25,357	9,346	36.9
ICA & AID	907,482	561,543	61.9
PL 480	487,265	-	-
계	1,723,998	690,179	40.0

이승만과 타일러 우드 격돌

비료공장 건설은 우리 입장에선 사활적 명제였지만 미국 입장은 우리 정부와는 달랐다. 그들이 설정한 원조의 목적은 한국에 산업시설 건설이 아니라 '기아와 질병의 해결'이었다. 때문에 한국이 요구하는 비료공장 대신 "원조자금으로 비료 완제품을 구입해서 공급하겠다"는 원칙을 고수했다.

비료란 한 번 사용하면 그만인 소비재다. 그 귀한 원조자금을 한번 사용하면 사라지는 소비재 도입에 투입하는 것은 낭비나 다름없다는 것이 이승만의 의견이었다. 이승만은 기회가 날 때마다 내각의 각료들에게 "산업화만이 우리의 살 길"이란 점을 강조하면서 이렇게 지시했다.

"언제까지 미국이 사다 주는 비료에 의존하고 살아야 하는가. 당장 허리띠를 졸라매더라도 미국이 제공하는 원조자금으로 공장을 건설하고 기술자를 양성해서 필요한 물자를 국내에서 생산해야 우리 민족이 살아날 수 있다. 내각은 무슨 일이 있어도 미국 측과 상의하여 반드시 비료공장을 지어라."

이 대통령과 미 원조당국과의 마찰에 대한 사연은 다음과 같은 기록에서 그 일면이 발견된다.

'전후 복구사업이 급피치를 올리던 1955년 1월 어느 날. 경무대 대통령 접견실에서는 영어로 언쟁을 벌이는 두 사람의 고함소리가 흘러나왔다. 이승만 대통령은 당시 대한(對韓) 원조를 주무르던 ICA 책임자 타일러 우드 씨와 자리를 맞대고 힘겨운 논쟁을 펼치고 있었다.

"언제까지 원조물자에만 기댈 수는 없는 노릇 아니요. 원조자금의 7할을 투자로 돌리고 3할만 소비부문으로 써야 합니다."

"대통령 각하, 전란으로 인해 한국 사람은 매우 굶주리고 있습니다. 생계의 보장이 급선무입니다. 원조물자의 70%를 당장 먹고 사는 소비로 돌려야 합니다."

평소 치밀하고 원만한 성격의 우드 씨였지만 이날은 이 대통령의 고집스런 요구에 맞서 음성이 다소 높아지고 있었다.

"우리 국민이 어려움을 겪고 있는 것이지 당신네들이 배고픈 것은 아니지 않소. 우리는 전란 후의 일시적인 굶주림을 참을 태세가 되어 있으니 그런 걱정은 안 해도 됩니다. 원조물자를 생산부문으로 돌려주시오."

미국 원조자금으로 전란을 복구하기 위해 부흥부까지 발족시켜 놓은 이 대통령으로서는 양보할 수 없는 한판 승부였다. 이 대통령은 원조물자를 미국 측과 의논해서 처분해야 하는 것에 대해 노골적으로 반감을 드러냈다. 이 대통령은 2차 대전 후의 서독을 예로 들면서 "원조를 무조건 우리 측에 넘겨라"라고 요구했다.' 심지어 자기와 뜻이 맞지 않는 미국 원조기관 ICA의 책임자 타일러 우드를 그들이 묵고 있는 조선호텔에서 내쫓으라고 당시 유완창 부흥부장관에게 명령하기도 했다.[306]

이승만과 미국 원조처는 매년 원조자금 사용 배분 문제를 놓고 큰 견해차를 보였다. 미국은 대한(對韓) 원조자금이 교육을 비롯해 서비스 부문, 철도와 교통·통신, 발전과 같은 사회간접자본(SOC) 보강에 사용돼야 하며, 비료나 시멘트와 같은 물자는 국제 입찰을 통해 한국에 지원한다는 원칙을 고수했다.

반면에 우리 정부와 이승만은 "미국이 우리에게 전화(戰禍)를 복구하라고 원조를 준 이상, 우리가 필요로 하는 곳에 우선적으로 써야 한다"는 입장이었다. 원조자금으로 외국에서 물건 사다가 먹고 쓰고 치울 것이 아니라, 당장은 배가 고프더라도 비료나 시멘트 등 전략물자를 생산하는 공장을 지어 산업화의 길로 나가야 한다는 뜻이 숨어 있었다. 때문에 양측 주장이 오랫동안 평행선을 이루어 타협을 보지 못했다.

"미국 사람들이 그렇게 옹졸하다니…"

우리 정부의 비료공장 건설 의지가 처음으로 미국 측에 표출된 것은 6·25 전쟁이 한창이던 1952년이었다. 당시 이교선 상공부장관은 한미합동경제위원회에 비료공장 건설계획을 기습 상정했다. 몰래 영문으로 작성한 비료공장 건설계획서를 불쑥 내밀었다. 이에 미국 측은 "양측 기술진을 동원, 현지답사를 한 후 결정하자"는 원칙적인 답변을 내놓았다. 공장 후보지로는 우리 측이 내세운 삼척 카바이드공장과 동양화학공사가 거론됐으나 이것은 원칙론적인 의견교환에 불과했다.[307]

인태식[308]도 비슷한 기록을 남긴 바 있다. 인태식이 재무부장관에 취임한 직후의 어느 날 그는 이승만의 부름을 받고 경무대로 들어갔다. 이 대통령은 인태식에게 이런 지시를 내렸.

"지금까지 재무부장관이나 다른 장관들이 미국 측에 대해 대충자금 사용방향을 바꿔 달라고 여러 수십 차례 교섭을 해왔지만 이렇다 할 아무런 성과가 없었네. 자네는 이론도 밝고 말도 잘하니 미국 사람들을 설득할 수 있다고 보네. 나로서는 경제건설을 해야 할 우리나라 입장에서 대충자금은 공장을 세우는 데 쓸 수 있어야 한다는 굳은 신념이 서 있으니 이런 나의 뜻을 깊이 명심하고 미국 사람들을 이해시키도록 힘쓰게."

이 대통령의 지시를 받은 인태식은 즉시 미국 측과 접촉하여 "대통령의 뜻도 그렇고 하니 경제건설 쪽으로 이제 대충자금을 돌려 쓸 수 있게 합시다" 하고 제안했다. 그러나 미국 측 반응은 "원칙을 바꿀 수 없다"는 것이었다. 대충자금의 일부를 경제건설에 전용하자는 인태식의 주장은 미국 측의 달갑지 않은 반응에 부딪쳤다. 인태식의 설명이다.

'6·25 동란 이후 줄곧 미국 측에 요청하고 있던 포항의 정유공장 건설과 충주비료공장 건설 제의는 미국 측에 대한 간절한 요망사항이었으나 그때마다 미국 측으로부터 수락할 수 없다는 반응에 부딪쳐 온 숙제였고, 내가 처음으로 제의한 시도는 아니었다.

충주비료공장 건설에 대해서는 끈질긴 우리나라 정부 측의 요청으로 어느 정도 미국 측의 양해를 얻는 단계에까지 이르는 듯 했으나 미국 측은 이것마저 시일을 지연시키면서 매듭을 짓기엔 인색한 편이었다. 접촉을 해보고 또다시 교섭을 하는 등 틈만 나면 미국 측에 대해 경제외교를 펴 왔으나 미국 측의 반응은 여전히 차디찬 반대의사 뿐이었다.

나는 곰곰이 생각해 보았다. 도대체 미국의 외교정책이란 무엇인가 하고. 미국이 진정 우리나라의 자주독립성을 지향하도록 원조해주고 있다면 비료공장 하나 건설하자는 데 이처럼 인색할 수

있을까 하는 의문이 나의 머리를 스쳐갔기 때문이다.'[309]

이 대통령에게 대미(對美) 교섭의 결과가 별무성과라는 보고를 하자 이 대통령이 이렇게 말했다.

"그래 미국 사람들의 태도가 여전하단 말이지. 비료공장 하나를 건설하자는 데 그렇게 인색하단 말이지. 우리나라를 해방해 준 미국 사람들이 그렇게 옹졸하다니…. 몹쓸 사람들 같으니. 우리나라를 36년간 제압하고 갖은 학대를 일삼아 왔고, 세계의 질서를 파괴하려 했던 전쟁 범죄국 일본에 대해서는 공장 건설이다 뭐다 하며 후하게 원조해 주면서 약소국가인 우리나라에 대해서는 이렇게 공장 건설 한두 개의 문제를 놓고 인색하니 저 미국 본토에 도사리고 앉아 대외정책을 손질하는 지위가 높은 미국 사람들 중엔 옳지 못한 친구가 있는 것 같아. 공산당과 맞붙어 싸우고 있는 우리나라를 도외시하고 일본만 원조해 주는 그 사람들은 반드시 후일에 후회하게 될 거야."[310]

운크라 자금으로 판유리·시멘트 공장 건설

정부 입장에서 전후복구를 위해 가장 시급한 숙원사업은 비료공장, 시멘트공장, 판유리공장 등 3대 공장 건설이었다. 전후 복구를 위해서는 부서진 건물을 세우고 집을 새로 짓는 것이 시급했다. 그러나 건설을 위한 시멘트와 유리 같은 건설 자재가 부족했다. 기초적인 건축자재는 태부족이었고 판유리는 국내 생산이 안

돼 전량을 수입에 의존하고 있는 상황이었다.

　3대 공장 건설 문제로 미국 원조당국과 수 십 차례 협상을 벌였지만 미국 측의 완강한 반대에 부딪치자 이승만은 기발한 착상을 한다. 콜터 장군이 이끄는 운크라(UNKRA)의 원조 계획을 활용하여 인천에 판유리공장과 문경에 시멘트공장을 짓도록 교섭한 것이다.

　운크라는 판유리가 전후 복구사업에 절대적으로 필요한 건설기초자재이며, 원료나 제반 조건이 유리하다고 판단하여 우선 사업으로 정했다. 이어 운크라 자금으로 인천에 판유리 공장을 세우기로 하고 파나마의 빈넬 인터내셔널 사와 건설계약을 체결했다. 1956년 2월 생산능력 연간 12만 상자에 달하는 공장을 착공했고, 1957년 준공식을 가졌다. 공사비는 363만 달러와 대충자금으로 지급되는 한화 6억 251만 환이었다.

　이 공장은 준공과 동시에 민간에 불하하기 위해 입찰을 한 결과 최태섭이 주축이 된 대한유리공업기성회에 낙찰됐다. 최태섭은 공장을 인수한 후 대한유리공업(후에 한국유리공업)으로 상호를 바꾸고 국내에 판유리를 공급하여 전후 복구를 도왔다.

　사정이 다급하기는 시멘트도 마찬가지였다. 당시 남한에는 삼척시멘트 하나만이 가동 중이었다. 그나마 수시로 고장이 나고 전기 공급이 잘 안되어 가동하는 날보다 노는 날이 더 많았다. 삼척시멘트는 1942년 일본의 오노다 사가 연산 18만 톤 규모로 설립했는데 일본 기술자들이 철수한 후 기계고장, 원료난, 전기부족 등으로 생산량이 급감했다. 게다가 전란 중에 피해를 입어 한동안 가동 중단상태에 빠졌다. 1953년 운크라 원조자금으로 시설보수 공사를 벌여 재가동한 것이다.

1955년 국내 시멘트 소비는 18만 9000톤인데 비해 국내 생산은 5만 6000톤에 불과해 70%를 수입에 의존하고 있었다. 그리하여 운크라와 협의 하에 두 번째 프로젝트로 문경에 시멘트 공장 건설이 추진됐다. 건설업체는 미국의 스미스 사가 선정됐다. 1955년 11월에 연산 24만 톤 규모의 공장 건설에 착수하여 1957년 9월 준공했다. 공사대금은 운크라 자금 850만 달러였다.

문경시멘트공장은 준공과 동시에 개성상인의 후예 이정림의 대한양회공업에 매각하여 민영화됐다. 문경시멘트공장의 준공으로 기존의 동양시멘트[311]의 생산능력 7만 톤과 합쳐 연산 30만 톤 생산능력을 확보하게 된다. 운크라 자금을 동원한 문경시멘트공장과 인천 판유리공장 건설은 원조자금을 소비재 수입에 사용해야 한다는 원칙론에 매달려 있던 미국 원조당국과 미국 정부를 향한 일종의 시위였다.

충주비료공장 설립 합의

우리 정부가 운크라 자금을 활용해 산업시설을 건설하자 미국도 따라오지 않을 수 없는 상황이 됐다. 그리하여 1955년 전체 원조금액의 25% 이내에서 산업건설을 지원한다는 원칙 아래 AID와 운크라 원조자금으로 숙원사업이던 비료공장을 설립키로 한미 간에 합의가 이루어졌다. 생산할 비료의 종류는 요소비료, 공장 규모는 연산 8만 5000톤으로 한다는 데까지는 쉽게 합의를 보았다. 연산 8만 5000톤이면 일본이 흥남에 건설한 48만 톤 비료공장의 6분의 1밖에 안 되는 규모다.

 미국 측은 건설업자 선정, 계약내용 등은 무조건 미국 입장을 따라올 것을 요구했다. 비료공장에 사용될 연료도 우리는 국내에서 생산되는 석탄으로 할 것을 주장했으나 미국 측은 석유를 사용해야 한다고 일방적으로 결정했다. 우리 정부는 "그렇다면 정유공장도 함께 세워 달라"고 요청했으나 미국 측은 "차라리 외국에서 유류를 수입 해다 쓰는 것이 더 유리하다"며 거절했다.

 공장 위치 결정 과정에서 호남 출신 의원들은 비료공장 입지로 호남지역을 강력 주장했고, 영남 출신 의원들은 영남으로 유치를 위해 맹렬한 공작을 펼쳤다. 특히 전남 출신 국회의원들의 공작이 치열했으나 충주가 최적지로 결정됐다.[312] 오원철은 충주로 공장 건설 위치가 확정된 것은 남한강 개발 사업에 따른 충주수력발전 개발, 태백산 일대의 지하자원 개발계획 및 국토 횡단 철도 건설 계획 등 국가부흥계획과 유관시킨 결과라고 말한다.[313]

 미국은 공장 건설업체로 미국의 매그로 사와 하이드로 카본 사를 선정, 1955년 5월 13일 충주비료공장 건설계약을 체결했다. 그런데 미국 측은 비료공장 건설에 있어 원칙적인 문제는 쉽게 동의했지만 비료의 종류, 공장 규모, 건설업자 선정, 계약내용 등 모든 것을 자기들이 결정하고 한국 정부는 그들의 결정에 따라달라는 식으로 나왔다. 특히 미국에서 실시된 국제입찰에 8개 사가 응찰했는데 우리 측은 퍼스터필러 사가 가장 신용 있고 우수하다고 판단했으나 미국 측은 매그로와 하이드로 카본 사를 밀었다.[314]

우리 측은 "원조를 우리에게 준 이상 우리 의사가 반영되어야 한다"고 강력 주장했으나 미국이 미는 회사가 건설업자로 결정됐고, 미국 측의 결정에 따라 턴키 베이스로 시공하되 공사비는 추후 정산하는 방식(Cost Plus Fixed Fee System)이 채택됐다. 착공식은 1955년 9월에 거행됐다.

그러나 충주비료는 건설과정에서 많은 문제점을 노출했다. 비료의 종류를 유안이냐 요소냐로 할 것이냐를 두고 논란을 벌였고, 장소 선정 과정에서 우왕좌왕했으며, 공장의 디자인 문제, 건설회사의 내분이 이어졌다. 경험과 기술의 부족, 그리고 원조자금을 사용하는 기술적 곤란 등이 서로 엉키면서 공기가 계속 지연되고, 공사비도 두 배로 늘었다.[315]

신현확 당시 상공부 국장이 충주비료공장 계약 건으로 이승만에게 보고할 때의 일이다. 대통령은 "공사 기간이 어느 정도인가?" 하고 물었다. 신현확이 "3년을 예상하고 있습니다" 하고 답했다. 그러자 "공사기간 3년 동안 인플레가 심할 것인데, 이 예산에 에스컬레이션[316] 조항이 들어 있는가?" 하고 물었다. 그 시절에 에스컬레이션이라는 최신 경제용어를 아는 사람이 거의 없을 때인데, 이승만은 최신 경제용어에 통달해 있을 정도로 깊은 경제적 통찰력을 가지고 있었다.

　미국 측은 공장 건설 과정에서 "아직도 우마차가 주요한 수송수단인 한국에다 달나라에 가는 로켓 건설을 시작한 것이 잘못이었다. 대체 한국에는 요소비료공장 건설 및 운전에 필요한 기술자가 몇 사람이나 있는가" 하고 문제를 제기했다. 송인상 당시 재무부 장관이 확인해보니 국내에는 비료 부문 기술자가 한 사람도 없었다. 할 수 없이 서울대 공대와 상의하여 공과 출신이면 화학, 기계, 전기공학 등 전공자를 종별을 가리지 않고 68명을 선발했다. 이들을 세 팀으로 나누어 미국, 독일, 스위스로 파견하여 비료공장 운영 관련 기술훈련을 시켰다.

　그 때 해외에서 훈련 받은 우리 기술자들이 뒷날 충주비료를 훌륭히 운영 관리했고 다음에 세운 나주비료의 건설과 운영에도 참여, 우리 스스로의 힘으로 조업했다. 또 제3~5비인 울산, 진해의 비료공장을 거쳐 여수의 제7비에 이르기까지 우리나라 화학비료 공장 기술진의 핵을 이루게 된다.[317]

공사비 두 배로 늘어

　충주비료공장의 공사비가 1955만 달러에 1958년 4월에 준공 예정이었으나 5차에 걸친 계약 수정으로 외자 3334만 달러, 내자 2억 7500만 원, 특허료와 시운전비, 기계구매대 등 당초 계획보다 78%나 초과됐다. 공기도 21개월이나 연장되는 바람에 미국 측 원조 증액 없이는 준공이 불가능하게 됐다. 이를 해결하기 위해 1958년 9월 송인상 부흥부장관이 김태동 부흥부 조정국장, 이한빈 재무부 예산국장을 대동하고 미국 방문 길에 올라 문제를 해결했다.

충주비료는 1961년 4월에 준공되어 박정희 시절부터 비료를 본격 생산하게 된다. 박정희 정권에서 상공부 화학과장, 공업1국장으로 충주비료 운영과정에 참여했던 오원철은 당시 미국 회사와 맺은 공장건설 계약서는 우리가 경험이 없어 계약에 꼭 들어가야 할 필수적인 조항들이 많이 빠져 있는 불평등 계약이었다고 지적한다.

운영 과정에서도 경험이 부족해서 계속 사고가 나고 가동이 정지되는 바람에 미국의 얼라이드 케미칼 사와 기술 고문 계약을 체결하고 고장 예방을 위한 정비계획도 수립했다. 이런 노력 끝에 1963년부터 충비는 정상 가동되기 시작했다. 우리 기술자들이 주축이 되어 사내 훈련소에서 이론과 현장교육을 시켜 숙련된 인력을 배출하기 시작했다.[318]

충주비료공장(제1비)은 국내 비료공업의 시초이자 최초의 현대식 화학장치공장 건설이었다. 이 공장을 시발로 정부는 1958년 국내 자본으로 호남비료공장(제2비)을 건설했고, 제1차 경제개발 5개년 사업의 일환으로 울산에 영남화학(제3비), 진해화학(제4비)을 연이어 건설하여 비료의 자급자족 체계를 완성했다.

충주비료공장은 국내 화학비료 자급자족의 길을 연 동시에 석유화학공업 건설의 선도 산업 역할을 했다. 말하자면 우리나라 중화학공업 발전의 초석을 다지는 프로젝트였던 셈이다. 공장 가동도 단기간 내에 우리 기술로 단독 운전능력을 갖추었고, 동일규모 동일공정의 비료공장으로서는 세계 최고의 생산실적을 올렸다.[319] 충주비료는 1960년대 한국을 소개하는 책자에 간판스타로 등장했다.

충주비료공장과 관련된 에피소드 한 가지를 소개한다. 당시 충주비료공장 건설 과정에서 다수의 외국인 엔지니어들이 충주에 장기간 머물며 공장 건설을 도왔다. 이들 외국인 엔지니어의 자녀들이 다닐 학교가 마땅치 않자 정부는 충주에 외국인 자녀들을 수용할 외국인학교를 설립했다. 이 학교에서는 모든 과목을 영어로 수업을 했는데, 이 사실이 주위에 알려지면서 충주의 전 학교에 영어 교육 붐이 뜨겁게 일었다.

당시 충주에서 중학교를 다니던 반기문 유엔사무총장이 영어에 눈을 뜨게 된 것도 충주비료공장을 계기로 탄생한 외국인학교 덕분이다. 반 총장은 영어경시대회에서 1등을 하여 미국 견학의 기회를 얻게 됐는데, 미국에 갔을 때 케네디 대통령을 면담하면서 외교관의 꿈을 키우게 됐다고 한다.[320]

수력발전 포기, 화주수종(火主水從)으로 전환

충주비료공장 건설은 여러 가지 면에서 의미가 깊다. 이 공장 설립 과정에서 한미 관계자들은 "이래서는 안 되겠다"는 자각 하에 견해차를 좁히려고 노력했고, 그 결과 미국으로부터 도입 물자의 수량이 증가하기 시작했다. 또 우리 정부가 유엔군에게 대여했던 대여금 상환이 이루어지면서 식량을 비롯한 중요 물자의 수급 상태가 개선되기 시작했다.

전후 복구사업에 결정적 계기가 마련된 것은 전원(電源)개발 사업을 통한 전기의 원활한 공급이었다. 해방 후 북한에서 전기를 얻어 쓰던 우리는 1948년 5·14 단전이라는 수모를 겪었다. 5만 kW에 달하던 남한의 발전량은 발전시설의 풀가동으로 6·25 직전에는 8만kW까지 늘었으나 6·25 전쟁의 와중에 발전시설과 변전소 등이 집중적인 공격의 대상이 됐다. 그 결과 남한 내 수력발전시설의 56%, 화력발전시설의 52%가 피해를 입어 발전량은 1만 1000kW로 급감했다. 서울변전소는 전쟁기간 중 시설의 60%를 파괴당했다.

6·25 당시 정부의 가장 큰 관심은 화천 수력발전소였다. 1944년 5월 한강수력발전주식회사가 건설한 이 발전소는 6·25 전만 해도 38선 이북에 위치하고 있었으나, 1950년 10월 유엔군이 이 지역을 점령하여 우리 소유가 됐다. 화천발전소를 수복한 우리 정부는 시설 복구에 착수하여 1950년 11월 8일 제1호기 시운전에 돌입했다. 그러나 11월 11일 중공군의 대공세 때 다시 공산군 수중에 들어가게 되자 복구했던 모든 시설을 파괴하고 철수했다.

그 후 화천발전소를 차지하기 위해 국군과 공산군은 혈전을 벌여 1951년 4월, 국군이 다시 점령하면서 우리 소유가 됐다. 정부는 화천발전소 복구에 전력을 기울여 1954년 10월 9일, 이 대통령이 참석한 가운데 준공식(5만 4000kW)을 거행했다.

정부는 1953년 11월 관계부처 대표로 구성된 전력개발위원회를 설치하고 전력 자급화를 위한 '전원개발 3개년 계획'을 수립했다. 이 계획은 북한강 수계의 화천, 청평발전소를 확충하고 남한강 수계의 영월, 단양, 충주, 여주 네 곳의 발전소 신규 건설 등 수력발전 위주로 되어 있었다. 그런데 미국 측은 시일이 많이 걸리는 수력발전소 대신 화력 위주의 전원개발을 요구, 우리나라 전력산업은 화주수종(火主水從)으로 바뀌게 된다.

미국 측 의도대로 정부는 수력을 포기하고 대신 서울 당인리 3호기(2만 5000kW), 마산(2만 5000kW짜리 2기), 삼척(2만 5000kW) 등 3개 화력발전소 등 총 10만kW를 1956년까지 완공했다. 각 발전기는 2만 5000kW짜리의 소형이었지만 이 때 우리는 비로소 현대식 발전기를 소유하게 된다. 또 미국의 원조자금으로 화천 수력발전소의 전면적인 개보수와 제3호기 증설(2만 7000kW), 괴산 수력발전 등이 건설되면서 1958년에는 총 36만 7000kW의 발전설비를 확보했다.[321]

그럼에도 불구하고 전기가 워낙 모자라 특별한 사유가 있는 공장이나 지역에 '특선(特線)'을 깔아 전기를 공급했다. 이렇게 되자 권력이 좀 있다는 사람들은 모두 특선을 깔아 전기 혜택을 받은 반면 그렇지 못한 사람들은 깜깜절벽 속에서 살아야 했다. 당시 강성태 상공부장관이 어느 날 대학 교수들과 저녁식사를 하는 자리에서 교수들이 "높은 사람들만 특선을 쓰지 말고 우리같이 가난한 학자들도 저녁에 책을 읽게 특선 좀 내주시오" 하는 부탁을 했다. 강성태는 "여러분에게 특선을 드리겠습니다. 단지 공부하는 학자들과 술 마시러 다니는 학자를 구별해서 나에게 알려주시오"라고 농담을 했다고 한다.[322]

말썽 많았던 '특선'은 1955년 9월 김일환 상공부장관이 취임하면서 자기 집에 들어오던 특선부터 끊어버린 후 모든 특선을 다 철거하여 역사 속으로 사라졌다.

전력 복구사업에는 많은 엔지니어가 요구됐다. 이승만은 모자라는 전력 분야 엔지니어의 확충을 위해 손원일 국방장관에게 특명을 내려 명문대 출신의 육해공군 기술 장교 중 45명을 선발하여 제대시킨 후 미국에 9개월 간 유학을 보냈다. 대통령 특명으로 제대한 기술 장교 출신들은 미국으로 건너가 발전과 송전, 배전, 발전소 운영법 등을 배워 와서 우리나라 전력산업의 소중한 일꾼이 되었다.

이처럼 전후복구가 속도를 내게 된 배경에는 이승만 정부의 경제정책 수립에 참여했던 내각의 국무위원들과 경제 관료들의 숨은 노고를 빼놓을 수 없다. 신현확 부흥부차관과 송정범 기획국장이 주도하는 기획위원회의 활동이 주효했고, 이한빈 예산국장과 김정렴 이재국장이 이끄는 재정위원회의 재정안정정책이 통화량 증가 억제에 성공한 것이 큰 도움이 됐다. 그 결과 1957년에는 하늘 높은 줄 모르고 치솟기만 하던 물가가 0.27% 하락했으며, 1958년에는 전후 최초로 경제가 플러스 성장으로 돌아섰다.

잉여농산물 도입 협정

1950년대 우리나라에 가장 절실한 과제는 식량과 연료의 확보였다. 이승만은 부족한 식량을 해결하기 위해 1955년 5월, 미국과 한미 잉여농산물 협정을 체결했다. 당시 한국은 6·25 전란의 여파로 농업기반과 생산구조가 거의 파괴되었고, 농업 인력도 크게 줄었다. 그 결과 춘궁기엔 보릿고개를 넘지 못하고 농민들의 대다수가 초근목피로 연명했다. 1950년대의 심각했던 식량 사정에 대한 정운갑[323] 당시 농림부장관의 회고다.

"매년 3~4월이 되면 농촌 주변의 야산은 멀리서 볼 때 일직선의 띠를 두르게 마련이었다. 식량이 떨어진 농민들이 야산에 기어 올라가 키 닿는 데까지 모조리 소나무 껍질을 낫으로 갉아내기 때문에 허연 소나무 띠가 일직선으로 보이는 것이었다. 이 소나무 껍질은 보릿고개 절량(絶糧) 농가의 대용식품이었음은 말할 것도 없다."[324]

1957년 국내 식량수요는 2894만 석이었으나 공급은 2254만 석이 고작이었다. 모자라는 640만 석은 해외에서 수입하거나, 그것도 안 되면 굶어야 할 판이었다. 당시 우리 국민 1인당 하루 영양 섭취량은 2000kcal. 오늘날의 2832kcal에 비하면 70% 수준으로 간신히 활동을 할 수 있는 정도였다. 척박한 땅에 낮은 농업 생산성으로 인해 1957년까지 우리나라의 식량 자급률은 78%에 불과했다.

정부는 식량문제를 해소하고 전후 복구에 활로를 뚫기 위해 미국과 한미 잉여농산물 원조협정을 맺었다. 이것이 PL-480이다. 1956년부터 본격 도입된 미국의 잉여농산물은 첫해에 23만 8000톤이 도입됐는데, 이는 국내 전체 양곡 생산량의 15%에 해당하는 막대한 양이었다.

미국 잉여농산물은 1967년까지 총 5억 7000만 달러어치가 우리나라에 유입됐다. 이 중 밀이 41.3%로 가장 많았고, 원면 39.4%, 보리 8.6%, 쌀 4.7%, 옥수수 0.9%, 수수가 0.6%를 차지했다. 잉여농산물 판매대금은 미국 측이 15%를 떼어가고, 나머지는 대부분 우리나라 국방비로 사용됐다. 특히 미국 잉여농산물 도입액의 15% 정도를 공제하여 그 중 일부를 '풀브라이트 장학금' 등의 이름으로 한국 인재들의 해외유학이나 연수비용으로 활용했다.

미국에서 도입된 잉여농산물은 신흥재벌을 잉태하는 젖줄 역할을 했다. 이른바 제분 제당 방직 등 3백(三白)산업이 번성하는 계기가 된 것이다. 3백산업은 미국의 잉여농산물에 섞여 들어오는 원조물자를 독점하여 재벌그룹의 외형을 갖추기 시작했다. 그 대표 격이 제일제당과 제일모직을 창업한 삼성의 이병철이다. 뒤를 이어 김성곤의 금성방직, 김용주의 전방(全紡)과 신한제분 등이 재벌 대열에 오르게 된다.

미국산 잉여농산물은 식량문제 해결에 결정적인 도움을 주었지만 값싼 농산물이 무차별적으로 도입됨으로써 저곡가가 형성되어 국내 농가가 큰 피해를 당하는 결과를 낳게 되었다. 박정희 대통령은 "잉여농산물 도입 여파로 국내 곡가를 때려눕히고, 이로 인해 농가 소득 격감으로 농민의 사기와 농촌경제는 심한 타격을 입었다"고 비판한 바 있다. 나아가 농촌의 생산의욕 감퇴와 노동력 이산(離散)으로 폭발적인 식량위기를 가져왔다고 지적했다.[325]

경제학자 박현채[326]의 시각도 박정희와 비슷한 맥락이다. 박현채는 미국 잉여농산물 도입으로 한국이 만성적인 식량 및 원자재 수입국으로 전락했으며, 농업혁명의 가능성을 배제하여 농업생산력의 발전을 억제 내지 정체시켰다고 지적했다.[327]

산업전사들 등장

식량부족은 미국 원조로 해결이 가능했으나 연료는 해결할 방법이 난감했다. 대체연료가 없으니 난방과 취사는 전적으로 나무에 의존해야 했다. 겨울이면 온 국민이 산으로 올라가 나무를 해다 때는 형편이었으니 산에 나무가 남아나질 않았다. 보다 못한 이 대통령은 석탄 생산 장려와 전란으로 황폐화 된 탄광을 복구하기 위해 대한석탄공사에 군부대를 투입하라는 특명을 내린다.

김일환[328] 육군 중장을 단장으로 한 육군 파견단이 탄광 현장에 투입된 것은 1954년 12월 27일. 육군 파견단은 1957년 8월 8일 철수할 때까지 2년 9개월 간 각 탄광의 전후 복구 사업과 석탄증산을 도왔다.

각 탄광촌에 군 공병대가 투입돼 광원용 사택을 보수하여 입주시켰고, 원주 1군사령부의 지원을 받아 광업소 주변에 학교 신축, 교실 증축, 문맹자 퇴치를 위한 직원교육을 실시했다. 또 정부미 2만 5000석을 확보하여 식량 배급을 실시했고 소금과 담배 등 기호품까지 공급했다.

육군 파견단은 군 트럭 100대를 동원하여 석탄 수송을 돕는 한편, 공병대를 투입하여 태백 탄전지대에서 수도권으로 향하는 수송로를 대대적으로 정비했다. 육군 파견단이 현장에 배치된 후 각 광업소 현장에서 10년 이상 근속한 모범 광부 10명을 서울로 초청하여 이승만 대통령을 예방하고 신사복 한 벌 씩을 선물했다.[329] 그리고 시공관[330]에서 대대적인 환영행사를 열었다. 당시 환영대회장에서는 모윤숙이 작사하고 안병소가 작곡한 '탄광 산업전사의 노래'가 헌정됐다. 이때부터 광부들을 '산업전사'라고 부르기 시작한 것으로 추측된다. 노래 가사는 다음과 같았다.

　보아라 광활한 삼천리강산
　뻗어간 산맥이 우리의 생명
　그 속에 들어찬 탄광의 줄기
　파내세 우리의 억센 힘으로
　장하다 험준한 바위를 뚫고

달린다 전사의 날래인 모습

어여차 뭉쳐서 산으로 가자

손에 손 마주잡고 광으로 가세

나오라 이 땅의 산업전사여

씩씩하게 이루자 건설의 나라[331]

육군 파견단은 6·25로 중단됐던 영암선 철도공사를 재개하기 위해 군 공병대를 투입했다. 경북 영주와 강원도 철암을 잇는 영암선 철도공사는 1949년 착공된 이래 6·25 전쟁으로 공사가 전면 중단됐다가 휴전 이후 재개됐으나 자재와 자금 부족으로 지지부진한 상황을 면치 못하고 있었다. 정부는 군에 지시하여 육군 제210건설공병대와 철도운영대, 수송대의 트럭과 중장비, 병력을 현장에 투입해 공사가 빠르게 진척됐다.

김일환 장군이 육군 파견단 업무를 마치고 이승만에게 귀환 신고를 하자 이 대통령은 "군인들이 일을 아주 잘 해. 앞으로 군인들을 장관 시켜야겠어"라고 말했다. 얼마 후 이 대통령은 김일환 장군을 상공부장관에 임명했고, 이응준, 이호 등 군 출신을 한꺼번에 13명이나 관료로 임명했다.[332]

그런데 공사현장이 워낙 험준한 지형인 데다 공사자재를 공급할 기본 도로망마저 부실한 상황이어서 어려움이 가중되었다. 철도청은 영암선 철도 건설 상황을 다음과 같이 서술하고 있다.

'온통 산악지대로 둘러싸인 천험(天險)의 산맥을 뚫어야 하는 영암선. 경제적으로는 외원(外援)을 필요로 했고 시멘트, 다이너마이트, 강재 등 국내 생산품이 부족했다. 중량품의 기자재를 운반하는 데 필요한 도로마저 없어 원시림과 계곡에 방대한 물자를 운반할 가도로와 가교를 가설해야 했고, 전력을 수십 km 밖에서 끌어와야 했다. 재료는 봉성역에서 트럭으로 춘양을 거쳐 노룻재를 넘어 낙동강 계곡을 따라 가설된 17km 가도로를 이용하여 트럭이나 지게로 운반되었다. 궤도용 레일, 침목 등 기타 자재를 춘양에서 현동까지 육로로 수송하거나, 또는 부산~묵호항의 해상로를 거쳐 삼척 철도 인클라인으로 철암역까지 회송되기도 했다.'[333]

영암선 철도 전 구간 개통

영암선 건설공사는 악전고투의 연속이었다. 교량 55개를 비롯하여, 해발 450m 높이에 위치한 길이 971m의 임기 제1터널, 길이 698m의 춘양터널 등 총 33개에 이르는 터널 연장이 총 8.3km나 됐다. 전 구간의 10분의 1이 터널로 이루어진 셈이다. 공사 도중 낙반사고를 비롯한 각종 사고로 인해 24명의 인명이 희생되기도 했다.

영암선 철도 건설에 대해 미국 원조기관이었던 FOA 책임자는 "한국 기술진으로는 도저히 해낼 수 없는 공사이니 외국 기술진에게 맡기자"고 제안했다. 당시 교통부장관이었던 이종림은 "우리 기술진으로 가능하다. 정 못 믿겠으면 나와 위스키 한 병 내기를

하자"고 제안했다.[334]

영암선 철도공사에 대한 이승만의 관심은 지대했다. 건설공사 와중에 "국가의 지상명령이니 공사기간을 단축하라"는 지시를 내린 이 대통령은 관계자들을 만날 때마다 "영암선 철도를 언제까지 완공할 수 있는가" 하고 물었다. 관계자들은 1955년 말까지는 완공됩니다" 하고 답변을 얼버무렸다. 험준한 지형을 돌파해야 하는 난공사라 약속한 공기를 맞추는 것은 거의 불가능했다. 그러자 이 대통령이 "영암선 철도는 내가 개통식에 참석해야 하는데 자꾸 날이 추워져 큰일이다. 더 춥기 전에 준공식을 해야지" 하고 직간접으로 독려하여 돌관공사에 돌입하게 됐다.

관계자들은 1956년 봄에나 개통식을 하려고 했는데 대통령이 지대한 관심을 표명하는 바람에 개통날짜가 1955년 12월 31일로 잡혔다. 경북 영주와 강원도 삼척군 철암을 잇는 길이 86.4km의 영암선 철도가 완전 개통된 날은 1955년 12월 31일, 개통식은 이듬해 1월 16일 철암역에서 성대하게 거행됐다. 비서진들은 "일기예보를 들으니 철암 지역 기온이 영하 20도로 내려간답니다. 가급적 개통식 행사에 참석을 않는 것이 좋겠습니다" 하고 보고했다.

이 대통령은 "내가 감옥에 있을 때[335] 영하 20도가 넘는 추위 속에서 이불 하나 없이 웅크리고 잤는데 추위는 무슨 추위인가. 내가 직접 개통식에 참석해야 철도 기술자, 탄광 기술자들 사기가 오를 것 아닌가" 하며 개통식 참석을 강행했다. 예정대로 영암선이 개통되자 FOA 책임자는 "한국 기술진으로 그 어려운 일을 해

낸 것이 대견하다. 영암선은 FOA 자금이 가장 적절히 사용된 사업 중의 하나"라는 특별 성명을 발표했다. 다음날 FOA 책임자는 "내기에 졌으니 약속을 지키겠다"면서 이종림 장관에게 위스키를 보내왔다.336)

이승만은 철암역에서 거행된 영암선 철도 개통식에 영부인 프란체스카 여사와 함께 참석하여 개통 테이프를 끊었다. 영암선 개통으로 태백 탄전지역에서 생산된 석탄이 영암선과 중앙선을 통해 수도권까지 철도 수송이 가능해져 땔감 문제 해결에 숨통이 트이기 시작했다.

이승만, 석탄증산 지시

그 무렵 이승만은 주위 사람들에게 "하루 빨리 석탄을 캐서 국민에게 공급해야 우리나라 산림이 되살아난다"고 강조했다. 이 대통령이 정인욱 강원탄광 회장을 석탄공사 사장으로 임명하는 자리에서 이렇게 지시했다.

"과거에 정부 수립하기도 전에 당신에게 태백 탄전지대의 석탄을 개발해야 한다는 말을 들었소. 그리고 정부 수립 후에 당신 말을 듣고 내가 석탄공사를 설립했소. 내가 산에 올라가 나무 한 토막이라도 베는 사람은 엄벌에 처한다고 공포했지만 소용이 없어요. 다른 땔감을 만들어 주고 산에 올라가지 말라고 해야 국가의 영(슈)이 제대로 서는 것이지, 당장 땔감이 없어 밥도 못 지어먹을 형편인 국민들에게 나무를 베지 말라고 해야 무슨 소용이 있겠느냐 말이오.

지금 우리가 석탄 열심히 캐서 연료를 공급해야 사람들이 나무를 베지 않을 것이오. 내가 어떻게 하든 식량은 미국에서 끌어다 댈 테니 당신은 땔감 문제를 책임지시오. 우리 힘을 합쳐 나라를 살려봅시다. 내 눈에 서울시내에 장작 실은 마차가 다니는 모습이 안 보이게 해주시오. 내 눈에 장작 실은 마차가 보이면 그건 당신들 책임이오."[337]

정부는 1954년부터 '석탄개발 5개년계획 및 연료종합 5개년계획'을 수립하고 석탄 증산에 박차를 가했다. 석탄생산 5개년계획의 큰 틀은 산림보호를 위해 국민연료를 장작에서 석탄으로 전환하고, 외화절감을 위해 국내 소요 에너지를 자급자족한다는 것이었다. 그리하여 1955년 7월부터 1960년까지 무연탄 생산량을 500만 톤으로 끌어올린다는 목표를 설정하고 각종 투자와 생산설비 개선방안이 강구됐다.

영암선 개통은 철도를 이용한 석탄의 수도권 직송(直送)이라는 수송혁명을 가져왔고, 국민연료를 장작에서 석탄으로 전환하는 결정적 계기가 됐다. 우리나라의 석탄생산량은 영암선 개통 이후 놀라운 증가율을 보이게 된다. 1954년 88만 9000톤이었던 무연탄 생산량은 1955년 130만 8000톤으로 무려 47.1% 늘었다. 영암선 개통 후인 1957년에는 244만 톤, 1959년에는 413만 톤, 1960년에는 535만 톤으로 급격히 늘었다. 그 결과 광공업 생산은

1957~60년 연평균 12.3%의 고속 성장을 했으며, 전력은 1954~56년 15.4%의 성장률을 기록했다.

무연탄 생산량

연도	생산량(천 톤)	전년비 증가율(%)	비 고
1952	577	-	
1953	867	50.3	1953년 7월 휴전
1954	889	2.5	
1955	1,308	47.1	
1956	1,815	38.8	
1957	2,441	34.5	
1958	2,671	9.4	
1959	4,136	54.8	
1960	5,350	29.4	

자료 : 동력자원부 석탄산업합리화사업단, 〈석탄통계연보〉 1989

원자력산업 시동 걸다

우리나라의 원자력산업이 이승만 시절 개화됐다는 사실을 아는 사람이 드물다. 이승만 정부 시절인 1956년 2월 우리나라는 '원자력의 비군사적 이용에 관한 한미 간 협력 협정'을 맺었고, 1957년 8월에는 국제원자력기구(IAEA)에 정식 회원국으로 가입하여 원자력의 평화적 이용을 위한 국제적 협력의 발판을 다졌다. 1958년 3월에 원자력법을 제정 공포하고 같은 해 1959년 1월 대통령 직속으로 원자력원을 설립한다.

한국의 원자력산업은 원자력원이 설립되면서 본격적으로 시작됐다. 그러나 이름만 원자력원이었을 뿐 사실상 한국의 과학 전반을 다루는 고위 과학행정기구와 다름이 없었다. 한영성[338]의 증언에 의하면 우리 정부가 원자력에 대해 구체적인 관심을 갖게 된 때는 1954년 11월이었다. 그 때 미국 내 원자력 연구소에 과학자를 파견해 달라는 요청을 받았고, 제네바에서 개최되는 국제원자력회의에 참석해 달라는 초청장이 유엔에서 오면서부터였다는 것이다.

2차 대전의 종전을 앞당긴 원자탄의 위력에 직면한 세계열강은 정치 군사적인 목적에서 원자력 개발에 박차를 가했다. 한편 무차별적이고 잔혹한 살상력으로 인해 원자력의 평화적 이용에 대한 의식이 미국을 중심으로 싹트기 시작한다. 한국은 1955년 원자력협정을 체결하고 국제원자력회의에 참석하게 됐으나, 국내의 과학기술 수준으로 이를 수행하기에는 역부족이었다. 최형섭[339]은 이렇게 회고했다.

'돌이켜보면 원자력연구소는 우리나라에서 최초로 집단적인 기초과학 연구가 시작된 곳이라고 할 수 있다. 당시 사회적으로는 원자력이 최첨단의 과학기술로 받아들여져 서울대 공대에 원자력공학과가 신설되었고, 공과대학의 부지 일부를 양여 받아 그 옆에 원자력연구소가 설립되기도 했다.

한 가지 우스운 것은 학부에 원자력공학과가 개설된 나라는 한국밖에 없다는 것이다. 미국에도 이 학과는 대학원 과정에만 있지 학부에는 없었다. 어쨌든 최첨단 학과라고 하니 제1회 입학생을 뽑는데 전국에서 내로라하는 인재가 다 모여들었다. 그렇지만 원자력공학을 전공한 전문가도 없는 국내 사정에서 이들에게 가르칠 수 있는 것이라곤 수학과 물리, 그것도 이론물리가 고작이었다. 더욱 큰 문제는 배출된 졸업생들을 받아줄 곳이 아무 데도 없다는 것이었다.

자원이 없는 우리나라에서 사람을 키우는 것이 무엇보다 우선이라고 생각했던 나는 이들 제1회 졸업생들을 모두 연구소에 수용하기로 했다. 당시 원자력연구소는 관(官) 체제 하에 있었으므로 정원에 묶여 해마다 몇 명만 뽑는 것이 고작이었다. 나는 이것이 안타까워 연구소의 수위, 청소부, 잡부 등의 고용원 예산을 전용해서 이들을 임시직으로 채용하여 로(爐)공학, 재료, 전자, 화학연구실 등에 배치시켜 뚜렷한 전문지식을 가지도록 하였다.'340)

원자력원 설립은 획기적인 사건

제네바 국제원자력회의에 참석하고 돌아온 대표단을 중심으로 비공식적인 스터디클럽이 만들어져 활동을 하던 와중에 이승만은 문교부 내에 원자력과를 신설하고 원자력법 제정에 나섰다. 원자력법 제정은 해방 이후 우리 헌정사에 있어 괄목할 만한 사건이다. 세계적으로 원자력 개발만을 전담하는 각료급 기관을 둔 예가

흔치 않으며, 전후 한국의 사정으로 볼 때 원자력원 설립은 획기적인 사건이었다.[341]

원자력원은 대통령을 비롯한 전 국가적 관심과 후원 하에 출범했다. 우리 정부가 미국의 GA(General Automac) 사와 연구용 원자로 트리가 마크 2(100kW)의 구매계약을 체결한 것이 1958년 12월 3일이다. 1959년 3월 1일에는 원자력원에 원자력연구소를 설치했고, 4개월 후인 7월 14일에는 이승만이 참석한 가운데 연구용 원자로 설치공사 기공식을 가졌다. 당시로서는 거금인 35만 달러를 들여 연구용 원자로를 건설한 것은 정부 정책에서 원자력이 차지하는 비중이 어느 정도였는가를 보여주는 상징물이었다.

한영성은 "한국의 초기 원자력 정책이 얼마나 성급하고 과감하게 이루어졌는가에 대한 하나의 예는 연구용 원자로 구매단의 미국 파견에 즈음하여 당시 국제원자력기구(IAEA) 측에서 한국의 과학기술 수준을 볼 때 원자력 연구를 잘 해낼 수 있을까에 대해 의구심을 갖고 연구준비에 만전을 기해줄 것을 권고한 데서 엿볼 수 있다"고 말했다.[342]

4·19 혁명으로 이승만과 자유당 정권이 무너지고 장면 정권이 들어선 후인 1960년 9월 1일, 덕수궁 광장에서는 제1회 원자력 전람회가 열렸다. 이어 11월 5일에는 연구용 원자로 건물 준공식이 거행됐고, 연구용 원자로가 실제 가동된 것은 5·16으로 정권이 또 다시 바뀐 1962년의 일이다.

국민소득 60달러에 불과한 나라에서 미래의 에너지였던 원자력

산업을 계획하고 실천에 옮긴 것은 국가 지도자의 통찰력이었다. 이승만은 그 어려웠던 시절에 노망이 들었다는 주위의 반대를 무릅쓰고 원자력산업의 기초를 닦았다. 또 원자력을 이용해 전력 문제를 해결한다는 차원에서 1958년 20명의 유학생을 선발해 영국으로 유학을 보냈다. 당시 유학을 다녀온 이동녕 박사, 이관 박사(후에 과기처 장관 역임), 김호철 박사(후에 카이스트 교수 역임), 현경호 박사, 김호길 박사(전 포항공대 총장) 등이 우리나라 원자력 산업의 기초를 닦는 역할을 하게 된다. 원자력 연구생의 해외 파견을 격려하는 자리에서 이승만이 직접 유학비를 유학생들의 손에 쥐어 주기도 했다.

김입삼은 미국 미네소타 대학에서 공부를 마치고 영국 런던대학에서 공부를 계속했다. 그가 영국에 가니까 한국에서 20명의 원자력 연수생들이 유학을 와 있었다고 한다. 김입삼의 회고다.

"그들에게 물어보니 '이승만 대통령이 원자력산업을 해야 한다면서 우리를 선발해 국비로 유학을 보냈다'는 것이었어요. 이동녕 박사가 당시 가장 나이 어린 유학생이었던 기억이 납니다. 이들이 유학지로 영국을 택한 이유는 미국이 한국 기술자들에게 원자력 기술을 가르치면 이승만이 원자폭탄을 개발할 우려가 있다 하여 견제했기 때문이었다고 해요."[343]

이런 노력들이 계기가 되어 1971년 국내 최초의 원자력 발전소인 고리 1호기 기공식을 가진 이래 우리나라는 원전(原電)이 국내 총 발전량의 40% 이상을 담당하는 단계에 접어들었다. 뿐만 아니라 북한 신포지구에 한국 표준형 원자로를 건설해 주는 경수로 건설 사업을 주도했는가 하면 아랍에미리트(UAE)에 원전을 수출하는 단계까지 발전했다.

우리가 북한에게 전기를 얻어 쓰다가 1948년 5·14 단전이란 치욕을 당한지 50년 만에 그 처지가 역전되는 계기는 이승만 시절에 그 기초가 닦이기 시작했다는 사실을 기억해야 할 것이다.

이승만의 경제 철학

여기서 우리는 이승만의 경제원칙과 철학을 살펴보고자 한다. 지금까지의 통설은 이승만이 정치나 외교 분야에서는 달인이었지만 경제에는 별다른 비전을 제시하지 못했다는 것이 정설처럼 굳어져 있는 실정이다. 그러나 이승만 정부에 몸담았던 인사들은 "그것은 이 대통령의 겉모습만 보고 판단한 것"이라며 "그의 경제적 비전은 경제학자들의 원칙론을 뛰어넘는 거대한 것이었다"고 설명한다.

송인상이 부흥부장관으로 임명된 지 며칠 후 이 대통령의 부름을 받아 경무대로 들어갔다. 이 대통령은 송인상에게 "송 장관, 자네는 이코노미스트야. 경제를 잘 아니까 경제에 관한 모든 것을 자네에게 맡기겠네. 그러니 알아서 잘해 봐"라고 격려한 다음, 다만 몇 가지 권한을 대통령에게 유보하지 않으면 안 되는 것이 있다며 다음과 같이 말했다.

"첫째는 환율일세. 자네도 잘 알지만 미국 친구들은 심심하면 환율을 올리자고 해. 그러니까 이것은 나와 사전 상의 없이는 어떤 결정도 그들과 해서는 안 되네. 지금도 현행의 공정 환율 500원대 1달러를 더 올려야 한다고 하고 있거든.

둘째는 일본인들과의 관계야. 일본서 물건을 사오거나 경제에 관한 일을 할 때는 미리 나에게 알려주어야 해. 미국 친구들은 원조를 주네하고서는 일본서 모든 물건을 사들여 오기만 해. 비료도, 시멘트도 그렇고 심지어 집 짓는 일까지 그들에게 설계를 주고 있단 말이야.

셋째는 외국 정부나 외국인과 무슨 약속을 하거나 원조자금의 사용내역을 결정할 때는 꼭 나에게 먼저 물어보아야 되네. 지금까지 외국말로 써 오는 계약서를 제대로 검토하지도 않고 사인해 버려 나중에 일을 그르친 경우가 많으니 앞으로는 특별히 잘해야 되네. 이상 세 가지를 제외하고는 자네에게 모두 맡길 것이니 미스터 송이 알아서 모든 책임을 지고 잘해 봐."

사실상 이 세 가지 원칙은 1950년대 전후 부흥을 도모하는 과정에서 적용된 일종의 '대통령의 경제철학'이었으며, 그것은 경제학에 바탕을 두었다기보다는 고도의 정치학에 바탕을 둔 정치관으로부터 나온 것이다.'[344]

이승만은 자유민주주의와 시장경제의 장점을 꿰뚫어 보고, 그것을 우리 땅에 정착시키기 위해 혼신의 힘을 다했다. 그는 고도의 정치적 고찰을 통해 대일(對日), 대미(對美) 외교정책의 일환으로 경제 문제를 풀어 갔다. 그는 미국 대통령이나 미국 정부를 상대로 우리의 국가 의지를 관철시키는 높은 수준의 정치 경제적 안목을 가진 리더였다.

이승만 시절 우리 정부는 늘 외화 부족 상태였다. 수출액은 1954년 2400만 달러, 1955년에는 1700만 달러에 불과했다. 수출품은 중석(텅스텐), 흑연 등 약간의 광산물과 김, 오징어 등 수산물이 거의 전부였다. 제조업의 경우 수출은커녕 국내소비조차 충당하지 못하는 실정이었다.

수입은 1954년 2억 4300만 달러, 1955년 3억 4100만 달러로 수입이 수출의 10배 이상 급증세를 보였다. 정부는 외화 부족으로 해외 공관 수선이나 현지 주재 외교관들의 봉급을 보낼 때마다 큰 어려움을 느꼈다. 고민 끝에 이승만은 "해외 공관에 근무하는 외교관과 주재 무관(武官)들은 부인을 동반할 수 없도록 하라"는 지침을 내려 이것이 정부 방침이 되었다. 이 방침 때문에 현지에 부임하는 외교관들은 본의 아니게 홀아비 신세를 면치 못했다.

그런데 홀아비 외교관들 사이에서 유일한 예외가 있었으니, 1950년 8월 하순 프랑스 주재 특명공사로 임명된 윤치영이었다. 프랑스에는 정부 수립 후 공진항 대리공사가 부임해 있었으나 6·25 국난을 당하자 이 대통령은 유럽을 중심으로 참전 우방을 상대로 한 외교활동과 가을에 열리는 유엔총회를 대비하기 위해 윤치영을 특명공사로 임명했다.

해방정국에서 자신의 비서실장을 지내며 고생한 윤치영이었기에 이승만이 가족동반 부임이라는 특전을 허락한 셈이다. 윤치영이 출국 준비를 서두르던 어느 날 이 대통령이 그를 호출했다. 대통령은 각서를 한 장 쓰고 출국하라고 했다. 윤치영이 "무슨 각서 말입니까?" 하고 묻자 이 대통령이 말했다.

"건국 후 유석(조병옥 박사의 호)을 대통령 특명 순회대사로 내보내면서 내가 비용을 아껴 써야 한다고 신신당부를 해 보냈네. 그런데 귀국한 뒤에 보니 미국을 비롯하여 여기저기에서 파티다 뭐다 해서 상당한 액수의 빚을 지고 나라 체면을 손상시킨 일이 있었네. 자네도 유석과 같은 전철을 밟지 말도록 노력하라는 뜻에서 각서를 쓰고 부임하라는 것일세."

이 말을 들은 윤치영은 "공무에 관계되는 일 이외에는 비용을 아껴 쓰겠다"는 각서를 써서 대통령에게 제출한 후에야 임지로 부임할 수 있었다.[345]

고집스럽게 저환율정책 고수

당시엔 재무부장관 재량으로 교환해 줄 수 있는 달러의 한도가 100달러에 불과했다. 단 돈 몇 십 달러라도 외환을 지출할 때는 반드시 대통령의 재가를 받아야 했다. 이 대통령은 외환사용 신청 공문은 반드시 직접 결재했는데, 신청서에 '가만(可晩)'이란 대통령 결재를 받는 것이 쉽지 않았다. 달러 사용과 관련한 백두진 당시 재무부장관의 회고다.

'어느 날 내가 원조기관 사람들과 파티를 하느라 양주 몇 병을 PX에서 외상으로 사온 적이 있었다. 비서에게 달러를 바꾸어 갖다 주라고 했더니 이 대통령의 결재를 받아야 한다는 것이었다. 그래서 결재서류를 올렸더니 부(否)로 되어 내려왔다. 이미 양주는 없어진 뒤라 할 수 없이 경위를 자세히 적어 다시 결재를 올렸다. 그랬더니 "이번은 특별히 허가하지만 차후부터는 반드시 사전 승인을 받을 사" 하고 이 박사가 빨간 연필로 직접 쓴 부전지까지 붙여져 내려왔다.'[346]

이 대통령은 또 고집스럽게 저환율 정책을 고수했다. 원래 미군이 한국에 진주할 때 환율은 달러 당 15원이었는데 1952년 말에 600원으로 치솟았다. 하는 수 없이 1953년 2월 11일, 유엔군 대여금 상환 촉진과 환율 유지를 위해 화폐개혁을 단행하여 100분의 1로 절하하고 원을 환으로 교체했다. 그래도 환율이 계속 올라 1950년대 후반에는 고정 환율은 500원인데 비해, 시중환율은 900~1100원대를 넘나들었다.

이처럼 환율이 비현실적이었기 때문에 1950년대에는 외환 프리미엄이 대단히 커서 공정 환율로 외환을 획득한 수입업자가 관세 면제품을 수입한 경우 100~175%까지, 평균 관세율을 지불한 경우에는 90%까지 이윤을 얻을 수 있었다.[347]

"원화 절하되면 국력 줄어든다"

이승만은 원화가 절하되면 우리 국력이 그만큼 줄어든다고 생각하여 환율을 절대 올리지 않겠다는 철학을 가지고 있었다. 예를 들면 농민에게 배급하는 유안비료 1포대가 환율 500원대에서는 1860원인데, 환율이 1000원대가 되면 값이 곱절로 뛴다. 이렇게 되면 농민에게 피해가 가고 인플레이션이 발생한다 하여 500대 1의 환율정책을 엄격히 지키도록 명령한 것이다. 이와 관련한 에피소드를 송인상의 회고를 통해 들어본다.

"이승만 정부 시절 내가 미국의 윌리엄 원 조정관과 함께 전라남도 장성군 수리조합을 시찰한 적이 있어요. 원 조정관이 유안비료를 사가는 농민을 붙들고 '이 비료 얼마 주고 샀느냐' 하고 묻더군요. 농부가 '한 포대에 1860환 주고 샀다'고 답했습니다. 그때 우리가 500대 1 환율을 유지하기 위해 미국과 싸움을 벌여가며 잡아놓은 비료 값이 1860환이었습니다. 원 조정관은 혹시 한국 정부가 정치자금을 위해 비료 값을 곱절로 받고 판매하는 것 아니냐 하는 의구심을 가지고 있었어요.

돌아오는 길에 원 조정관이 나에게 '쓸데없이 의심해서 미안하다' 그래요. 그래서 내가 '우리 정부는 당신들 원조자금을 가지고 장난칠 형편이 아니다'라고 말한 기억이 납니다. 원조자금 중에 규정을 어기거나, 다른 곳에 전용된 사실이 발각되면 회수해 가는 리펀드(refund) 제도가 있었습니다. 우리는 정치적 목적 때문에 리펀드당한 적은 단 한 번도 없어요. 사회 전체가 전쟁이란 참상을 겪으면서 '불쌍한 국민 살리라고 온 원조 자금인데, 어느 누구도 이를 정치적으로 전용하는 것은 있을 수 없다'는 분위기가 지배적이었습니다."[348]

정부는 1955년 11월 17일, 미국과 맺은 협정에 의해 1955년 9월 중 물가를 기준 100으로 하는 서울 도매물가지수가 6개월 간 125%를 넘거나 떨어지면 변화된 비율만큼 환율을 개정하기로 했다. 때문에 정부는 물가 125% 이하, 환율 500원대 유지에 모든 정책 수단을 집중했다. 이 대통령의 경제철학은 시장경제 원칙을 따르되, 실물경제에서는 물가 안정과 500원대 환율 고수에 집중한 것이다.

그는 철저한 시장경제 신봉자였다. 그의 자유주의 경제에 대한 진면목은 1953년 2월 15일 단행된 화폐개혁 과정에서 극명하게 나타났다. 화폐개혁 추진 과정에서 정부의 실무 담당자들은 자본주의 원칙에는 위배되지만 국가 산업발전을 위해 묘안을 찾아냈다. 즉 일정 한도 이내의 액수는 100대 1의 비율로 새 화폐로 교환해 주되, 일정 한도를 초과하는 자금에 한해서는 2~3년 간 정부에 거치시켜 산업자금으로 전환하고, 2~3년 후 원금에 이자를 얹어 상환한다는 계획을 세웠다. 관련내용을 보고 받은 이 대통령이 이의를 제기했다.

"이 시점에서 왜 통화개혁을 하지 않으면 안 되는가에 대해서는 내가 이해를 하겠소. 그런데 일정 금액을 초과하는 돈에 대해

2~3년 간 산업자금으로 전용한다는 것을 내가 이해하지 못하겠소. 국민이 피땀 흘려 애써 번 돈을 정부라 해서 권력을 가지고 강제로 2년 혹은 3년 동안 동결시켜 못쓰게 한다는 것은 말이 안 되는 조치라고 봅니다. 원래 자본주의의 가장 좋은 점은 사유재산을 엄격히 보호해 주는 것이 기본입니다. 정부라 해서 국민의 재산 사용을 마음대로 제한한다면 누가 정부의 말을 믿고 따르겠소."

결국 이승만의 반대로 산업자금을 2~3년 간 동결한다는 동결 비율이 현저히 낮아진 상태에서 관련법규가 국회를 통과했다.

저환율·저물가 정책의 부작용도 만만치 않아

1950년대 공업화 과정에서 기계설비나 원자재 모두 해외에서 도입해야 했기에 기업들 입장에서 달러는 목숨과도 같은 것이었다. 달러 배정을 받지 못하면 설비나 자재를 들여올 수 없었다. 때문에 정부의 금융지원은 자본축적이 빈약했던 기업들 입장에서는 기업 흥망의 성패가 걸린 중대사였다. 문제는 공정 환율과 실제 환율 간의 차가 배가 넘으니 외화를 취득하기만 해도 앉아서 배가 넘는 폭리를 취할 수 있어 사업을 하는 사람들은 외화대부의 이권을 얻기 위해 은행 문턱이 닳도록 들락거렸다.[349]

김대환의 연구에 의하면 건국 이후 정부는 모든 외국환을 한국은행에 집중하고 관리하는 예치집중제를 실시했다. 수출입에 따르는 외화의 획득과 사용은 한국은행을 거치게 되어 있었으며, 외화 사용은 정부가 인정하는 목적에만 국한되어 있었다. 또 외화 대부과정에서도 실수요자는 상공부장관의 인정이 필요하다고 규정해 놓아 외화를 얻기 위해서는 관권과 밀착되지 않으면 안 되었다고 지적한다.

전후복구 과정에서 지적되어야 할 또 하나의 문제는 극단적인 저물가 정책이다. 미국의 잉여농산물을 무상으로 가져와 저환율로 환산해서 시중에 방매함으로써 물가안정에는 도움이 되었지만 한국의 농촌은 이때부터 멍들기 시작했다. 한국의 농민들은 생산원가에도 미달하는 미곡을 생산해서 매년 몇 십 %씩 오르는 공산품을 사서 써야 하니 해가 갈수록 빈곤해질 수밖에 없는 구조였다.[350]

1950년대의 공업화는 미국 원조에 의해 시작됐다. 그 결과 우리는 자본, 기술을 비롯해 모든 면에서 미국에 기댈 수밖에 없는 대외 의존적 체질을 가지고 걸음마를 시작한다. 이러한 체질적 특성은 한국 경제가 이병철이 주장한 '외자도입을 통한 수출산업화'의 길로 나가는 단서를 제공한다. 반면 '우리 기술과 우리 자본'에 도전했던 기업들은 성장 과정에서 입지가 좁아지면서 성장의 한계를 맞게 되거나 도태되어 흔적도 없이 사라졌다.

이승만 대통령의 산업화에 대한 의지와 경제철학은 송인상의 회고에서 엿볼 수 있다. 이승만은 늘 "미국 원조자금은 한국 국민의 피의 대가인데 이것을 일본산 완제품을 들여와 소비하는 것은 참을 수 없는 일"이라며 기회 있을 때마다 "더 많은 원조자금을 공장 건설에 투자하라"고 말하곤 했다.

이승만은 경제를 하루속히 재건시키려면 공업화를 서둘러야 하고, 따라서 원조자금은 이 목적에 사용해야 한다는 확고부동한 입장을 갖고 있었다. 그러나 미국의 입장은 달랐다. 원조자금으로 유엔군의 작전에 필요한 원화자금을 조달키 위한 대충자금을 마련해야 하는 미국 입장으로서는 한국이 공업화로 나가면 대충자금을 적립할 수 없을 뿐 아니라, 기계 설비를 도입할 경우 외화는 물론 국내에 이미 적립되어 있는 대충자금까지 써야 하므로 이중으로 대충자금 적립률이 낮아진다는 계산이었다.

1957년부터 미국 원조 줄어들어

송인상은 한미합동경제위원회가 성공할 수 있었던 것은 이승만의 의지가 강했기 때문이라고 지적한다. 이 대통령이 국가수반으로서 합동경제위원회가 권고하거나 승인한 안건의 집행에 대해 행정적으로 강력히 지원했을 뿐만 아니라, 지도자로서 확고한 신념과 위엄을 가지고 한국 경제가 요구하는 검약생활을 솔선수범했기 때문이라는 것이다. 1958년 2월 송인상이 미 국무성의 초청을 받아 미국 출장을 갈 때의 일이다. 출발에 앞서 이 대통령을 예방하자 대통령은 다음과 같이 당부했다.

"원래 한국인은 남에게 돈 달라는 이야기를 못해. 속담에 '우는 아이 젖 준다'고 그러지 않나. 우리의 어려운 사정과 억울한 이야기를 미국 조야(朝野)에 널리 알리게. 미국이 제 나라에서 치러야 했을 전쟁을 우리 땅에서 했으니 우리로서는 할 말이 있지 않나. 원조를 좀 더 많이 달라고 해 봐. 그리고 '조그마한 일에까지 너무 간섭하지 말아 달라'고 그렇게 이야기하게. 그렇지만 사람이 너무 잘게 굴면 위신이 서지 않아. 하물며 나라 일을 맡아 하는 사람에게는 나라의 위신이라는 것을 한시라도 잊어서는 안 되네. 정정당당히 조리 있게 이야기해 봐."

이야기가 끝나자 이 대통령은 외교하는데 보태 쓰라고 흰 봉투 하나를 주었다. 1000달러가 들어 있었다. 100달러 사용도 주저하는 이승만으로서는 큰돈이었다.[351]

송인상은 "세간에는 흔히들 자유당 내각은 부패와 비능률의 표본인 것처럼 이야기하지만 그것은 사실과는 다른 이야기"라고 비판한다. 그가 1957년 국무위원이 되어 첫 국무회의에 출석했을 때 보고 느낀 바로는 상당히 능률적인 내각이었고, 나라를 위해 몸바쳐 일하겠다는 사람들이 모였다는 것이 솔직한 첫 인상이었다는 것이다.

열두 사람밖에 안 되는 국무위원은 극가운영과 관련된 모든 안건에 대해서도 심도 있는 토의를 했고, 어느 안이 나라 건설에 유익한가를 모든 판단의 기준으로 삼았다고 한다. 연로한 대통령이 국무위원을 컨트롤 하는 방식은 전적으로 일을 맡기되, 잘못이 있을 경우에는 가차 없이 책임을 묻는 스타일이어서 국무위원들은 항상 긴장하지 않으면 안 되었다.[352]

미국의 경제원조는 1957년 3억 8000만 달러로 피크를 이루다가 1958년에는 3억 2000만 달러, 1959년에는 2억 2000만 달러로 차츰 줄어들게 된다. 원조 규모의 축소는 우리 경제에 즉각 성장률 저하로 나타나 1957년 8.7%였던 GNP 성장률이 1958년 7.0%, 1959년엔 5.2%로 떨어졌다. 이러한 원조 감소와, 이로 인한 경기 후퇴로 서민생활이 팍팍해 지면서 1960년 3·15 선거에서 "못 살겠다 갈아보자"란 구호가 등장했고, 4월 혁명 당시 대도시의 시민들이 학생시위에 동조하는 데 중요한 원인이 되었다.[353]

7

내일을 향한
도약 준비

이승만의 경제개발계획, 박정희가 꽃 피워

은행주 불하

1956년 정부는 귀속재산으로 남아 있던 은행주를 불하했다. 당시 기업들은 산업화 과정에서 막대한 자본 투자가 요구됐으나 재원 조달에 한계를 느끼고 있었다. 정부는 기업가들이 은행을 주축으로 하는 근대적 콘체른을 형성, 전후복구와 산업 근대화를 앞당기자는 착상에서 은행주 불하를 단행했다.

은행 귀속주의 제1차 공매는 1954년 11월에 실시됐으나 계속 유찰돼 1956년 3월에 입찰조건을 완화하여 다시 실시됐다. 각 분야에서 부를 축적한 기업가들의 치열한 각축전이 벌어졌다. 그 결과 흥업은행은 이병철이 전체 주식의 85%를 인수하여 삼성에 불하됐다. 제일은행의 전신인 저축은행은 삼호방직의 정재호에게, 조흥은행(후에 신한은행과 합병)은 주식의 50%가 이병철에게, 상업은행은 대한제분의 이한원에게 넘어갔다. 대한양회의 이정림은 1959년 서울은행을 창업했다. 이병철은 은행주 불하와 관련, "흥업은행(후에 한일은행을 거쳐 우리은행) 주식의 82%, 조흥은행(현재의 신한은행) 50%, 상업은행 30%의 주식을 소유하게 됐다"고 밝힌 바 있다.[354]

기업가들에 의한 은행 지배는 1961년 군사쿠데타로 막을 내린다. 군사정권은 부정축재 환수책의 일환으로 민간소유 은행주식을 몰수하여 5대 시중은행이 국유화됐다. 그리고 부정축재 혐의로 구속됐던 기업가들은 전 재산을 국고에 헌납하겠다는 각서를 쓰고 감옥에서 풀려났다. 당시 일본에 체류 중이던 삼성의 이병철도 "소생의 재산이 국가재건에 필요하다면 조국에 바치겠다"는 각서를 군사정부 앞으로 보냈다.[355] 그 후 정부 소유 지분의 민간 매각이 재개되어 1973년 정부의 직간접 소유지분은 30~65%에 이르게 된다.

기업가들이 은행을 차지함으로써 손쉽게 투자자금 조달이 가능해졌으나, 한편에선 은행이 기업들의 사(私)금고로 전락하는 계기가 되었다. 기업들은 필요할 때마다 은행에서 돈을 가져다 기업 운영에 투입했다. 그 결과 일반인이나 중소기업은 은행 문턱이 너무 높아 은행 대출을 이용하지 못하고 사채나 고리대금에 매달려야 하는 상황이 벌어졌다.

우리나라 재벌이 봉쇄적 가족경영 형태를 취하게 된 요인에 대해 박병윤은 다음과 같이 분석했다.

'원조불(달러) 따기, 금융특혜, 탈세 등 비정상적인 사업경영 등 정상적인 방법이 통하지 않는 날가루판 속에서 장사를 하려면 무엇보다도 비밀이 잘 지켜져야 하고 위험부담을 감당할 수 있는 사람만이 경영에 참여할 수밖에 없었다. 이런 분위기 속에서는 정치곡예의 테크닉이 기업의 성패를 좌우한다.

게다가 우리나라 사람들의 의식 속에는 남에게 맡겨서는 안 된다는 불신풍조가 팽배해 있었고, 또 동업을 했다가는 어느 한쪽에 먹히고 만다는 불안감에 휩싸여 있었다. 그뿐인가. 주요 기업가들이 모두 부모덕을 보지 못하고 자수성가한 사람들, 산전수전 다 겪은 체험에다 여기서 오는 영감, 뚝심 등으로 볼 때 도무지 안심하고 맡길 만한 경영자가 없었다. 아무리 자로 재고 저울로 달아보아야 결국 "나만 못하더라"는 판단이 나올 뿐이다. 여기서 창업주 1인이 차치고 포치는 식의 원맨쇼우가 시작된다. 우리나라의 기업 풍토는 여기서 크게 비뚤어져 버렸다.'[356)]

여러 가지 모순에도 불구하고 투자자금 동원 수단이 마련됐고, 전후복구로 인해 건설자재와 전력이 미흡하나마 정상 공급되었다. 국가기간산업이 제자리를 잡아갔고 상업자본이 산업자본화의 길을 걸으면서 기업들은 각 분야에서 제 모습을 갖춰가기 시작했다. 근대적 의미의 기업들이 태동하여 시장경제 체제의 하부구조를 담당하기 시작한 것이다.

이러한 산업질서 재편과정은 수 백 년 유교사상의 질긴 뿌리로 남아 있던 사농공상(士農工商)의 신분질서를 하루아침에 뒤엎는 결과를 야기했다. 이제는 공상(工商)이 사농(士農)을 압도하는 시대가 된 것이다. 그것은 곧 기업가 혁명으로 이어졌다.

한편에선 경제개발계획 수립 등 경제개발을 담당할 엘리트 집단이 생겨나기 시작했다. 전쟁으로 인한 파괴와 고난을 겪는 과정에서 관리능력이 급속히 향상되기 시작했다. 그 결과 국가 차원에서 계획을 세우고, 그것을 추진할 관리 집단과 기업가 집단이 생겨난 것이다.

외자 도입을 통한 공업화의 길

1957~58년 무렵 미국의 대외원조정책이 변화하기 시작한다. 미국이 재정적자에 시달리면서 원조의 중점을 무상원조에서 차관으로 전환한 때문이다. 이에 따라 미국의 원조액도 1957년을 피크로 감소하기 시작했다.

우리 경제가 차츰 안정 기조를 잡아가기 시작하던 1958년, 삼성의 이병철은 한국경제재건연구소란 단체를 설립했다. 이 단체는 이병철이 소장을 맡았고 홍성하가 간사장, 그리고 이기붕, 김영선, 김유택, 임문환, 주요한, 송방용을 비롯한 국내의 쟁쟁한 정치경제학계 중진들이 빠짐없이 참여하여 한국 경제의 앞날을 놓고 진지한 의견을 나누었다. 지도층 인사들은 틈만 나면 한 자리에 모여 나라가 나아갈 방향을 정립하고, 구체적인 청사진을 마련하기 시작했다. 이병철은 한국경제재건연구소 설립 목적에 대해 이렇게 밝히고 있다.

'외국 원조 없이 지탱할 수 있는 한국 경제의 재건, 자립방안을 토의했다. 이때 나는 이미 사업에 종사하는 한 기업인의 입장을 넘어 이 나라 경제 전체의 장래를 걱정하는 처지에 놓여 있다는 것을 자각했다. 그러나 국가 경제정책의 방향이 모호하고 경제 전망이 불투명하여 우울한 나날을 보낼 수밖에 없었다.'[357]

한국경제재건연구소 운영의 소득은 이병철을 비롯한 참여 인사들이 '대한민국의 살 길은 외자도입을 통한 공업화의 길밖에 없다'는 현실 인식에 눈을 뜬 것이다. 이처럼 외자도입을 통해 공업화를 추진할 수밖에 없었던 이유는 국내자본의 절대적인 부족 때문이다. 송인상의 회고에 의하면 자기자본이 없는 사람이 기업을 하려니 시초부터 무리수가 수반됐다고 한다. 축적된 국내자본과 기술이 절대적으로 부족하다보니 외국에서 돈과 기술을 빌려다 사업을 할 수밖에 없었던 고단한 현실은 그 후 한국의 고질병이 되어 1997년 외환위기를 당하는 상황에 이르게 된다.

이 시기에 근대적 의미의 기업군이 탄생하게 된다. 자유당 말기 재계 랭킹 상위 10위에 오른 기업가는 이병철(삼성물산), 정재호(삼호방직), 이정림(개풍상사), 설경동(대한전선), 구인회(락희화학), 이양구(동양시멘트), 남궁련(극동해운), 최태섭(한국유리), 함창희(동립산업), 백남일(태창방직) 순이다. 이것이 1950년대 후반의 재계 서열이었다.

재계의 선두로 떠오른 기업은 삼성그룹이었다. 1953년 제일제당 설립으로 이병철은 한 해에 무려 80억 환이라는 경이적인 순익을 올렸다. 뒤를 이어 1956년 2월 제일모직을 준공하여 손대는 사업마다 큰 성공을 거두었다. 1956년에는 은행주 불하에 참여하여 흥업은행 인수에 성공, 재계 선두를 달리는 기업이 된다. 훗날 그는 자신의 성공 비결에 대해 이렇게 회고했다.

'자고로 성공에는 세 가지 비화가 있다고들 한다. 운(運), 둔(鈍), 근(根)이 바로 그것이다. 사람은 능력 하나만으로 성공하는 것이 아니다. 운을 잘 타고나야 한다. 때를 잘 만나고 사람을 잘 만나야 한다는 뜻이다. 그러나 운을 놓치지 않고 운을 잘 타고 나가려면 역시 운이 다가오기를 기다리는 일종의 둔한 맛이 있어야 하고, 운이 트일 때까지 버티어 나가는 끈기라고 할까, 굳은 신념이 있어야 한다. 둔과 근이 따르지 않을 때에는 아무리 좋은 운이라도 그만 놓치고 말기 일쑤다.'

재계 서열 2위는 정재호의 삼호방직이 차지했다. 그는 6·25 때 수많은 국군과 유엔군의 피로 지켜낸 낙동강 방어선의 덕을 톡톡히 본 기업가였다. 대구에 있던 삼호방직이 파괴의 화를 면했기 때문이다. 게다가 정부가 대구와 부산으로 피난을 오면서 영남 기업인들은 정계 실세들과 교분을 맺는 기회가 됐다. 이러한 시운(時運)에 편승한 정재호는 조선방직을 인수하고 대전방직을 복구했으며, 삼호방직을 대대적으로 확장해 한국의 방직 왕으로 부상했다. 또 은행 귀속주 불하에 참여해 저축은행 인수에 성공하여 순풍에 돛을 건 형국이 됐다.

뒤를 이어 재계 3위로 부상한 기업군이 이정림의 개풍상사다. 개성상인 출신의 이정림은 문경시멘트공장을 인수하여 대한양회를 설립했다. 이어 1959년에는 최태섭, 이양구, 박두병, 김광균, 김익균 등의 지원을 얻어 서울은행을 설립했다. 1950년대 말에 그는 개풍상사와 대한양회, 대한탄광, 삼화제철, 대한철강을 운영하는 재계 3위의 기업가로 발돋움했다.

다음은 대한산업의 설경동이다. 대한산업이란 무역회사를 차려 무역업에 종사하던 설경동은 1953년 8월 수원에 대한방직을 설립했고, 조선방직 대구공장을 불하 받아 대단위 공장으로 확장했다. 1955년 2월에는 조선전선을 인수하여 국내 최초로 전선 전문생산 회사인 대한전선으로 면모를 일신했다. 1956년에는 대동제당을 설립해 제4위의 기업군에 이름을 올리게 된다.

재계 5위는 구인회의 럭키가 차지했다. 진주에서 포목상으로 출발한 구인회는 1947년 화장 크림을 생산하는 락희화학공업사를 창업했다. 이어 플라스틱 사업에 손을 대 큰돈을 벌었고, 이어 치약으로 공전의 히트를 쳤다. 1959년에는 금성사를 설립하여 라디오를 생산하면서 착실한 성장을 거듭했다.

혼란이 진정되기 시작하다

건설의 망치 소리가 전국을 뒤덮으면서 혼란의 기운이 차츰 진정되기 시작한 것은 1957년부터다. 해마다 50% 이상 치솟던 물가는 1957년부터 안정되기 시작했다. 1958년은 우리 경제사에서 의미 있는 해였다. GNP 성장률은 5.2%를 기록했고, 전년도 전국 도매물가지수가 29.2였는데 이 해는 27.3으로 기적처럼 물가가 하락했기 때문. 1959년에는 건국 이래 처음으로 정부 재정이 흑자를 기록했다.

1959년 7월 전후복구 담당 부서인 부흥부는 《부흥백서》를 발간했다. 그것은 정부 차원에서 전후복구가 완료됐음을 사회 각계에 알리는 메시지였다. 신현확 부흥부장관은 '부흥백서를 내면서'라는 머리글에서 다음과 같이 말했다.

'온 겨레의 힘찬 노력이 열매를 맺어 근년에 이르러 우리나라의 살림사리(살림살이)가 버쩍 늘었고 환경도 크게 명랑하여 졌습니다. 특히 지난해에는 농업과 공업의 생산이 더욱 많아지고 물건값이 해방 후 처음으로 떨어졌으며, 돈의 가치에 대한 국민의 신인도 더욱 두터워졌습니다. 그 중에서도 놀라운 것은 생산된 물건이 많이 쌓여 그것을 팔기 위해서 시장을 더욱 넓혀야 하는 문제가 급해졌고, 한편에 있어서는 금융기관을 통한 일반의 저축이 예 없이 늘어 금융사정이 정상화되는 동시에 앞으로 투자를 어디다 할까 하는 새로운 문제까지도 나타나고 있다는 사실입니다….'

그 전 해인 1958년 6월에 발간된 《부흥백서》에는 해방 이래 경제성장의 자취를 다음과 같이 설명하고 있다.

첫째, 해방 후로부터 6·25 동란이 발발한 1950년 중엽에 이르는 기간으로, 이른바 경제적 및 정치적 조정기에 속하는 기간이다. 즉 일제 경제로부터의 독립에 뒤이어 전원과 중공업 시설이 집중되어 있던 북한과 단절된 우리나라 경제가 조정을 필요로 했던 기간이다.

둘째, 1950년부터 1953년의 휴전에 이르는 동란의 기간이다. 동란으로 말미암아 공업시설의 11.7%, 주택의 16.9%를 잃는 피해를 입었으며, 전화(戰禍)의 총액은 30억 달러로 추정된다.

셋째, 1953년 중엽부터 1956년 중엽에 이르는 부흥 재건기이다. 이 기간 중 한국 경제는 인플레를 수습하고 생산은 1949, 50년의 수준을 회복함으로써 이후의 균형적인 발전을 위한 터전을 마련하는 데 성공한 기간이다.

특히 이 해의 부흥백서는 1957년 한 해 동안의 한국경제가 변한 모습을 다음과 같이 평가했다.

'국민총생산액은 1956년의 1조 2690환에 비해 29%가 증가한 1조 6341억 환에 달한 것으로 추정되며 1인당 국민총생산액도 약 26%가 증가한 것으로 추정된다. 그리고 1955년과 1956년에는 물가 상승률을 하회하던 국민총생산액이 57년에 있어서는 물가 상승률을 넘어서 증가하게 되었으며, 이와 같이 물가 변동률을 제거한 실질국민총생산액의 증가율(경제성장률)이 12%를 상회하게 된 것은 휴전 이후의 원조자금에 의한 투자의 결실로 간주되고 있다.

1954년부터 1957년에 이르는 4년간의 국민 총수지는 1954년에 685억 환, 55년에 976억 환, 56년에는 1583억 환, 57년에는 1750억 환의 지출초과를 나타내어 그 전액이 외국 원조로 충당되었다.

한편 국민 총공급과 총수요는 국내공급의 부족이 심화되어 수요의 과잉상태를 초래했다.'

경제 재건 위한 계획들

지금까지의 상식에 의하면 대한민국 경제 발전의 상징인 '경제개발 5개년 계획'은 박정희 군사정권이 쿠데타 직후 수립하여 시행함으로써 성공을 거둔 것으로 되어 있다. 그러나 실상은 이승만 시절에 이미 경제개발계획이 수립되어 있던 것을 장면 정권의 제2공화국이 이어받았고, 박정희 정권 때 본격 추진하여 꽃을 피운 것이다. 이승만 시대의 경제적 조망에 있어 무엇보다 우선해야 할 점은 그 시절에 경제개발계획의 기초가 짜였다는 점을 관찰하는 일이다.

우리나라에서 본격적인 경제개발계획은 6·25와 더불어 처음 거론되기 시작했다. 그 시초는 '네이산 보고서'로 알려진 '한국경제 재건 5개년 계획'이었다. 한국의 경제발전을 농업발전으로부터 시동을 건다는 내용으로 구성된 이 계획은 정부 관료들로부터 이의 제기가 있어 시행되지 못했다.

다음으로 등장한 안이 1953년 7월의 '타스카 3개년 대한(對韓) 원조계획'이다. 타스카 프로젝트는 미국 원조당국이 원조자금을 가지고 한국경제 재건과 부흥방침을 세워 원조자금을 배분하고 집행하기 위한 성격이 짙었다. 구체적인 내용은 1954년부터 3년 동안 8억 8300만 달러의 원조를 투입, 한국 경제를 전쟁 전 수준으로 복구한다는 내용을 담고 있었다.

이승만 정부 시절에도 경제개발을 하기 위해 많은 계획들이 논의됐다. 그런데 달러가 없어 꼼짝 못하는 상황이 되자 정부는 외국 차관을 들여다 경제개발을 추진하자는 아이디어가 제기됐다. 그리하여 상공부에서 남미 등 각국의 관련법을 구해다 연구하여 외자도입법 초안을 완성했다. 그런데 한국이 전쟁위험국가(War Risk Country) 명단에 속해 있어 외자도입이 불가능한 상황이어서 법 제정을 중단했다.

이 와중에 4·19가 일어나 미국이 껄끄러워하던 이승만 대통령이 퇴진하고 장면 정권이 들어서자 우리 쪽에서 요청도 하지 않았는데 전쟁위험국가 명단에서 한국을 제외시켰다. 덕분에 박정희 정부에서 외자도입촉진법을 제정해 경제개발계획의 시동을 걸 수 있었다.[358]

정부는 1957년, 부흥부 산하에 산업개발위원회[359]를 설치하고 이곳에 국내 유수의 관료와 학자, 언론인, 외국 유학을 마치고 귀국한 신진기예를 총동원하여 경제개발계획을 입안하도록 했다. 산업개발위원회가 태동된 계기는 우리나라 경제 관료들이 세계은행 부속기관인 경제개발연구원(EDI)[360]에 연수를 가서 국가적 차원의 경제개발계획이 마련되어야 한다는 필요성을 절감했기 때문이다. 당시 EDI는 아더 루이스의 《경제성장론》, 틴버겐의 《개발설계론》과 같은 전문서적을 텍스트로 하여 개발도상에 있는 국가들이 경제발전을 위해서는 어떤 정책적 수단이 필요한가를 강의했다.

한국인으로서 가장 먼저 EDI 연수를 다녀온 사람은 송인상이었다. 1956년 EDI 연수를 받은 송인상의 증언에 의하면 당시 EDI 연수에서는 인도와 같이 중앙 정부와 주 정부가 중심이 되어 엄격하게 짜여진 5개년 계획에 따라 장기개발계획을 추진하는 것이 좋은지, 아니면 브라질처럼 일정한 계획 없이 예산에 맞춰 그때그때 경제개발을 추진하는 것이 좋은지를 주제로 삼았다고 한다. 이 과정에서 송인상은 우리나라와 같은 후진 개발도상국에서는 정부 주도하의 강력한 경제개발계획이 절대적으로 필요하다는 결론에 이르렀다.[361]

송인상은 EDI 연수 당시 경제개발계획을 수립해야겠다는 결심을 하게 된 감회를 이렇게 밝혔다.

'아더 루이스 교수, 네덜란드의 틴버겐 교수, 하버드의 메이슨 교수 등의 강의를 들으면서 나는 서울로 돌아가면 장기 경제개발계획을 마련해 보리라고 마음먹었다. 물론 재원이 모자라고 기술수준이 낮고 경영능력마저 아직은 계발돼 있지 않은 단계이지만, 이러한 요소들을 잘 조직하고 그에 알맞는 구상을 펼쳐 나간다면 장기적인 안목에서 한국 경제를 개발단계로 올리는 것은 그다지 어려운 문제만은 아닐 것이라고 생각했다. 한국인은 본래 능력이 있고, 행동적이며, 사고의 탄력성이 있기 때문에 정부가 잘 지도하고 기회를 준다면 경제개발에서 필연코 성공을 거둘 수 있을 것이라고 판단했다.'[362]

산업개발위원회 설치

경제개발계획 입안 부서인 산업개발위원회의 태동은 1958년에 시작됐다. 그 해 9월, 당시 부흥부장관이었던 송인상은 부흥부의 김태동 조정국장, 재무부의 이한빈 예산국장을 대동하고 미 국무성 초청으로 미국을 방문했다. 당시 국무장관이었던 덜레스는 마침 중국과 타이완 간에 금문도(金門島), 마조도(馬租島) 사건으로 일촉즉발의 위기감이 고조되어 타이완에 체류중이이어서 한국 방문단은 크리스천 허터 차관을 예방했다.

허터 차관은 제2차 세계대전 종전 직후 미국이 유럽에 소나기식 원조를 퍼부어 독일, 프랑스, 벨기에, 네덜란드의 전후복구와 경제부흥을 성공시킨 마샬 플랜의 입안자였다. 그 자리에서 한국 대표단은 허터 차관에게 한국적 상황에서는 장기 경제개발계획 수립이 절실히 필요하다는 점을 다음과 같이 역설했다.

"한국은 부존자원은 물론, 기술과 자본 등 모든 것이 부족한 전형적인 후진국이다. 대신 우리는 높은 교육수준을 자랑하는 인력자원이 있으니 이를 적당히 활용하면 경제발전이 가능하다고 생각한다. 또 제한된 자원의 배분과, 정책수단의 결정, 계획의 효율성과 실천력을 높이기 위해 한국경제의 현황이 정확히 분석·파악되어야 한다. 그러기 위해서는 장기 경제개발계획이 필요하다. 한국의 경제개발계획은 사회주의 국가인 인도식 계획이 아니라 인디커티브 플랜(Indicative Plan)을 지향할 것이다. 즉 민간 기업을 최대한 참여시켜 그들의 역량을 활용하는 데 우선순위를 두되, 기술적으로나 자금력에서 민간이 할 수 없는 분야나 민간이 투자를 꺼리는 부문은 정부가 담당하겠다. 이런 분야도 일정 기간이 지나면 민간에 불하하는 방식의 개발계획을 수립, 실천하고자 한다. 아울러 후진국일수록 국민들에게 경제계획을 완수했을 때의 비전을 제시하고, '우리도 잘살 수 있다'는 희망을 주어 국민을 고무하고, 참여를 유도하는 계획이 필요하다."363)

이러한 논리로 설득을 거듭한 끝에 허터 차관으로부터 한국이 미국 원조자금으로 경제개발계획을 수립한다는 합의를 이끌어 내는 데 성공했다. 우리나라가 경제개발계획을 수립하는 과정에서 이처럼 어려운 설득 과정을 거쳐야 했던 이유는 당시 미국 관리들이 제3세계 국가들이 추진하는 경제개발계획에 대해 좋지 않은 시각을 가지고 있었기 때문이다.

미국은 2차 대전 종전 후에 인도, 파키스탄, 터키 등 여러 나라에 대규모 원조를 제공했지만, 결국 미국의 손에서 벗어났다. 미국이 대외원조에서 성공한 유일무이한 나라가 한국이라는 말이 나돌 정도였다. 때문에 우리 정부 관리들이 경제개발의 필요성을 제기할 때마다 미국은 "한국도 사회주의식 경제개발을 하여 다른 길로 나가려는 것은 아닌가" 하는 의구심을 가졌다. 때문에 정부 관리들은 허터 차관을 비롯해 미국 관계자들에게 "우리는 인도식의 사회주의 경제계획은 절대 안 한다"는 약속을 해야만 했다.

우여곡절 끝에 1958년에 부흥부 산하에 산업개발 위원회가 설치됐다. 그런데 위원회 명칭 선정 과정에서 다른 나라에서 사용하고 있는 'Economic Development Committee'를 번역해 '경제개발위원회'라고 했는데, 김현철 재무부장관이 "경제개발위원회라고 하면 모든 경제 분야를 망라하는 것이 된다"고 이의를 제기하여 '산업개발위원회'라 고치는 대신 영문은 'Economic Development Committee'를 그냥 쓰기로 했다.³⁶⁴⁾

산업개발위원회의 설치 목적은 '1958년도의 미국의 대외원조정책의 변경에 의해 그 전의 공여식 원조가 차관원조로 전환됨에 따라 피원조국의 경제자립을 위한 시책으로 후진적인 경제요소를 제거하는 것이 긴요하므로 한국의 특수한 경제여건에 입각하여 경제정책을 총체적으로 심의하고 그 중추적인 건의기관으로 이 위원회를 설치한다'고 되어 있다.

또 위원회의 기능은 ▲한국의 현재적(顯在的), 잠재적인 인적·물적 자본적 자원의 평가와 사정 ▲한국의 제반 경제 문제를 해결하고 가장 적당한 경제구조를 수립하기 위해 긴급하고 유망한 경제개발방법 심의 ▲한국의 제 자원을 효율적으로 이용하고, 이를 극대화시키기 위한 중점적인 시책과 경제정책을 심의·결정하는 한편 이에 대한 연차계획의 수립에 있어 주도적인 건의를 한다고 되어 있었다.

각계각층에서 인재 선발

부흥부장관 자문기관으로 설치된 산업개발위원회는 우리 예산으로 7600만 환, ICA 자금에서 12만 5000달러의 재원을 마련했고 대통령령으로 산업개발위원회 규정이 공포되었다. 그리하여 산업개발위원회 위원으로 박동묘(후에 농림부장관), 주원(후에 건설부장관), 이면석(후에 조흥은행장), 황병준(후에 국회의원), 안림(후에 성균관대 교수) 등 22명이 임명됐다.

이러한 위원 외에 보좌요원, 촉탁, 고문 등 각계각층에서 젊고 유능한 인재와 외국 유학에서 돌아온 신진기예가 총동원됐다. 젊고 유능한 학자와 전문가들이 외국에서 배운 선진 학문과 전문적 이론을 동원하여 가장 빠른 기간 내에 경제개발계획을 수립한다는 계획을 세운 것이다. 또 미국 오리건 대학의 교수 5명이 계획 수립에 참여하여 도움을 주었다.[365]

장기 개발계획 모델을 작성하려면 산업연관분석표(IOT · Input Output Table) 작성이 가장 중요하다. 예를 들어 철강공장을 짓는데 예산이 얼마가 들고, 전후방 연관 산업에 어떤 영향을 끼치는가를 분석해야 한다. 이 산업연관분석표를 가지고 한국경제 전반을 들여다 본 후 어느 분야에 우선순위를 둘 것인가를 결정하는 것이다. 그런데 당시 한국의 경제 상황에서 이런 분야에 대한 지식이나 통계가 전혀 준비되어 있지 않았다. 우리나라의 전반적 수준이 그 정도 문제를 해결할 수 없을 정도였던 것이다. 산업연관

분석표는 1960년대 초에 가서야 한국은행 조사부가 온갖 노력 끝에 작성, 발표하게 된다.[366]

이승만 정부가 산업개발위원회에 어느 정도 기대를 걸었는가는 소속 위원들의 대우에서 그 답을 찾아볼 수 있을 것이다. 당시 부흥부장관 월급이 4만 2000환이었는데, 산업개발위원회 위원들에게는 사명감을 갖고 일하라는 취지에서 장관보다 월급이 네 배나 많은 18만 환으로 책정했다. 또 고문단이 한 번 회의를 열 때마다 5000환씩을 제공할 정도로 좋은 대우를 해주었다.[367]

위원들이 작업 진행 과정에서 가장 예측이 어려운 것이 국방 수요였다. 국방비 지출의 장기 소요 예측을 위해 국방부에 인력 파견을 요청하여 임원택 중령(후에 서울대 교수), 신상철 중령(후에 KOTRA 이사)이 작업에 참여했지만 수요 예측이나 통계, 지수가 제대로 잡히지 않아 애를 먹었다.

위원들은 처음엔 7개년 계획을 예상했는데 경제개발계획을 세워 본 경험도 없고, 미래 예측지수도 불투명해서 중간에 목표를 수정했다. 그리하여 7개년 계획을 목표로 하되, 우선 1단계를 3개년으로 하여 2단계 작업을 진행한 것이다. 비교적 쉽게 수요 예측을 해서 우선 3개년 계획을 작성하고, 그것을 시행해 나가는 과정에서 얻은 경험을 살려 통계 미비에서 오는 오차를 고쳐 나가자고 생각한 것이다.

드디어 경제개발 3개년계획의 골격이 완성된 것이 1959년 12월. 이대근은 경제개발 3개년계획을 한국 최초의 계량적 기법에

의한 종합적인 중장기 경제개발계획이라고 평했다.[368]

　수많은 노력과 시행착오 끝에 드디어 1960년 4월 15일, 역사적인 경제개발 3개년 계획이 국무회의를 통과했다. 1960년부터 1962년까지를 계획연도로 설정, 경제개발 이론에 따른 계량적 계획방식을 도입한 우리나라 경제개발계획의 효시였다. 이 계획은 목표를 '과소(過小)생산의 해결'에 두고 중점사업을 선정, 1960년부터 62년까지 GNP 성장률을 5.2%로 책정했다. 이 같은 성장률은 1953년부터 1958년까지의 경제성장의 반영이었다. 부문별 성장률은 1차 산업이 연평균 3.8%, 2차 산업 11.2%, 3차 산업 3.7%로 계획되었다.

　3개년 계획의 성장률을 5.2%로 낮춰 잡은 이유는 한국과 같이 경제성장의 기초가 갖추어지지 못한 나라에서는 성장 실적에 비추어 계획 실적의 안정을 기할 수 있는 성장률을 채택하는 것이 안전하기 때문이었다. 한 마디로 무리한 욕심보다는 성장률을 자연스럽게 끌고 가되 2차 산업을 중점 육성해 자립기반을 높이자는 생각이었다.

　이를 달성하기 위해서는 재원으로 내자 6393억 환(1955년 불변가격)과 8660만 달러의 외자가 필요한 것으로 전망했다. 내자 7393억 환은 정부부문 53%, 민간부문 47%로 구성해 정부 예산을 통한 자본형성에 역점을 두면서 민간부문은 저축률을 13.8%로 끌어올려 투자재원을 충당토록 했다. 계획기간 중 외자 8660만 달러는 외부 원조가 15% 감축될 것으로 예상해 수립한 수치다.

이대근은 이승만 정부가 수립한 경제개발 3개년계획의 특징을 다음과 같이 밝혔다.

첫째, 공업화에 최대의 역점을 두었다.

둘째, 공업화를 위해서는 내자뿐만 아니라 외자 등 막대한 자금이 필요하고, 선진기술 도입이 요구되는 관계로 외자 의존적 개발이었다.

셋째, 자본집약적 산업과 노동집약적 산업을 동시에 육성하는 균형 성장론이었다.[369]

4·19로 물거품

이승만 정부가 야심차게 준비했던 경제개발계획은 국무회의를 통과한 지 나흘 후 4·19가 터지는 바람에 빛을 보지 못하고 사장됐다가 4·19 직후 부흥부에서 일하던 관리들에 의해 장면 정부로 승계됐다. 장면 정부는 4·19로 부도수표가 된 경제개발 3개년 계획(1960~62)을 토대로 새롭게 5개년 계획을 가다듬었다.

1961년 3월, 장면 정부의 산업개발위원회는 이승만 정부의 경제개발 3개년계획을 토대로 새롭게 경제개발 5개년계획을 완성하고, 부흥부 고문으로 내한한 미국의 찰스 울프 박사에게 관련 계획을 브리핑했다. 이날 브리핑은 당시 산업개발위원회 보좌위원이었던 김입삼이 맡았다. 그렇다면 이승만 정부의 3개년계획에 비해 장면 정부의 5개년계획은 무엇이 달라졌을까. 이 질문에 대한 김입삼의 답변이다.

첫째, 목표 성장률을 연 5.6%에서 6.1%로 높여 잡았다.

둘째, 3개년계획은 균형성장 이론에 입각해 있었으나 5개년계획은 '전략부문 중점투자 전략'을 택했다. 즉 전력, 석탄, 비료, 시멘트, 화학, 섬유, 정유, 철강, 농업부문에 재원을 집중 투입해 먼저 발전시키고, 타 분야의 발전을 유도하는 불균형 성장전략을 택했다.[370]

장면 정부는 가난에 허덕이고 굶주리는 국민들을 배불리 먹이기 위해 경제 제일주의를 전면에 내세웠다. 장면 총리는 시민혁명으로 인한 정치적 혼란이 차츰 수습되어가자 1960년 12월 15일부터 5일간 연속으로 종합경제회의를 개최했다. 참가 인원만 해도 윤보선 대통령과 장면 총리를 비롯한 정부 고위인사를 비롯하여 당대의 재계, 기술계, 학계, 언론계 인사 등 그 시대 최고 엘리트 200여 명이 총 집합한 대규모 회의였다.[371]

이 회의가 있은 지 석 달 후인 1961년 3월 24일 반도호텔에 있던 장면 총리 집무실에서 장면 총리와 정부 핵심 각료, 그리고 기업가 대표들이 긴급 비상대책회의를 열었다. 이날 재계를 대표하여 삼양사의 김연수 회장은 "국민에게 희망을 줄 수 있는 경제정책이 필요하다. 완성단계에 있는 경제개발 5개년계획과 재계가 입안한 '태백산 종합개발 구상'을 즉시 추진해 달라"고 정부에 요구했다.

이에 대해 경제 각료들은 "당장 시작하기는 어렵지만 미국에서 받는 원조액을 늘려 재원을 마련한 뒤 1962년부터 5개년계획을 반드시 추진하겠다"고 약속했다. 장면 총리도 "미국에 연 8000만 달러의 추가자금을 앞으로 3년 간 공여해줄 것을 정식 요청했다. 이것만 확보되면 국토개발사업과 5개년계획을 추진하는 데 무리가 없을 것"이라고 설명했다. 이날 작성된 합의서 두 번 째 항에도 '국민의 희망을 북돋우고 발전의욕을 일으키기 위해 하루속히 5개년계획을 확정 발표하고 그 중 자원이 마련되는 프로젝트는 곧 착수하기로 한다'고 기록이 남아 있다.[372]

그러나 이런 계획도 두 달 후 터진 5·16 군사쿠데타로 빛을 보지 못하고 책상서랍으로 들어가게 된다.

당시 종합경제회의 간사를 맡았던 김입삼의 증언에 의하면 5·16 이후 군사정부는 장면 정부 시절 종합경제회의에서 논의됐던 내용을 정책의 교본으로 삼다시피 했다. 그 예가 군사정부 출범 직후 설립된 경제기획원 신설, 농어촌 고리채 정리, 신5개년계획, 국토건설사업 계획, 태백산 종합개발 구상 등이다.

쿠데타 세력들은 5·16 거사 이틀 후인 5월 18일 장면 정부의 핵심 사업인 국토건설사업을 중단 없이 추진하겠다고 발표했고, 5월 25일엔 농어촌 고리채 정리계획을 공포했다. 7월 22일에는 부흥부를 폐지하고 출범시켰던 건설부를 경제기획원으로 이름을 바꾸었다. 경제기획원 신설도 민간 경제인들이 종합경제회의에서 정부에 건의한 내용에 포함되어 있던 것이다.[373]

군사정부의 사령탑인 국가재건최고회의는 1961년 7월 6일 종합경제재건 5개년계획을 발표한다. 이는 이승만, 장면 정부 시절 산업개발위원회 멤버로 활동했던 김성범, 백용찬, 정소영 등이 참여하여 민주당 정부가 수립했던 5개년 계획 중 목표성장률을 높이고 계수조정을 한 것이다. 국가재건최고회의 상공분과위원장을 맡았던 유원식의 증언이다.

'군사혁명위원회를 국가재건최고회의로 개편하고 내가 상공분과위원장을 맡은 날부터 나는 제1차 5개년계획 작성에 착수했다. 그리고 이 계획을 작성하기 위해 종합경제재건기획추진위원회라는 긴 이름을 가진 기구를 만들어 내 사무실 옆에 위치하게 했다….

처음 박정희 의장에게 경제개발 5개년 계획을 작성하겠다고 했을 때만 해도 박 장군은 경제개발 5개년계획이 무엇을 하는 것이냐고 물었을 정도였다. 나는 어처구니가 없었지만 3천만 국민이 각자 자기의 위치를 발견하게 하는 것이라고 설명했다. 모두가 자신의 일터에서 최선을 다하기만 하면 정치, 경제, 사회 모든 면에서 안정과 성장이 이룩될 것이라고 알기 쉽게 얘기했다.'[374]

박정희 시대에 꽃 피운 경제개발계획

경제기획원의 《개발연대의 경제정책》에서는 이승만 정부 당시 경제개발계획 입안 과정을 다음과 같이 기술하고 있다.

'부흥부는 전후의 경제적 피폐에서 시급히 탈피하기 위하여 산업경제의 부흥에 관한 종합적 계획과 그 실시의 관리 조정에 관한 사무를 담당케 했다. 이에 따라 부흥부 산하의 부흥위원회는 우리나라로서는 처음으로 정부주도적인 경제개발을 이끌어 가기 위한 경제개발계획인 '경제개발 7개년 계획 중 전반 3개년 계획'을 작성하여 1959년 3월에 발표하였다. 이는 자유경제체제에 계획성을 가미한 최초의 시도였다고 볼 수 있다. 그러나 동 계획은 그 후의 4·19 및 5·16 등 정치상의 변동으로 제대로 추진되지 못하였다.

그 후 부흥부는 5·16 혁명 이후 국가재건최고회의령 제14호에 의하여 1961년 5월 26일에 신설된 건설부에 그 기능이 승계되면서 폐지되었다. 건설부는 국민경제의 효율적인 운용을 위한 종합적 계획의 수립과 그 실시의 관리조정에 관한 사무를 관장하기 위하여 설립되었으나 불과 2개월 후 그 기능이 신설된 경제기획원에 이관되었다.

이와 같이 해방 이후 경제적 어려움에서 벗어나기 위한 노력이 꾸준히 추진되었으며 특히 50년대 말에는 우리나라 최초로 경제개발계획을 수립하기에 까지 이르렀으나 당시의 거듭되는 정치적 사회적 혼란 등으로 실시에 들어가지는 못하였다….

1961년 7월 22일 경제기획원이 발족되었으며, 이와 동시에 제1차 경제개발 5개년계획의 수립 작업에 착수하여 1962년 1월 5일 이를 확정 발표하였다.'[375]

경제기획원의 자료를 봐도 박정희 정권의 대명사나 다름없던 경제개발계획의 뿌리가 이승만 시절로 거슬러 올라감을 알 수 있다. 1950년대 말에 이승만 정부가 경제개발계획을 수립하지 않았다면 우리 정부 테크노크라트들의 훈련이 늦어졌을 것이고, 경제성장도 그만큼 지연됐을 것이다.

그 어려운 시절에 우리가 경제개발계획을 수립하는 과정에서 축적한 경험과 지식이 장면 정부를 거쳐 박정희 시절에 추진된 경제개발 5개년 계획에 큰 영향을 주었고, 그 때 외국에 유학을 보낸 인재들이 속속 귀국하여 경제개발계획 실행의 중요한 역할을 맡았다.

당시 이승만 정부의 정책 입안자들은 처음 경제개발의 씨앗을 뿌릴 때 그것이 어느 정도 결실을 거둘 지에 대한 확신이 없었다. 그러나 그들은 한국 경제가 나가야 할 방향과 방법을 명확히 제시했고, 그 기본이 되는 프로그램을 완성했다. 이런 점에서 산업개발위원회의 경제개발 3개년 계획은 재평가를 받아야 한다.

이승만 정부의 경제 테크노크라트들은 박정희 정부에서 경제개발계획 수립에 참여하게 된다. 송인상은 4·19 당시에 재무부장관으로 재직 중이었는데, 국무위원들이 3·15 부정선거에 관여했다 하여 체포 투옥되었다가 1963년 5월에 석방됐다. 그는 박정희 정부 시절인 1965년 7월부터 1974년 3월까지 한국경제개발협회장을 맡았는데, 여기서 제3차 경제개발 5개년 계획의 기본 틀을 수립하는 작업에 참여했다.

3차 5개년 계획은 미국의 아델만 교수가 기본 골격을 만든 것을 토대로 한국경제개발협회가 전체 플랜을 수립했다. 이 작업에 참여했던 성기수 박사는 3차 5개년 계획의 수치 계산을 위해 일본 이토추상사에 가서 컴퓨터 작업을 하여 계획수립을 도왔다. 그 과정에서 성기수는 컴퓨터에 관해 많은 것을 배웠고, KIST의 초대 컴퓨터연구실장을 지내는 등 한국 컴퓨터 분야의 선구자가 됐다. 3차 5개년 계획을 수립할 무렵에는 경제기획원 담당자들이 경제개발에는 선수 소릴 들을 정도로 높은 경지에 올라가 있었다.[376]

한국경제협의회 출범

한국의 재계를 대표하는 모임인 전국경제인연합회는 4·19를 겪으면서 태동된다. 4·19가 나자 자유당 정권에 정치자금을 댄 기업가들이 부정축재처리법에 의해 모두 조사를 받게 되었다. 자유당 시절 정치자금은 기업이 원해서 제공했다기보다는 사업상 융자를 할 때 강제로 떼고 내 줄 정도였다.[377]

허정 과도정부 때 민의원을 통과한 부정축재처리법안은 5년 동안 1억 환 이상 번 사람을 부정축재 조사 대상자로 규정했는데, 그 수가 무려 5만 9000여 명이나 됐다. 만약 이들 모두를 피의자로 다루어 조사를 하면 경제가 파탄이 날지도 모르는 상황이었다.

허정 과도정부는 기업들에게 대략 탈세를 산출하여 부정축재 벌과금을 부과했다. 고지서를 받은 기업들은 벌과금을 납부했는데, 민주당 정부가 수립되자 "과도내각 때 낸 벌과금은 인정하지 못한다"면서 재조사를 해야 한다는 주장들이 제기되기 시작했다.

기업가들은 과거부터 사농공상이라 해서 공업인과 상인이 천대를 받아온 데다가, 해방 후에는 '모리배'라는 불명예스러운 명칭으로 불렸고, 혁명이 나자 이번에는 부정축재자로 몰린 것이다.[378]

재계에서는 본의 아니게 정치자금을 제공해 부정축재자로 몰리는 누명을 벗기 위해서, 또 경제가 정치의 시녀 노릇을 하는 현상에 종지부를 찍기 위해 재계가 한 목소리를 낼 수 있는 기구를 만들자는 차원에서 약 50명의 기업인들이 회동을 했다. 이들은 재계가 자금을 모아 총선을 깨끗하게 치를 수 있도록 지원하자는 차원에서 2억 원의 정치자금을 모았다. 이 과정에서 기업가들은 일본의 경제 동우회를 모델로 삼아 한국경제협의회를 결성했다. 1961년 1월 4일 창립총회를 열고 회장에 김연수, 부회장에 전택보와 이한원을 선출했다. 창립 취지문의 내용은 이렇다.

"현재 우리 사회에 조성된 모든 혼란과 불안은 극심한 경제적 위기를 가져오고 있다. 나날이 만연되는 산업 활동 위축과 실업인의 기업 의욕상실은 급기야 전면적 파탄으로 파급되지 않을까 적이 우려된다. 이러한 결정적 난국을 광구(匡救)하고 그 재건과 발전을 담당할 역군이 바로 우리 실업계 인사인 줄로 확신하는 바이다."[379]

이어 기업인들은 다음과 같은 행동강령을 내놓았다.

첫째, 대동단결해 안정 기반을 마련한다.

둘째, 기간산업 및 농어촌 진흥과 고용확대 방안 등에 대해 공정한 의견을 제시한다.

셋째, 공산진영과 대결해야 하는 현실을 직시해 자유진영과의 경제협조로 산업개발과 실업자 해소, 고용증대 방안 등에 대해 공정한 의견을 제시한다.

넷째, 정치와 사회의 안정이 경제성장의 기본조건임을 강조하고 정쟁의 중지와 시정전반의 일대혁신을 촉구한다.[380]

한국경제협의회는 첫 사업으로 절량농가와 도시빈민을 위한 구호양곡 모으기에 나섰다. 또 실업문제, 수출 진흥, 경제발전 구상 등 정책대안을 연이어 내놓았다. 그러나 어렵게 출범한 한국경제협의회는 5·16이 나면서 포고령 제6호에 따라 모든 경제사회 단체 해산령이 내려져 불과 4개월 정도밖에 활동하지 못했다.

5·16이 터지면서 부정축재 기업인 문제가 다시 제기되었다. 부정축재 기업인으로 지목된 이병철, 이정림, 설경동, 박흥식, 홍재선, 최태섭, 이한원, 정재호, 남궁련, 조성철, 김지태, 이양구, 함창희 등 13인이 경제재건촉진회를 결성했다. 이들은 부정축재 벌과금을 현금이 아니라 기간산업 공장 건설로 납부키로 하고 시멘트, 제철, 비료, 인견사, 합성수지, 전기기기, 케이블, 나일론 등 기간산업체 건설안을 국가재건최고회의에 건의했다.

그런데 부정축재자로 규정된 13인이 마치 한국경제의 모든 것을 설계하듯 하는 상황이 되자 부정축재자 아닌 기업들도 경제재건에 참여해야 할 것 아니냐 하는 의견이 제기됐다. 그 결과 1961년 8월 16일 경제재건촉진회는 한국경제인협회로 이름을 바꾸고 초대 회장에 이병철, 부회장에 조성철과 남궁련이 피선됐다.

경제인협회 회장이 된 이병철은 1961년 11월 공장 건설을 위한 차관 교섭을 위해 미주 방면 교섭단장이 되어 미국으로 떠났고, 유럽 교섭단장은 이정림이 맡아 유럽으로 떠났다. 경제인협회는 울산에 공업단지 건설을 건의하여 울산이 오늘과 같은 세계적인 공업단지로 개발되었다.

전경련으로 확대 개편

군사 쿠데타로 집권한 박정희는 초기엔 이렇다 할 발전전략이나 구상이 없었다. 때문에 1960년대 중반까지는 거의 전적으로 한국경제인협회의 제안에 의존할 수밖에 없었다. 한국경제인협회는 1968년 홍재선이 회장이 된 후 활동범위도 넓어지고 기구도 확장되어 명칭을 전국경제인연합회(약칭 전경련)로 고쳤다. 전경련으로 개편한 후 전경련은 개발금융회사 설립을 비롯하여 한일 민간 합동 경제간담회를 만들어 한일 국교 정상화에 크게 기여했다.

국내 재벌기업에 비판적인 입장에 서 있는 사람들은 이승만 시대의 재벌 형성이 권력과의 유착에 의한 특혜이며, 정치권력의 비호를 받아 하루아침에 독점적인 재벌이 되었다고 주장한다. 김대환이 그런 시각을 잘 보여준다. 김대환은 1950년대 한국의 재벌은 외국 원조 및 국가자산을 정치권력에 의해 특혜적으로 배정받아 탄생했기 때문에 정치권력에 대해 약자의 입장에 서서 특혜의 대가로, 또는 현상유지를 위해 막대한 정치자금을 제공했다고 지적한다.

둘째로 지적되는 사안이 재벌들의 매판성이다. 김대환은 한국의 재벌들이 미국 원조물자의 가공처리에 전념함으로써 한편으로는 미국의 이익에 종사하고, 다른 한편으로는 한국 농업을 피폐시켰다고 지적한다. 그 결과 재벌의 발전은 대외의존성의 심화와 대내 불평등의 확대라는 사회경제의 구조적 모순으로 나타났다는 주장이다.

셋째는 폐쇄성이다. 김대환은 한국 재벌들이 가족 경영적 폐쇄성을 그 속성으로 가지고 있다고 지적한다. 이 시대 재벌들은 저임금을 기초로 정치권력과 유착된 상태에서 독점적 지위를 확보하고 원조물자 가공업과 무역에 종사함으로써 관권의존성, 해외의존성, 폐쇄적인 가족경영을 그 속성으로 하고 있다고 결론짓고 있다. 그 결과 한국의 공업화를 의식적으로 주도했다기보다는 특혜에 편승하여 부를 축적함으로써 주체성 없는 정치권력 담당세력과 합작하여 공업화의 방향을 왜곡하고 경제의 대외 의존적 성격과 불평등구조를 고착시켰다는 것이다.[381]

그러나 시선을 그 시대로 조금만 돌려보면 사정이 크게 달라진다.

물자 부족, 자본 부족, 기술 부족, 인재 부족, 경험 부족, 에너지 부족….

1950년대를 정리할 때마다 반복되어 나타나는 단어들이다. 그러나 고통스럽던 부족과 결핍의 시대에도 희망은 있었다. '기업가'라는 새로운 유형의 인물들이 대거 나타나 사농공상의 뿌리 깊은 전통가치를 뒤엎고 공상(工商)의 주도사회를 개막한다. 새로운 유형의 인물들은 6·25 전쟁으로 민족의 대이동을 경험하며 양반의식에서 탈피했고, 4·19 시민혁명으로 쇄국의 울타리를 뛰어넘어 5대양 6대주로 뛰쳐나갔다.

그들의 머릿속엔 경세제민(經世濟民)이란 생각이 가득 차 있었다. 그들은 경제로 나라를 세우고 백성을 구하기 위해 앞장서 뛰었다. 개인적인 치부의 목적이 없었다고 말할 수는 없을 것이다. 그러나 그들에겐 더 큰 꿈이 있었다. 사소한 기업 이익도 중요했지만 이 나라 사람들이 굶지 않고, 인간답게, 업신여김을 당하지 않게, 다시는 이민족에게 주권을 빼앗겨 비참한 꼴을 당하지 않도록 부강한 나라를 만들어 보자는 불타는 의욕과 원대한 비전을 가진 지사적 품격의 기업가들이었다.[382]

그들은 풍찬노숙해가며 현장에서 깨달은 아이디어를 바탕으로 보세가공 수출, 외자도입을 통한 수출산업화의 길, 태백산 종합개발사업의 비전을 제시했다. 전형적인 농업 국가였던 이 나라의 체질을 근본적으로 뜯어고쳐 대한민국의 나갈 길을 '수출주도 개방전략'으로 제시하는 기업가 혁명시대를 열었다. '부족과 결핍'으로 상징되는 이승만 시대에 경제개발을 추진할 파워 엘리트 집단과 기업가 집단이 생겨난 것이다.

1950년대, 기적의 시대

그러나 아쉬움도 많은 시대였다. 특히 이승만의 일본에 대한 적

개심이 워낙 강해 일본과의 협력이 불가능한 상황을 만든 것은 그의 결정적 실수라고 지적하지 않을 수 없다. 김입삼은 "이 박사가 반일(反日)로 일관할 것이 아니라 '당신들이 과거에 나쁜 짓을 많이 했으니 독립된 대한민국의 발전을 위해 기여하라'고 통 크게 요구했다면 우리는 빠른 시간 내에 자립경제의 틀을 만들 수도 있었을 것"이라며 아쉬워했다.

김입삼은 전경련에 오래 몸담으면서 한국의 재계를 대표하는 기업가들과 가까이서 경험을 공유할 기회가 많았다. 이 과정에서 한국의 기업가들은 외국 기업들과 비교할 수 없는 뚜렷한 특징이 있다는 점을 느꼈다고 지적한다. 슘페터는 기업가 정신의 핵심을 새로운 제품, 자원의 새로운 개발, 새로운 시장, 새로운 조직, 기술혁신 등 다섯 가지라고 지적했다. 그러나 김입삼은 한국의 기업가 정신은 위의 다섯 가지 여건에다가 '기업가는 국가경제를 어떻게 발전시킬 것인가' 하는 내용을 포함시켜야 한다면서 이렇게 주장한다.

"우리 기업가들은 고비마다 국가경제 발전을 위한 비전과 전략을 제시하고, 추진방법을 내놓았습니다. 이것은 다른 나라에서는 그 유례를 찾아보기 힘든, 한국 기업가만의 독특한정신입니다. 우리는 왜 유독 한국에서만 이런 기업가 정신이 가능했는지 그 이유를 파헤쳐 학문으로 정립해야 하고, 세계에 알릴 의무가 있습니다."[383]

피터 드러커는 《자본주의 이후의 사회》라는 자신의 저서에서 한국에 대해 이런 평을 하고 있다.

'전쟁에 시달린 한국이 스스로를 주요 경제 강국으로 전환시킨 그 속도는 전례를 찾을 수 없는 승리입니다. 이것은 경영자의 헌신, 고된 일을 마다않은 노동자, 기업가 정신, 그리고 무엇보다 경영의 승리입니다.'

위대한 정치가나 기업가가 강대국에서만 배출되는 것은 아니다. 약소민족 중에서 위대한 지도자나 기업가가 나올 수 있다. 로버트 올리버는 이승만을 새로운 한국의 창설자, 아시아 민주주의의 매개자, 미국의 의지에 반하면서까지 미국인들이 소중히 여기는 가치 수호를 위해 온힘을 다한 인물로 평가한다.384)

나폴레옹이 말했다. 지도자는 원대한 꿈을 지니고, 그것을 실천하기 위해 나서는 사람이라고.

이승만은 노구를 이끌고 열강들이 버리다시피 했던 한반도의 반쪽을, 강대국들이 멋대로 설계한 신탁통치와 휴전협상을 끝까지 반대해 가면서 공산화의 물결에서 지켜내 대한민국을 수립했다. 그리고 그 후예들은 불과 50년 만에 전 세계가 부러워하는 위대한 나라를 만들었다. 이승만이야말로 나폴레옹의 말에 들어맞는 참다운 지도자가 아니었을까.

주)

대한민국의 힘은 어디서 나오는가?
1) 전두환, 노태우, 김영삼, 이명박.
2) 농업이나 목축업, 상업에 종사하는 서민.
3) 최하층 신분으로 직물공이나 하인 등과 같은 육체노동자.
4) International Innovation Index.
5) 《리얼 아틀라스 리얼 월드(REAL ATLAS REAL WORLD)》, 다니엘 돌링 · 마크 뉴만 · 안나 바포드 공저, 김화경 번역, 월간디자인, 2009.
6) 1915년 미 육사 졸업. 제2차 세계대전 때 미 제4보병사단장으로 노르망디 상륙작전에서 무공을 세웠으며, 발지전투 지휘. 1951년 4월 리지웨이 장군의 후임으로 제8군 사령관에 취임하여 6 · 25 전쟁에 참전. 1953년 육군 대장으로 퇴역. 한미재단 총재를 맡아 제주도 목장 건설 등 한국 재건 및 문화사업에 공헌. 1992년 작고.
7) 1917년 미 육사 졸업, 제1차 세계대전에 참전. 제2차 세계대전 중에는 1943년 1월부터 1944년 12월까지 이탈리아에서 제5군과 제15군 사령관으로 활약. 6 · 25 전쟁 때는 1952년 5월부터 1953년 7월까지 주한 유엔군사령관 역임. 1984년 작고.
8) 미 육사 졸업. 2차 대전 당시 101공수사단장으로 노르망디 상륙작전에 참전. 미 육사 교장, 베를린 주둔 미군사령관, 1953~55년 미8군 사령관으로 한국에 주둔, 1955년 국제연합군 및 미극동군 총사령관, 육군참모총장, 합동참모본부 의장, 주베트남 대사 역임. 1987년 작고.
9) 미국 오리건 주 출생. 퍼시픽대학 졸업 후 위스콘신대학에서 박사학위 취득. 위스콘신대학 교수, 시러큐스대학 교수, 펜실베이니아주립대 명예교수. 1942년 이승만을 처음 만나 1960년까지 이승만 대통령 정치고문. 월간 코리아 서베이 편집자 역임.
10) KIST 설립 때 한국에 귀국한 제1세대 해외유치 과학자. 박정희 대통령 시절 상공부 초대 중공업차관보로 재직하며 포항제철 건설, 4대 핵공장 건설, 자동차산업 육성 프로그램을 입안한 우리나라 중공업 발전의 주역. 인천대 교수, 인천대 대학원장 역임.

1. 기적은 없다
11) 이병철, 《호암자전》, 중앙일보사, 1986, 71~72쪽.
12) 1943년 출생. 미국 컬럼비아대학에서 동아시아 연구로 박사학위 취득. 1960년대 후반 한국에서 2년 여 체류하며 연구 활동. 시카고대학, 노스웨스턴대학 정치학과 교수. 시카고대학

사학과 석좌교수, 《한국전쟁의 기원》으로 트루먼상 수상.
13) 브루스 커밍스, 《한국전쟁의 기원》, 일월서각, 1986, 11쪽.
14) 송인상, 《재계회고(8)》, 한국일보사, 1984, 88쪽.
15) 1956년 5월 12일 한국 최초로 텔레비전 방송이 시작됐다.
16) 미 공법(公法) 480이라 불리는 한미 잉여농산물 협정의 정식 명칭은 '농업교역 진흥 및 원조법'이다. 이 법은 미국과 우방국 간의 교역 확대, 미국 잉여농산물의 합리적 활용, 우방 각국의 경제개발 촉진, 전략물자 구입 및 미국의 해외부담금 지불을 위한 현지통화의 사용 등을 주목적으로 제정됐다.
17) 사공일·리로이 존스, 《경제개발과 정부 및 기업가의 역할》, 한국개발연구원, 1980, 76쪽.
18) 김입삼, 〈김입삼 전경련 상임고문의 경제개발 비사〉, 《월간조선》, 1999년 4월호.
19) 박정희 정부 시절 국무총리 역임. 2007년 작고.
20) 신현확, 저자와의 인터뷰.
21) 이대근, 《해방 후~1950년대의 경제》, 삼성경제연구소, 2002, 507쪽.
22) 부흥부 산업개발위원회 위원, 국무총리실 기획조정관, 한국경제인협회 사무국장, 전경련 부회장, 전경련 상임고문 역임.
23) 김입삼, 저자와의 인터뷰.
24) 제1공화국에서 재무부 이재국장, 한국은행 부총재, 부흥부장관(1957.6.9.~1959.3.19), 재무부장관(1959.3.20.~1960.4.27) 역임. 효성그룹 고문.
25) 송인상, 저자와의 인터뷰.
26) 신현확, 저자와의 인터뷰.
27) 로버트 올리버 지음, 황정일 옮김, 《신화에 가린 인물 이승만》, 건국대 출판부, 2002, 245~246쪽.
28) 전두환 정부에서 사정·정무비서관, 노태우 정부에서 정무비서관, 김영삼 정부에서 공보비서관 역임.
29) 김충남, 《성공한 대통령 실패한 대통령》, 도서출판 둥지, 1998, 69쪽.
30) 하와이 《태평양주보》 주필, 한미 무역대표, 한미협회장 역임. 1993년 작고.
31) 이원순, 《인간 이승만》, 신태양사, 1989, 304~305쪽.
32) 로버트 올리버 지음, 황정일 옮김, 《신화에 가린 인물 이승만》, 234쪽.
33) 이원순, 앞의 책, 248~249쪽.
34) 조기준, 〈한국자본주의의 전사(前史)〉, 《한국경제의 역사적 조명》, 한국개발연구원, 1991, 69~70쪽.
35) 이대근, 앞의 책, 20~22쪽.
36) 이대근, 앞의 책, 21~22쪽.
37) 김입삼, 《초근목피에서 선진국으로의 증언》, 한국경제신문, 1991, 439~440쪽.

2. 남농북공(南農北工)의 현실

38) 윤호병,《재계회고(8)》, 한국일보사, 1984, 174~175쪽.
39) 권영훈, 〈분단 후 한국경제의 변천: 1945~61년〉,《한국경제의 역사적 조명》, 한국개발연구원, 1991, 131~132쪽.
40) 임영태,《대한민국 50년사》, 들녘, 1998, 91~92쪽.
41) 전경련,《한국경제정책 40년사》 1986, 19쪽.
42) 로버트 올리버 지음, 황정일 옮김,《신화에 가린 인물 이승만》, 건국대 출판부, 2002, 245쪽.
43) 메사추세츠주립공과대학(MIT) 졸업. 조선곡물주식회사 사장, 만주곡물주식회사 사장 역임. 미 군정청 상공부장, 한국무역협회 부회장, 제9대 체신부장관, 제13대 상공부장관 역임.
44) 장성, 도계, 화순, 함백, 은성, 영월, 문경, 단양, 경주탄광.
45) 와세다(早稻田)대학 정경과 졸업 후 중국 상하이로 망명. 3·1운동 당시 시위 지도, 조선일보사 사장 겸 주필 재직. 신간회 총무로 활약하다 투옥, 임시정부와 연락하다 2년간 복역, 조선어학회 사건으로 1년간 옥고를 치름. 1947년 미 군정청 민정장관 역임. 6·25 때 납북되어, 1965년 평양에서 사망.
46) 와세다대학 채광야금과를 졸업하고 강원탄광, 삼표산업, 강원산업 설립. 석탄공사 총재, 국가재건최고회의 기획위원, 금융통화운영위원회 위원, 전경련 부회장 역임. 1999년 작고. 2006년 10월 20일 서울대 공대가 발표한 '한국을 일으킨 엔지니어 60인'에 선정.
47) 후에 월악 중석광산 운영.
48) 일제 강점기에 와세다대학 채광야금과를 졸업한 한국인 광산, 철강 전문가는 정인욱을 비롯하여 최형섭(과기처장관), 박태준(포항제철 회장) 등 세 명이다.
49) 광업계의 산 증인인 조성용 광업생산성조사소 고문은 오랜 기간 정인욱 강원산업 회장과 깊은 대화를 나누었다. 그는 정인욱이 해방 직후 이화장에서 이승만과 나누었던 대화를 저자에게 증언했다. 이승만과 정인욱의 대화는《선각자 정인욱》(도서출판 춘추각, 2000), 90~93쪽 참조.
50) 후에 연세대 대학원장, 국립지질광물연구소장 역임.
51) 오원철,《한국형 경제건설 1》, 기아경제연구소, 1995, 127쪽.
52) 오원철, 앞의 책, 127~128쪽.
53) 오원철, 앞의 책, 132쪽.
54) 생산기반의 확립을 위해 가장 기초적이며 빠져서는 안 될 물자의 생산에 중점을 두고, 그 밖의 물자에 대해서는 그 중요도에 따라 집중적으로 생산하는 방식. 지정된 중점산업에 자본과 노동력, 각종 자원을 집중 투입하여 그 산업을 육성하고, 다음의 중점산업으로 이행하는 방식.
55) 함경북도 경성 출신으로서 서울고등공업학교(후에 경성광업전문학교) 광산과를 졸업하고 일본 중석회사에 근무하며 10여 년 중석 채광과 선광을 담당. 2006년 10월 20일 서울대

공대가 발표한 '한국을 일으킨 엔지니어 60인'에 선정.
56) 오원철, 《에너지 정책과 중동진출》, 기아경제연구소, 1997, 189~190쪽.
57) 오원철, 앞의 책, 190~191쪽.
58) 임영신, 《재계회고(7)》, 24쪽.
59) 오원철, 앞의 책, 192쪽.
60) 공업신문, 1948년 6월 19일자 통계.
61) 정인욱전기편찬회 편, 《선각자 정인욱》, 도서출판 춘추각, 2000, 82~83쪽.
62) 정인욱전기편찬회 편, 앞의 책, 83쪽.
63) 이승만 정부에서 교통부장관, 사회부장관, 국무총리 서리, 서울시장 역임. 1959년 한일회담 수석대표. 1988년 작고.
64) 허정, 《재계회고(7)》, 31쪽.
65) 허정, 앞의 책, 33쪽.
66) 해방 당시 가솔린 동차 29량을 보유하고 있었다. 1946년 5월 사설철도의 국영화에 따라 사철이 보유한 31량의 디젤동차를 인수받아 동차 보유량은 60량으로 증가했다.
67) 정인욱전기편찬회 편, 앞의 책, 83~84쪽.
68) 승객들이 화차 지붕 위에 올라탄다는 뜻.
69) 《조선일보》, 1946년 5월 19일자 사설
70) 사설철도는 1946년 5월 7일 '조선철도의 통일' 법령에 의해 정부에 접수되어 남한 내 철도는 100% 국영체제로 전환됐다.
71) 삼척개발회사가 삼척탄전의 석탄개발을 목적으로 부설하여 1940년 8월 1일 개통된 산업철도. 태백산맥을 넘는 철암선은 18도의 급경사를 이루는 통리~심포리 사이 1.1 km 구간에 인클라인이 설치되었고, 흥전~나한정 사이에는 스위치백 시설이 설치됐다.
72) 강원도 동해시의 동해역과 삼척시의 삼척역을 잇는 단선철도. 1936년 개통한 삼척공업지구의 주요한 산업철도로 동해역에서 영동선과 연결된다.
73) 정인욱전기편찬회 편, 앞의 책, 46~47쪽.
74) 삼척시멘트. 후에 민영화하여 동양시멘트로 개명.
75) 오원철, 《에너지 정책과 중동진출》, 79~80쪽.
76) 정인욱전기편찬회 편, 앞의 책, 126쪽.
77) 미국 경제원조처. ECA는 Economic Cooperation Administration의 약어.
78) Counterpart Fund Account. 미국의 대외원조 물자를 수원국(受援國) 정부가 국내에서 팔아서 얻은 대금을 적립한 것.
79) 이대근, 앞의 책, 136~37쪽.
80) 로버트 올리버 지음, 황장일 옮김, 《이승만 없었다면 대한민국 없다》, 544쪽.
81) 전경련, 《한국경제정책 40년사》, 매일경제, 1986, 142~144쪽.
82) 이대근, 앞의 책, 201~202쪽.

83) 송인상, 저자와의 인터뷰.
84) 김유택, 《재계회고(10)》, 58~59쪽.
85) 1924년 서울 출생. 1공화국 당시 한국은행 조사부 차장, 재무부 이재국장, 1961년 한국은행 뉴욕사무소장, 재무부차관, 상공부차관, 재무부장관, 상공부장관을 거쳐 1969년 대통령비서실장, 주일대사 역임. 박정희대통령기념사업회장.
86) 김정렴, 《한국경제정책 30년사》, 1995, 중앙일보사.

3. 캔 두 스피릿(Can do spirit)의 출현

87) 이대근, 《해방후-1950년대의 경제》, 삼성경제연구소, 2002, 78~79쪽.
88) 권석준, 〈농지개혁의 정치 경제적 성격〉, 《한국현대사를 어떻게 볼 것인가》, 열음사, 1987, 70쪽.
89) 이대근, 앞의 책, 79~85쪽.
90) 농촌경제연구소 연구위원 역임.
91) 김성호, 〈인민혁명을 막은 이승만의 승부수〉, 《한국인의 성적표》《월간조선》1995년 1월호 별책부록).
92) 김성호, 〈땅으로 본 한국 현대사〉, 《월간조선》, 2000년 8월호.
93) 김입삼, 저자와의 인터뷰.
94) 《서울신문》, 1948년 12월 7일자.
95) 《서울신문》, 1948년 12월 10일자.
96) 호는 죽산(竹山). 1899년 강화 출생. 공산청년회 대표로 모스크바 코민테른 총회 참석. 모스크바 동방노력자공산대학에서 2년간 수학. 1925년 조선공산당의 모체인 화요회 조직. 제헌 국회의원, 초대 농림부장관으로 농지개혁 추진. 제2대 국회에서 국회 부의장. 제2대 대통령 선거에 차점으로 낙선, 1956년 제3대 대통령 선거에서 낙선. 진보당 창당. 1958년 1월 국가보안법 위반 혐의로 체포되어 대법원에서 사형선고를 받고 1959년 처형됨. 2011년 1월 20일 대법원에서 간첩죄와 국가보안법 위반 등에 대해 무죄 선고.
97) 장상환, 〈농지개혁과정에 관한 실증적 연구〉, 《해방 전후사의 인식 2》, 한길사, 1993, 305쪽.
98) 로버트 올리버 지음, 황정일 옮김, 《신화에 가려진 인물 이승만》, 건국대학교 출판부, 2002, 303쪽.
99) 〈국회 회의록〉, 1949년 2월 15일자
100) 김성호, 앞의 자료.
101) 로버트 올리버 지음, 황정일 옮김, 앞의 책, 303~304쪽.
102) 장상환, 앞의 자료.
103) 조이제, 《한국 근대화, 기적의 과정》, 월간조선, 2005.
104) 김입삼, 저자와의 인터뷰.
105) 윤영신, 《재계회고(7)》, 한국일보사, 1984, 48쪽.

106) 김연규, 《재계회고(4)》, 59쪽.
107) 《조선일보》, 1981년 3월 27일자.
108) 송인상, 저자와의 인터뷰.
109) 경성방직 회장, 전경련 회장 역임. 2012년 작고.
110) 김각중, 저자와의 인터뷰.
111) 이대근, 앞의 책, 185~186쪽.
112) 전경련, 앞의 책, 638쪽.
113) 전경련, 앞의 책, 638쪽.

4. 기업가들, 세상을 향해 나아가다

114) 김용완, 《재계회고(3)》, 한국일보사, 1984, 173쪽.
115) 수당 김연수선생 전기편찬위원회 편, 《한국 근대기업의 선구자》, 삼양사, 1996, 103쪽.
116) 김각중, 저자와 인터뷰.
117) 박상하, 〈작가 박상하가 쓰는 재계 통사(通史)〉, 《아시아경제신문》, 2012년 7월 23일자.
118) 수당 김연수선생 전기편찬위원회 편, 앞의 책, 197쪽.
119) 현재의 신세계 백화점.
120) 미도파 백화점.
121) 박흥식, 《재계회고(2)》, 193쪽.
122) 박동순, 《한국의 재벌들》, 개선문출판사, 1982, 181쪽.
123) 설봉문화재단 설립준비위원회 편, 《설봉 전택보박사 전집》, 104~105쪽.
124) 《재벌들》, 상아출판사, 162~163쪽.
125) 박동순, 앞의 책, 182쪽.
126) 박동순, 앞의 책, 182~183쪽.
127) 《재벌들》, 169쪽.
128) 송인상, 저자와의 인터뷰.
129) 송인상, 저자와의 인터뷰.
130) 송진우의 호. 전남 담양 출생. 와세다대학, 메이지대학 법과 졸업. 중앙학교 교장, 동아일보 사장·고문·주필 역임. 1945년 암살당함.
131) 김용완의 호. 김각중의 아버지이자 김성수 및 김연수의 처남으로 경성방직 사장 및 회장, 전경련 회장(4·5·9~12대) 역임. 1996년 작고.
132) 김연수의 호. 경성방직 경영자, 삼양그룹 창업자. 1979년 작고.
133) 김용완, 《재계회고(3)》, 120~121쪽.
134) 박동순, 앞의 책, 115쪽.
135) 김입삼, 《초근목피에서 선진국으로의 증언》, 한국경제신문, 2003, 509쪽.
136) 김용완, 앞의 책, 44쪽.

137) 이병철, 《호암자전》, 중앙일보사, 1986, 43쪽.
138) 이병철, 《호암어록》, 호암재단, 1997, 29쪽.
139) 이병철, 〈나의 창업이념과 경영철학〉, 《(월간)전경련》, 1980년 7월호.
140) 이병철, 삼성그룹 반도체 회의 1983년 2월 10일.
141) 이병철, 〈나의 창업이념과 경영철학〉, 《(월간) 전경련》, 1980년 7월호.
142) 설봉문화재단 설립준비위원회 편, 《설봉 전택보박사 전집》, 110쪽.
143) 설봉문화재단 설립준비위원회 편, 앞의 책, 112쪽.
144) 설봉문화재단 설립준비위원회 편, 앞의 책, 112~113쪽.
145) 박흥식, 앞의 책, 235~236쪽.
146) 이대근, 앞의 책, 124~225쪽.
147) 이대근, 앞의 책, 125쪽.
148) 박흥식, 앞의 책, 236~237쪽.
149) 임영신, 앞의 책, 25~26쪽.
150) 박동순, 앞의 책, 231쪽.
151) 박병윤, 《재벌과 정치》, 한국양서, 1982, 41~43쪽.
152) 박용만, 《제1공화국 경무대 비화》, 내외신서, 1986, 79쪽.
153) 나익진, 《재계회고(10)》, 406쪽.
154) 이대근, 앞의 책, 87~90쪽.
155) 귀속 기업체를 뜻함.
156) 박정희, 《국가와 혁명과 나》, 지구촌출판사, 1997, 69~70쪽.
157) 1915년 전북 김제 출생. 체신부차관, 산업은행 총재, 상공부장관 고문, 대한무역진흥공사 자문위원, 무역협회 부회장 역임. 동아무역 경영. 1990년 작고.
158) 나익진, 앞의 책, 409쪽.
159) 김대환, 〈1950년대 한국경제의 연구〉, 《1950년대의 인식》, 한길사, 1981, 180~181쪽.
160) 임영태, 《대한민국 50년사》, 들녘, 1998, 198~199쪽.
161) 박병윤, 앞의 책, 71~74쪽.
162) 이대근, 앞의 책, 101쪽.
163) 남조선과도정부 중앙경제위원회 '남조선 산업노무력급 임금조사'
164) 이대근, 앞의 책, 107~108쪽.
165) 1906년 출생. 금성방직 대표, 대한방직협회장, 쌍용양회 사장, 전경련 회장, 한국개발금융 회장 역임. 1980년 작고.
166) 홍재선, 《재계회고(3)》, 235~236쪽.
167) 박병윤, 앞의 책, 93쪽.
168) 김대환, 앞의 자료, 184~185쪽.
169) 1905년 전남 담양 출생. 교토제국대학 화학과 졸업, 일본 화학연구소 연구원, 다카키(高

木)연구소에서 석탄으로부터 합성섬유 개발. 교토제국대학에서 박사학위 받음. 서울대 공대 학장을 지내다 6․25 때 월북. 북한 과학원 화학연구소장으로 비날론 생산 주도. 1967년 영변 원자력연구소 초대소장 역임. 1996년 북한에서 사망.

170) 오원철, 앞의 책, 133쪽.
171) 전택보가 1947년 설립한 무역회사.
172) 전택보, 앞의 책, 148~149쪽.
173) 전택보의 보세가공무역 관련 증언은 김입삼, 저자와의 인터뷰.
174) 《재벌들》, 상아출판사, 1966, 207~209쪽.
175) 《재벌들》, 210쪽.
176) 요즘에는 과천 서울대공원에 동물원이 있지만, 1980년대까지만 해도 창경궁 내에 동물원이 있었다.
177) 전택보, 앞의 책, 173~175쪽.
178) 1961년 1월 10일 경제계 인사들이 회합하여 발족. 후에 전국경제인연합회(전경련)로 발전.
179) 김입삼, 저자와의 인터뷰.
180) 전택보, 앞의 책, 160~161쪽.
181) 박상하, 〈한국기업성장사(34)〉, 《아시아경제》, 2012년 10월 10일.
182) 박상하, 같은 자료.
183) 점령지구 행정구호원조.
184) 현대건설 창업자. 2001년 작고.
185) 정주영 관련부분은 정주영 자서전 《이 땅에 태어나서》(솔출판사, 1998) 참조.
186) 정주영, 앞의 책, 60~61쪽.
187) 정주영, 앞의 책, 63~67쪽.
188) 정주영, 앞의 책, 71~72쪽.

5. 위기는 기회다

189) 김유택, 《재계회고(10)》, 한국일보사, 1984 74쪽.
190) 김정렴, 앞의 책, 35~37쪽.
191) 김유택, 앞의 책, 74쪽.
192) 김교철, 《재계회고(9)》, 136쪽.
193) 김유택, 앞의 책, 82쪽.
194) 전경련, 앞의 책, 150쪽.
195) 이대근, 앞의 책, 208~209쪽.
196) 백두진, 《재계회고(7)》, 131~132쪽.
197) 이대근, 앞의 책, 208~212쪽.
198) 백두진, 앞의 책, 136~138쪽.

199) 김유택, 앞의 책, 104~106쪽.
200) Combined Economic Board, 약칭 CEB
201) 오원철,《한국형 경제건설 1》, 기아경제연구소, 1996, 12·43쪽.
202) United States Operations Mission(미국 대외원조기관).
203) 김정렴, 앞의 책에서 인용, 57~58쪽.
204) 한국학중앙연구원 사회과학부 교수.
205) 이완범, 〈이승만 대통령의 한미상호방위조약 추진배경과 협상과정〉, 《이승만과 6·25 전쟁》, 연세대 출판문화원, 2012, 32~33쪽.
206) 국방부 군사편찬연구소 책임연구원.
207) 남정옥, 《이승만 대통령과 6·25 전쟁》, 이담북스,, 2010, 203~205쪽.
208) 차상철, 〈외교가로서의 이승만〉, 《한국과 6·25전쟁》, 2002.
209) 로버트 올리버 저, 박일영 역, 《이승만 없었다면 대한민국 없다》, 동서문화사, 2008, 485~486쪽.
210) 로버트 올리버 저, 박일영 역, 앞의 책, 507~508쪽.
211) 1892년 경기 출생. 만주 신흥학교, 고려대 교수, 1951년 외무부장관, 1954년 제네바 정치협상회의 한국 측 대표, 국무총리, 서울대·고려대 교수 역임.
212) 이완범, 〈이승만 대통령의 한미상호방위조약 추진배경과 협상과정〉, 85~86쪽.
213) 남정옥, 앞의 자료, 203~220쪽.
214) 중앙대 명예교수.
215) 김영모,《한국권력지배층 연구》, 고헌 출판부, 2009, 87~88쪽.
216) 해롤드 노블,《이승만 박사와 미국대사관》, 정호출판사, 1982, 40~41쪽.
217) 이홍탁, 〈한국전쟁과 출산력 수준의 변화〉, 《한국전쟁과 한국사회 변동》, 도서출판 풀빛, 1992, 24~27쪽.
218) 이대근, 앞의 책, 257~258쪽.
219) 이대근, 앞의 책, 251~255쪽.
220) 이대근, 앞의 책, 244~245쪽.
221) 이대근, 앞의 책, 246쪽.
222) 김대환, 〈1950년대 한국경제의 연구〉, 《1950년대의 인식》, 한길사, 1981, 171쪽.
223) 이대근, 앞의 책, 256~257쪽.
224) 고려대 교수, 서울대 문리대 교수 역임. 1967년 작고.
225) 이대근, 앞의 책, 239쪽.
226) 이임광, 《어둠 속에서도 한 걸음을》, 한국능률협회, 2012, 91~92쪽.
227) 이임광, 앞의 책, 92쪽.
228) 김정렴, 《한국경제정책 30년사》, 중앙일보사, 1995, 45~46쪽.
229) 송인상, 저자와의 인터뷰.

230) United Nations Korea Reconstruction Agency.
231) 최종보고서는 1954년 2월에 제출.
232) 송인상,《부흥과 성장》, 21세기북스,, 1994, 87쪽.
233) 송인상, 저자와의 인터뷰.
234) 신현확, 저자와의 인터뷰.
235) 1938년 1월 조선이연금속 인천공장으로 출범하여 해방 후 귀속재산 기업으로 우리 정부에 넘어왔다. 1953년 대한중공업공사로 창립하여 1962년 인천중공업(주)으로 상호를 변경했고, 1970년 4월 인천제철(주)에 합병된 뒤 2001년 INI스틸(주)을 거쳐 2006년 4월 현대제철로 상호를 변경했다.
236) International Cooperation Administration
237) 김재관, 저자와의 인터뷰.
238) 이병철, 앞의 책, 61쪽.
239) 신현확,〈신현확의 현대사 심장부 증언〉,《월간조선》, 1999년 10월호.
240) 이병철, 앞의 책, 62쪽.
241) 유완창,《재계회고(7)》, 274쪽.
242) 정재호 관련 내용은 박병윤의《재벌과 정치》,《재벌들》참조.
243) 설경동 관련내용은 박병윤의《재벌과 정치》,《재벌들》참조.
244)《재벌들》, 상아출판사, 1966, 275쪽.
245) 박동순, 앞의 책, 71쪽.
246) 구인회 관련내용은《재벌들》, 박병윤의《재벌과 정치》, 박동순의《한국의 재벌들》참조.
247) 이양구,《재계회고(4)》, 157쪽.
248) 이양구, 앞의 책, 171쪽.
249) 박동순, 앞의 책, 52쪽.
250) 박동순, 앞의 책, 56쪽.
251) 이양구 관련내용은《재계회고》,《재벌들》, 박병윤의《재벌과 정치》, 박동순의《한국의 재벌들》참고.
252) 박동순, 앞의 책, 54쪽.
253) 박병윤, 앞의 책, 78~79쪽.
254) 김대환,〈1950년대 한국경제의 성격과 구조〉,《한국현대사를 어떻게 볼 것인가》, 열음사, 1987, 138~140쪽.
255) 임영태, 앞의 책, 201~102쪽.
256) 김입삼, 앞의 책, 518쪽.

6. 4년 만에 전후복구 마무리

257) Government and Relief in Occupied Area.

258) Economic Cooperation Administration.
259) Mutual Security Agency.
260) Civilian Command on Korea.
261) United Nations Commission for the Unification and Rehabilitation of Korea.
262) United Nations Korea Reconstruction Agency.
263) 백두진, 앞의 책, 147~148쪽.
264) Foreign Operation Administration.
265) Office of the Economic Coordinator in Korea.
266) United States Operations Mission to Republic of Korea.
267) International Cooperation Administration.
268) 송인상, 앞의 책.
269) Agency for International Development.
270) 이응준,《재계회고(7)》, 한국일보사, 1984, 351쪽.
271) 곽의영,《재계회고(8)》, 173쪽.
272) 로버트 올리버,〈한국 근대화, 기적의 과정〉,《월간조선》, 2005.
273) 서울대 교사(校史) 기록에 의하면 1951년 2월 19일 부산 대신동 구덕산 기슭에 국방색 텐트를 치고 서울대 전체의 합동강의가 진행됐다.
274) 한말숙,《한국인의 성적표》(《월간조선》1995년 1월호 별책부록).
275) 이대근, 앞의 책, 332쪽.
276) 송인상, 저자와 인터뷰.
277) 송인상, 앞의 책, 181쪽.
278) 송인상, 앞의 책, 226~227쪽.
279) 서울대 영문과, 하버드대 경영대학원 석사. 재무부 예산국장, 재무부 차관, 주 스위스 대사, 서울대 행정대학원 교수, 숭실대 총장, 부총리 겸 경제기획원 장관 역임. 2004년 작고.
280) 이임광, 앞의 책, 322~323쪽.
281) 송인상,《재계회고(8)》, 82쪽.
282) 송인상, 앞의 책, 82~83쪽.
283) 송인상, 앞의 책, 83쪽.
284) International Monetary Fund.
285) International Bank of Reconstruction and Development.
286) 송인상,《부흥과 성장》, 삼성인쇄, 1994, 121쪽.
287) 박희현,《재계회고(7)》, 183쪽.
288) General Agreement on Tariffs and Trade.
289) World Trade Organization.
290) 최윤식,《그들과의 전쟁》, 시공사, 2012, 121~122쪽.

291) 송인상은 재무부 이재국장을 마치고 1954년 2월 한국은행 부총재를 맡았다.
292) 경성고상, 일본 큐슈제국대학 법문학부 졸업. 한국은행 총재, 주일 한국대사, 주영 한국대사, 경제기획원장관 역임. 1975년 작고.
293) 김유택, 앞의 책, 123~124쪽.
294) 이임생, 앞의 책, 78~79쪽.
295) 인하대 교수, 인하대 경상대학장, 고용노동부장관 역임.
296) 김대환, 〈1950년대 한국경제의 연구〉, 《1950년대의 인식》, 한길사, 1981, 179~190쪽.
297) 로버트 올리버, 《한국 근대화, 기적의 과정》(《월간조선》, 2005년 3월호).
298) 로버트 올리버, 앞의 책.
299) 부산대 한국민족문화연구소 교수.
300) 차철욱, 〈1950년대 미국의 대한 원조정책 변화와 이승만 정권의 수출정책〉.
301) 차철욱, 앞의 자료.
302) 오원철, 《한국형 경제건설 1》, 기아경제연구소, 1995, 134~136쪽.
303) 임문환, 《재계회고(7)》, 73쪽.
304) 임문환, 앞의 책, 73~74쪽.
305) 임문환, 앞의 책, 73~74쪽.
306) 유완창, 《재계회고(7)》, 270쪽.
307) 이교선, 《재계회고(7)》, 100~102쪽.
308) 1956년 5월 재무부장관 취임. 공화당 정책위 의장, 국회 예결위원장 역임.
309) 인태식, 《재계회고(8)》, 38~40쪽.
310) 인태식, 앞의 책, 40쪽.
311) 삼척시멘트공장이 1956년 이양구에게 매각되어 동양시멘트로 상호가 바뀌었다.
312) 강성태, 앞의 책, 255~256쪽.
313) 오원철, 앞의 책, 137쪽.
314) 강성태, 앞의 책, 255~256쪽.
315) 송인상, 《재계회고(8)》, 71~72쪽.
316) 물가나 외환시세등 주요한 가격 변동요인을 고려해 앞으로 변동사항을 계약 당시 미리 정해주는 조항. 공사기간이 길고 대규모인 해외공사를 계약할 때 대부분 삽입된다.
317) 송인상, 앞의 책, 72쪽.
318) 오원철, 앞의 책, 143~144쪽.
319) 최지홍, 〈화학비료 자급과 석유화학공업 건설의 시초〉, 《한국인의 성적표》(《월간조선》 1995년 1월호 부록).
320) 이임생, 앞의 책, 326~327쪽.
321) 오원철, 《에너지 정책과 중동진출》, 기아경제연구소, 1997, 194~195쪽.
322) 강성태, 《재계회고(7)》, 194~195쪽.

323) 1955년 농림부장관, 신민당 국회의원 역임. 1985년 작고.
324) 정운갑, 《재계회고(7)》, 305~306쪽.
325) 박정희, 앞의 책, 53~54쪽.
326) 조선대 교수역임, 1995년 작고.
327) 박현채, 〈잉여농산물원조의 경제적 귀결〉, 《1950년대의 인식》, 한길사, 1981, 291쪽.
328) 군 전역 후 이승만 정부에서 상공부장관, 내무부장관, 교통부장관 역임. 후에 재향군인 회장, 한국전력공사 사장 역임.
329) 김일환, 《재계회고(7)》, 331쪽.
330) 서울 명동에 있던 영화관. 후에 국립극장 전용극장이 되었음.
331) 정인욱전기편찬회, 앞의 책, 182~183쪽.
332) 김일환, 앞의 책, 331쪽.
333) 정인욱전기편찬회, 앞의 책, 185쪽에서 인용.
334) 이종림, 《재계회고(7)》, 214쪽.
335) 이승만은 독립협회 간부로 활동하던 중 정부전복 혐의로 1898년 체포되어 사형선고를 받았으나 1904년 민영환의 감형 주선으로 7년 만에 석방되었다.
336) 이종림, 앞의 책, 215~216쪽.
337) 이승만과 영암선 건설 관련 내용은 조성용 광업생산성조사소 고문과 저자와의 인터뷰.
338) 과학기술처 차관, 국가과학기술자문회의 위원장 역임.
339) 국산자동차㈜ 부사장, 상공부 광무국장, 한국원자력연구소장, 한국과학기술연구소(KIST) 초대소장, 과학기술처 장관 역임. 2004년 작고.
340) 최형섭, 《불이 꺼지지 않는 연구소》, 조선일보사, 1996, 116쪽.
341) 한영성, 〈오늘의 원자력 대국 있게 한 이승만 대통령의 혜안〉, 《한국인의 성적표》《월간조선》 1995년 1월호 신년호 부록).
342) 한영성, 앞의 자료.
343) 김입삼, 저자와의 인터뷰.
344) 송인상, 《재계회고(8)》, 한국일보사, 1984, 55~56쪽.
345) 윤치영, 《윤치영의 20세기》, 삼성출판사, 1991, 261쪽.
346) 백두진, 앞의 책, 141쪽.
347) 사공일·리로이 존스, 《경제개발과 정부 및 기업가의 역할》, 한국개발연구원, 1981, 119쪽.
348) 송인상, 저자와의 인터뷰.
349) 나익진, 앞의 책, 409쪽.
350) 나익진, 앞의 책, 425~426쪽.
351) 송인상, 《재계회고(8)》, 한국일보사, 1984, 67쪽.
352) 송인상, 《부흥과 성장》, 161쪽.
353) 임영태, 앞의 책, 265~266쪽.

7. 내일을 향한 도약 준비

354) 이병철, 〈나의 창업이념과 경영철학〉, 《(월간) 전경련》, 1980년 7월호.
355) 오원철, 《한국형 경제건설 1》, 기아경제연구소, 1995, 19쪽.
356) 박병윤, 앞의 책, 132쪽.
357) 이병철, 앞의 책, 92~93쪽.
358) 오원철, 《한국형 경제건설 1》, 66~67쪽.
359) Economic Development Committee.
360) Economic Development Institute.
361) 송인상, 저자와의 인터뷰.
362) 송인상, 앞의 책, 136~137쪽.
363) 송인상, 앞의 책, 179~180쪽.
364) 송인상, 저자와의 인터뷰.
365) 송인상, 저자와의 인터뷰.
366) 김입삼, 저자와의 인터뷰.
367) 김입삼, 저자와의 인터뷰.
368) 이대근, 앞의 책, 468~471쪽.
369) 이대근, 앞의 책, 468~471쪽.
370) 김입삼, 앞의 책, 445~448쪽.
371) 김입삼, 저자와의 인터뷰.
372) 김입삼, 앞의 책, 27~30쪽.
373) 김입삼, 앞의 책. 정면 정부에 건의된 부서 명칭은 '경제계획원'이었음.
374) 〈유원식 회고록〉, 《정경문화》, 1983년 10월호.
375) 경제기획원 편, 《개발연대의 경제정책: 경제기획원 20년사》, 삼성인쇄주식회사, 1982, 6~8쪽.
376) 김입삼, 저자와의 인터뷰.
377) 김용완, 《재계회고(3)》, 한국일보사, 1984, 159~160쪽.
378) 홍재선, 《재계회고(3)》, 279쪽.
379) 김입삼, 앞의 책, 35~36쪽.
380) 김입삼, 앞의 책, 36쪽.
381) 김대환, 〈1950년대 한국경제의 연구〉, 《1950년대의 인식》, 한길사, 1981, 249~250쪽.
382) 김입삼, 〈김입삼의 경제개발 비사〉, 《월간조선》, 1999년 4월호.
383) 김입삼, 저자와의 인터뷰.
384) 로버트 올리버 지음, 황정일 옮김, 《신화에 가린 인물 이승만》, 건국대 출판부, 2002, 341쪽.

참고문헌

공제욱, 〈50년대의 국가정책과 자본축적〉, 《청년을 위한 한국 현대사》, 소나무, 1992.
구본호 · 이규억, 《한국경제의 역사적 조명》, 한국개발연구원, 1991.
권영훈, 〈분단 후 한국경제의 변천: 1945~61년〉, 《한국경제의 역사적 조명》, 한국개발연구원, 1991.
경제기획원 편, 《개발연대의 경제정책》, 삼성인쇄주식회사, 1982.
김대환 외, 《한국현대사를 어떻게 볼 것인가》, 열음사, 1987.
김영모, 《한국 권력지배층 연구》, 고헌 출판부, 2009.
김영호 외, 《이승만과 6 · 25 전쟁》, 연세대학교 출판문화원, 2012.
김용삼, 〈신현확의 현대사 심장부 증언〉, 《월간조선》, 1999년 2월호.
＿＿＿, 〈김입삼 전경련 상임고문의 경제개발 비사〉, 《월간조선》, 1999년 4월호.
김용삼 · 홍춘봉, 〈인물탐구 '우리 기술, 우리 자본에 도전했던 석탄산업의 선구자 정인욱〉, 《월간조선》, 1999년 8월호.
＿＿＿, 〈이병철을 다시 본다〉, 《월간조선》, 2000년 2월호.
＿＿＿, 〈신현확 인터뷰 '우리 시대의 거인들'〉, 《월간조선》, 2000년 10월호.
＿＿＿, 〈송인상 인터뷰 '이승만과 1950년대를 다시 본다'〉, 《월간조선》, 2000년 11월호.
김인영, 《한국의 경제성장》, 자유기업센터, 1998.
김입삼, 《초근목피에서 선진국으로의 증언》, 한국경제신문, 2003.
김성호, 〈땅으로 본 한국 현대사〉, 《월간조선》, 2000년 8월호.
김정렴, 《한국경제정책 30년사》, 중앙일보사, 1995.
김정원 외, 《1960년대》, 기획출판 거름, 1984.
김충남, 《성공한 대통령 실패한 대통령》, 도서출판 둥지, 1998.
남정옥, 《이승만 대통령과 6 · 25 전쟁》, 이담북스, 2010.
동아일보사 편, 《인촌 김성수》, 동아일보사, 1985.

동양방송 편,《장편 도큐멘타리 광복 20년》, 계몽사, 1972.

로버트 올리버 저, 박일영 역,《대한민국 건국의 비화》, 계명사, 1990.

로버트 올리버 지음, 황정일 옮김,《신화에 가린 인물 이승만》, 건국대학교 출판부, 2002.

로버트 올리버 저, 박일영 역,《이승만 없었다면 대한민국 없다》, 동서문화사, 2008.

매듀 B. 리지웨이,《한국전쟁》, 정우사 1984.

박동순,《한국의 재벌들》, 개선문출판사, 1982.

박병윤,《재벌과 정치》, 한국양서, 1982.

박용만,《제1공화국 경무대 비화》, 내외신서, 1986.

박우희,《한국 자본주의 정신》, 박영사, 2001.

박정희,《국가와 혁명과 나》, 지구촌 1997.

브루스 커밍스,《한국전쟁의 기원》, 일월서각, 1993.

사공일 · 리로이 존스,《경제개발과 정부 및 기업가의 역할》, 한국개발연구원, 1981.

삼양사,《수당 김연수》, 삼화인쇄주식회사 1985.

삼성경제연구소 편,《호암의 경영철학》, 중앙일보사, 1989.

삼성 회장비서실 편,《삼성 60년사》, 삼성 회장비서실, 1998.

송건호 외,《해방전후사의 인식》1, 한길사, 1993.

수당김연수선생전기편찬위원회 편,《한국 근대기업의 선구자》, 삼양사 1996.

설봉문화재단 설립준비위원회 편,《설봉 전택보박사 전집》, 정화인쇄문화사, 1981.

성곡언론문화재단 편,《성곡 김성곤전》, 동아출판사, 1995.

송인상,《부흥과 성장》, 21세기 북스, 1994.

신봉승,《성공한 왕, 실패한 왕》, 동방미디어, 2002.

안병직,〈일본 식민지통치의 경제적 유산에 관한 연구〉,《경제논집》, 1965년 12월호.

양동안,《대한민국 건국사》, 현음사, 2001.

오원철,《한국형 경제건설》1, 기아경제연구소, 1995.

_____,《에너지정책과 중동진출》, 기아경제연구소, 1997.

_____,《한국형 경제건설(7)-내가 전쟁을 하자는 것도 아니지 않느냐》, 한국형경제정책연구소, 1999.

유현종, 《걸어서라도 가리라》, 도서출판 준, 2012.
윤치영, 《윤치영의 20세기》, 삼성출판사, 1991.
이근미, 〈이승만 대통령 내외와 14년간 생활한 방재옥 인터뷰〉, 《월간조선》, 2001년 3월호.
이달순, 《이승만 정치연구》, 수원대학교 출판부, 2000.
이대근, 《해방 후-1950년대의 경제》, 삼성경제연구소, 2002.
이덕희, 《하와이 이민 100년》, 중앙M&B, 2003.
이맹희, 《묻어둔 이야기》, 청산출판사 1993.
이병철, 《호암자전》, 중앙일보사, 1986.
이원순 편저, 《인간 이승만》, 신태양사, 1988.
이인수, 《대한민국의 건국》, 도서출판 촛불, 1995.
이임광, 《어둠 속에서도 한 걸음을》, 한국능률협회, 2012.
이종구, 《건국대통령 이승만》, 글벗사, 2005.
이희수, 《한-이슬람 교류사》, 문덕사, 1992.
임영태, 《대한민국 50년사》 상, 들녘 1998.
월간조선 편집부 편, 《한국인의 성적표》(《월간조선》, 1995년 1월호 부록).
정인욱전기편찬회 편, 《선각자 정인욱》, 도서출판 춘추각, 2000.
정주영, 《이 땅에 태어나서》, 솔출판사, 1998.
조갑제, 〈이승만 대통령 제거계획〉, 《월간조선》, 1984년 6월호.
조기준 〈한국자본주의의 전사(前史)〉, 구본호 외, 《한국경제의 역사적 조명》, 한국개발연구원, 1991.
조셉 굴든, 《한국전쟁비화》, 청문각, 2002.
조이제 외, 《한국 근대화, 기적의 과정》, 월간조선, 2005.
종합경제회의(프린트물), 《경제발전을 위한 대정부 건의》, 1960.
진덕규 외, 《1950년대의 인식》, 한길사, 1981.
진덕규 외, 《해방전후사의 인식》 2, 한길사, 1993.
최윤식, 《그들과의 전쟁》, 시공사, 2012.
최형섭, 《과학에는 국경이 없다》, 매일경제신문사, 1998.

최형섭, 《불이 꺼지지 않는 연구소》, 조선일보사, 1996.

카터 J. 에커트 지음, 주익종 옮김, 《제국의 후예》, 푸른역사, 2008.

프란체스카 도너 리, 《이승만 대통령의 건강》, 도서출판 촛불, 2007.

＿＿, 《6·25와 이승만》, 기파랑, 2010.

피터 드러커, 《자본주의 이후의 사회》, 한국경제신문사, 2002.

헤롤드 노블, 《이승만 박사와 미국대사관》, 정호출판사, 1982.

한국사회학회 편, 《한국전쟁과 한국사회변동》, 도서출판 풀빛, 1992.

《재계회고》, 전10권, 한국일보사, 1984.

《제1공화국 국무회의록》, 월간조선 인터넷 사이트

《재벌들》, 상아출판사, 1966.

《제6공화국 실록》, 공보처, 1993.

《한국경제정책 40년사》, 전국경제인연합회 1986.

호암재단 편, 《호암어록》, 호암재단, 1997.

연세대학교 이승만연구원 교양총서 **1**
이승만과 기업가 시대

1판 1쇄 발행 2013년 5월 25일
1판 2쇄　　2015년 8월 25일

지은이_ 김용삼

펴낸곳_ 북앤피플
대　표_ 김진술
펴낸이_ 맹한승
디자인_ 김왕기

등록_ 313-2012-117호
주소_ 서울시 마포구 신촌로 196-1 이화빌딩 502호
전화_ 02-2277-0220　　팩스_ 02-2277-0280
이메일_ jujucc@naver.com

ⓒ김용삼, 2013

ISBN 978-89-97871-07-0 03340

* 잘못된 책은 바꾸어 드립니다.
* 값은 뒤표지에 있습니다.